ICT×
日本語教育

情報通信技術を利用した日本語教育の理論と実践

當作靖彦 監修
李在鎬 編

ひつじ書房

はしがき

　本書は、日本語教育分野におけるICT利活用を促進する目的で編まれたものです。本書には、全19本の論考が収められていますが、本論に先がけ、本書が企画された2つの経緯について説明したいと思います。

　1つ目の経緯としては、2017年8月に開催された国際会議「CASTEL/J 2017」があります。CASTEL/Jとは、本書の監修者である當作靖彦先生が会長でいらっしゃる「日本語教育支援システム研究会」（Computer Assisted Systems For Teaching & Learning Japanese）の略称です。本研究会は、1991年に当時国立教育研究所（現在国立教育政策研究所）の及川昭文先生（総合研究大学院大学名誉教授）を中心とする研究所員有志によって設立された研究組織です。主な活動としては、日本語教育に利用できる著作権フリーの辞書、画像、映像、日本語テキスト、データを集め、CDやDVDの形で配布したり、オンラインで提供したりしてきました。また、1995年から国際会議を開催し、日本語教育におけるコンピュータ、テクノロジーを利用した日本語教育の実践発表の場を作ってきました。1995年イタリア・パドバ、1999年カナダ・トロント、2002年アメリカ・サンディエゴ、2007年アメリカ・ホノルル、2012年日本・名古屋、2015年アメリカ・ホノルル、そして、2017年に早稲田大学で開催されました。CASTEL/J 2017では、3日間の日程でチュートリアルセッション7本、パネルセッション3本、基調講演2本、口頭発表36本、ポスター発表13本の研究成果が公開されましたが、本書の1章と3章を除くすべての論考は、CASTEL/J 2017で発表された研究例・実践例です。本書には、CASTEL/J 2017で発表されたたくさんの研究事例の中でも特に優れていると判断されたものが掲載されています。掲載する論考の選考においては、覆面の審査委員による評価と発表者・参加者による相互評価で評価が高かった研究に対して、依頼をし、執筆してもらいました。執筆の過程においては草稿に対して、他の執筆者がピア・レビューを行うなどして、正確な記述、分かりやすい記述を心掛けました。

1つ目の経緯だけですと、よくある学会の記念論文集であるかのようにイメージする読者もいるかもしれませんが、本書が企画された理由は、それだけではありません。本書が企画されたもう1つの経緯としては、ICTと日本語教育をめぐる次の問題意識があります。本書を手にとった皆さんの多くは、毎朝、スマートフォンでその日の天気を確認し、何を着るか考えるでしょう。また、家を出る前には、スマートフォンで電車の時間を調べたりはしませんか。そして、職場についたら、コンピュータに電源を入れ、メールをチェックしたり、気になるニュースをウェブサイトなどでチェックしたりしているのではないでしょうか。さらに、欲しいものがあれば、インターネットで買い物をし、行きたいところがあれば、インターネットでホテルを予約し、チケットを買うような生活をしているのではないかと思います。現代を生きる私たちの日常において、インターネットやICTデバイスがない生活はもはや想像できないのではないでしょうか。ところで、皆さんが受けている授業、あるいは皆さんが行っている授業はどうですか。特に教師の皆さんに質問します。「皆さんは自分の授業においていつの時代のテクノロジーを利用していますか」。21世紀の学生たちを教えているのに、ホワイトボードやマーカーのような過去のテクノロジーだけに頼った授業をしていませんか。こうした現状をかえたいと思っている人にとって、本書は様々なアイデアを提供します。とりわけLMS（Learning Management System、学習管理システム）やSNS（Social Networking Service）やビデオ通話システム、さらにはAR（Augmented Reality、拡張現実）やAI（Artificial Intelligence、人工知能）などのツールを日本語教育の現場に導入するための工夫や実践例を紹介しています。

　以上の経緯を踏まえ、3つの柱で全体を構成しています。

・【研究編】：先行研究を踏まえた上で新しい知見が盛り込まれている論考、挑戦的・実験的な要素が強い論考を掲載しています。
・【実践編】：既存のツールや教材を使った教育実践、教師仲間と共有したい授業実践を紹介する論考を掲載しています。
・【ツール・コンテンツ編】：日本語教育に役立つシステム開発および教材開発に関する論考を掲載しています。

この頃、テレビや新聞などのメディアで人工知能の話を聞かない日がないほど、今の私たちはICTをめぐる激変の時代に生きています。そして、こうした変化に対する私たちの姿勢も問われています。社会とともにあろうとする日本語教育にとって、ICTの進化による社会の変化は看過できないものであり、インターネットやICTデバイスがない生活が想像できないのと同じくらいICTのない教育が想像できない時代が眼の前に来ています。ICTがもたらす変化の波を受け入れないという選択肢はもはや残されていないようにも思われます。こうした現状を踏まえ、本書が日本語教師にとってICTの波に乗るための一助になることを願っています。

　最後に本書の刊行において、次の方々に大変お世話になりました。まず、出版事情の厳しい中、本書の学術的意義を理解し、刊行を快く引き受けてくださったひつじ書房の松本功代表と丁寧な編集作業をしてくださった同社の海老澤絵莉氏には大変お世話になりました。CASTEL/Jの会長であり、本書の監修者である當作靖彦先生にも感謝申し上げます。また、CASTEL/J 2017の実施や本書の編集に協力してくれた清水秀子先生 (University of Northern Colorado)、木下直子先生 (早稲田大学)、久保圭先生 (立命館大学)、品川覚先生 (University of Hawaii)、加納千恵子先生 (筑波大学)、砂川有里子先生 (筑波大学・国立国語研究所)、長谷部陽一郎先生 (同志社大学)、石川慎一郎先生 (神戸大学) には大変お世話になりました。そして、大会に参加してくれた国内外の先生方にも感謝します。最後に、CASTEL/Jの実施において経済的支援をしてくださった財団法人尚友倶楽部にも感謝します。

2019年1月30日
李在鎬

第1部

研究編

1 ネットワーク時代の言語教育・言語学習

當作靖彦

要旨

　21世紀のグローバル社会はめざましい発展を遂げ続けるテクノロジー、インターネット主導の社会といわれ、テクノロジーが生活のあらゆる面に入り込み、我々の日常生活の一部になっている。教育でもテクノロジーが様々な目的をもって使われている。教育におけるテクノロジーの応用は、テクノロジーがあるから使うのではなく、ペダゴジーにしたがって、学習効果を上げるために使われるべきである。発展し続けるテクノロジー、インターネット技術の機能は最近の教育のアプローチの変化に対応して、学習者の知識の発展、能力開発を助けるものとなり、言語教育でもテクノロジーの使用が教育実践の中で盛んになっている。本稿では、言語教育のアプローチの変化がテクノロジー使用にどのようにつながってきたかを考え、最近の言語教育におけるテクノロジー使用のトレンドを概観する。最後に言語教育が今後どのようにテクノロジーを使っていくべきかを考察してみる。

キーワード　言語教育／テクノロジー／ソーシャルメディア／
ソーシャルネットワーキングアプローチ

1.　はじめに

　コンピュータテクノロジーが教育に応用され始めたころに、筆者は日本語教育に関わるようになった。その当時はコンピュータをもっている人や電子

メールを使う人の数もごく限られていて、コンピュータテクノロジーの応用と言っても、現在の基準から考えるとごく初歩的なものであった。教材を作るのにワードプロセッサーを使うようになり、さらにデスクトップパブリシングソフトを使い、教科書を作るようになった。ストレージ技術、ハードディスク技術が進んでいなかったため、日本語を使うために何度もフロッピーディスクを入れ替えたおぼえがある。今では考えられないことである。筆者も学生に使わせる発音練習のソフトウェアをコンピュータを使って作ったものであるが、コンピュータがまだ一般化していない時代で、コンピュータをもっている学生がほとんどいないため、学生をコンピュータラボに送り、練習させたものである。インターネット技術も発達しておらず、スタンドアローンのコンピュータ利用がほとんどであった。テクノロジーの応用に興味をもつ教師が増え、テクノロジーを利用したいろいろな教材が出てくると、30年後には外国語教師はテクノロジーに取って替わられ、外国語教師はいらなくなると本気で言ったものもいた。それから30年以上たち、テクノロジーが進歩し、教育への応用も進んだが、外国語教師の仕事はなくなってはいない。

　テクノロジーが出始めたころは、テクノロジーがあるから使わなくてはいけないという理由でテクノロジーを使っていたきらいがあった。しかし、そのようなテクノロジーの応用は長続きしなかった。テクノロジーの使用は教育のニーズによって決められ、デザインされ、実施されるべきものである。今日グローバル化が進み、社会が大きく変化し続け、その中で教育に要求されること、すなわち、いかなる学生を創り出すべきか、学生にどのような知識、能力、資質を身につけさせるべきか教育の目標が20世紀と大きく変わってきており、テクノロジーの応用もそれに左右されるものである。また、グローバル化の進行の特徴はインターネット技術などのテクノロジーの急激な発展である。教育で使えるテクノロジーの質、量ともに急激に変化しているし、テクノロジーが教育でできることも以前とは比較にならないほど増加している。このような状況の中で、言語教育の中でどのようにテクノロジーを使い、教育効果をあげていくべきなのだろうか。

　本稿では、言語教育の目標の変化がテクノロジーの教育への応用をどのように規定しているか、また最近の学習理論の変化がテクノロジー使用の様相

をどのように変えてきたかを考える。ネットワーク時代が進み、新しいテクノロジーの出現が続く中、言語教育へのテクノロジー応用の現在、そして、将来のトレンドを考察してみる。最後に言語教育へのテクノロジーの応用の今後について考える。

2. 言語教育の変化

　言語教育でテクノロジーが多く使われるようになったのには、テクノロジー自体が急速に発達し、テクノロジーを使って学習の様々なサポートができるようになったことが理由として挙げられる。しかし、テクノロジーの発展だけではなく、我々が行っている言語教育そのものが時代とともに変わり、常に発展を遂げているテクノロジーの様々な機能を使うことに今まで以上に意義を見いだすようになってきたからでもある。テクノロジーが効果的にペダゴジーをサポートできる場面、機会が増えてきたからである。テクノロジー応用を促進した条件として、ペダゴジーにおける2つの変化を考えてみたい。

2.1. 学習目標の変化

　言語教育におけるテクノロジー応用を促進した理由の1つとして、その学習目標が大きく変化してきたことが挙げられる。言語教育における最近の学習目標の変化を代表するのは、変化する21世紀の言語教育のアプローチとして當作 (2013) が提唱している「ソーシャルネットワーキングアプローチ」である。當作・中野 (2012) をもとに言語教育の理念を「他者の発見、自己の発見、つながりの実現」とし、教育目標として「ことばと文化を学ぶことを通して、学習者の人間形成を促し、21世紀に生きる力を育てる」、学習目標として「総合的コミュニケーション能力の獲得」を挙げている。「総合的コミュニケーション能力」は次のマトリックスで示される。

　言語教育が達成するべき目標領域として、「わかる」、「できる」、「つながる」の3つの能力、「言語領域」、「文化領域」、「グローバル社会領域」の3つの領域の組み合わせの9つの領域。それに加え、「学習者の関心・意欲・態

[表1] ソーシャルネットワーキングアプローチの総合的コミュニケーション能力

能力／領域	言語領域	文化領域	グローバル社会領域
わかる	語彙・文法の習得	文化知識習得	社会の特徴・課題の理解
できる	言語知識運用	文化知識運用	21世紀のスキルの獲得、運用
つながる	言語でつながる	多様な文化の人とつながる	グローバル社会に関与、貢献、社会を変える

+

学習者の関心・意欲・態度学習スタイル	既習内容・経験・他教科の内容	教室外の人・モノ・情報

度、学習スタイル」、「既習内容・経験・他教科の内容」、「教室外の人・モノ・情報」の3つの連携領域の計12の領域を挙げている。

　オーディオリンガルアプローチが盛んなころの言語教育の目標は文法と語彙の習得であった。日本語教育も例外ではない。その時代の日本語の教科書を見れば、それは歴然としている。表1の「言語領域」の「わかる」が言語教育の目標であった。「文化理解」、すなわち、「文化領域」の「わかる」も言語学習の目標だったといってよい。コミュニカティブアプローチの時代に入り、文法や語彙を使い、いろいろな言語機能を果たすことが言語学習の目標となった。言語が「わかる」ことに加えて、言語を使って何かが「できる」ことも言語教育の目標となったのである。文化の扱いも文化項目の理解にとどまらず、言語を使ってコミュニケーションができるように文化を学ぶことが主張され、この時代の言語学習の目標は「言語領域」「文化領域」の「わかる」に加え、「できる」に広がったといえる。このような言語学習の目標の設定は、時代の要求でもあった。規則を覚えて、それをそのまま適用することができる人間が要求された時代から、自分の意志でいろいろな言語機能を果たせる人間が要求される時代になったのである （Richards and Rogers 2014）。

　最近のインターネットの発達により、自由に自分の意見を発信し、今までつながらなかった人々と簡単につながることができる時代になり、言語を使っ

て「つながる」ことが言語使用の大きな目的となってきた。ソーシャルネットワーキングサービスを含むソーシャルメディアの急激な発展により、誰でも、いつでも自分の意見を簡単に発信し、多数の人とインターアクションができるようになり、言語の様相も大きく変化してきている。この変化を反映し、ソーシャルネットワーキングアプローチでは、言語を使って、「わかる」、「できる」だけでなく、「つながる」ことができることを言語教育の目標に加えている。複雑化する世界で、いろいろな問題を解決し、住みやすい社会を作っていくためには、「つながり」を作り、さらにいろいろな人、モノ、情報と「かかわり」、社会を「つくる」、そして社会、人を「かえる」能力を養うことも言語教育目標となってきているのである。

　効果的に人とつながっていくためには、これまで言語教育が扱ってきた「言語」、「文化」の能力のみならず、いわゆる「社会力」も必要になり、ソーシャルネットワーキングアプローチでは、そのような能力の開発も言語教育の目標の一部になっている。世界の公教育で現在進行中の教育改革では、言語教育を含むすべての教科の教育の一番重要な目標は「21世紀の社会を生きるための能力獲得」であり、表1の「グローバル社会領域」の「できる」に示される知識、能力、資質を身につけることになってきている。それぞれの教科の内容を媒体として、これらの知識、能力、資質を獲得することが新しい教育の動きになってきている[1]。

　言語教育でも、言語を学ぶことを通して、「21世紀の社会を生きるための能力」を開発することが重要な目標になってきている。すなわち、現在の言語教育では、以前の言語教育のアプローチよりも目標が拡大しているし、目標の質も変わってきているのである。これも時代がそのような言語の使用者を要求しているからでもある。

　人、モノ、情報とつながり、社会活動に関与し、社会を変えていく目標達成のためにはまさに現在さかんに使われ、日進月歩で発達を続けるインターネット技術一般、ソーシャルメディアなどのテクノロジーが重要な役割を果たす。また、テクノロジーの使用により、21世紀を生きるために必要な能力の1つであるICTの能力も言語のクラスで養うことができ、21世紀が要求する言語使用者を作ることが可能になるのである。

2.2.　教育・学習モデルの変化

　発展を続けるインターネットを中心とするテクノロジーが言語教育で多用されるようになったのには、テクノロジーが最近の教育・学習モデルの学習活動を効果的に助けられるという理由がある。

　我々が言語の授業実践のもとにしている教育・学習モデルはここ20年で急速に変化を遂げてきている。以前の教育・学習モデルはおもに認知論的理論にもとづいたもので、「知識移動型教育・学習モデル」であった。このモデルでは、教育・学習とは教師の頭にある知識が講義などを通じて学習者の頭に移動すると考えられた。教育の中心に位置するのは知識を与える教師であり、その知識を受け取る学習者は受動的に知識を受け取り、それをそのまま憶えるものと見なされ、教師が絶対的な権限をもつ、いわゆる「教師中心」のモデルである。憶える知識は学習者とは独立して存在し、それを憶えさせるのは教師の責任であった。どのように知識を教師から学習者に効果的に移すかということに多くの関心が払われ、その結果講義が重要視され、実際教育実践では、講義に多くの時間がさかれてきた。このモデルでは教育・学習は教師から学生に単一方向に動くものであり、「教授、教育」中心であった。学習者は教師が講義する内容を受動的に聞き、ノートを取り、暗記することが求められた。このモデルでは、「学習」が起こったということは、学習者の頭に教師の知識が完全に移ったということであり、テストの役割はそれを確かめることで、学習者はテストでは暗記した内容をそのまま答えることにより、知識が完全に移動したことを示すことになる。教師の知識は普遍的なものであり、テストでは正しい回答は1つしかなく、それをそのまま答えた学習者がいい学習者と考えられた。

　この旧来のモデルに対し、構築主義、社会構築主義に基づいた新しい教育・学習モデルは、知識というものは学習者が自分の頭の中で独自に構築するものであるという「構築型教育・学習モデル」である。教育・学習の中心は学習者であり、学習者が積極的、自律的に知識を構築すべきであるという「学習者中心、学習者主体」のモデルである (Duffy and Cunningham 1998)。このモデルは、学習者は既得知識、経験に新しい情報、経験を加えて独自に知識を発展させていくと考え、学習者が学習に主体的に関与し、問題解決能力、批

判的思考能力、創造性などを使い、新しい情報に積極的に働きかけることで、知識のネットワークを発展拡大すると考える。また、知識の発展拡大には、社会活動を行ったり、協働作業を行ったりすることが効果的であると考え、ペア活動、グループ活動など、他の学習者、あるいはクラス外の人々とつながる活動を持ち込むようになった。また、深い学習を促進するために、問題を探求、解決させる活動も行われるようになった。知識のソースとして教師に頼るのではなく、自分の必要な情報を自分で検索、収集、取捨選択、習得することが学習者に求められるようになった。このモデルでは、教師は学習者が知識のネットワークを発展・拡大するためのサポーター、ファシリテーターの役割を果たすと考えられ、従来教育の中心にいた教師は、周辺で学習をモニターしたり、学習を促進するようにサポートを与えたり、アドバイスすることがその仕事の中心となる。また、学習者の頭の中で、知識のネットワークがうまく発展・拡大するように学習環境を整えたり、学習の条件を作り出したり、学習者の学習に対する動機付けを高めるようにするのも教師の重要な役割となった。このモデルでは、焦点が「教育」から「学習」に移動したと言ってよい。

　それぞれの学習者が頭の中に知識のネットワークを発展・拡大させていくとすれば、形成される知識は学習者ごとに異なるものであり、知識は普遍的なものではなく、多様なものと考えられる。したがって知識の形成が行われたかどうかを調べるテストでは、正しい答は1つではなく、多様な回答が認められるべきであるという主張がなされ、このモデルでのテストはオープンエンド形式でいろいろな知識発展の結果を見ることができるものが使われる。

　このような教育・学習モデルの選択によりそのペダゴジーを支えるテクノロジーの選択が大きく影響されることは想像に難くない。テクノロジーの発展により新しい学習モデル、「構築型教育・学習モデル」の実践を多様に支援できるようになってきた。テクノロジーと教育・学習モデルの変化の関係は、「遠隔授業 (distance learning)」の発展を見ると明らかである。以前の「知識移動型モデル」にもとづいた遠隔授業では、教師の講義ノートや講義ビデオをネット上にアップロードしておき、それを遠隔地にいる学習者が読んだり、見たりして理解し、その後、オンライン上でマルバツ式、多項選択式テストを受け、その結果を見て、学習が起こったかを判断し、学習が起こって

いる場合には次のユニットに進み、また次の講義ノートや講義ビデオを使い、授業を進めていくものであった。しかし、現在の「知識構築型モデル」にもとづいた遠隔授業では、以前の講義ノート、講義ビデオに加え、オンライン上に教師と学習者、学習者同士のディスカッションのスレッドを作り、それを通して質疑応答したり、議論したりする要素が加えられたし、オンライン上で個人、あるいはグループでプロジェクトを行い、その結果をクラス内外に発信して、外部の意見を求めたり、外部の人に評価してもらったりする要素が加えられたりしている。このような要素を加えることが可能になったのも、テクノロジーが発展し、ペダゴジーに合ったテクノロジーの選択の可能性が広がったことが理由として挙げられる。また、テクノロジーが安価になり、汎用されるようになったことも多様なテクノロジーの使用に貢献しているといえる。

3. 言語教育へのテクノロジー応用のトレンド

教育の変化、テクノロジーの発展が相まって、教育にテクノロジーがより創造的に使われるようになってきており、テクノロジー使用は現在の教育では一般化するとともに、多様化してきている。最近のテクノロジーの教育への応用のトレンドをいくつかみてみたい。

3.1. 反転授業、ブレンディッド学習

知識構築型の学習モデルが主流になってきたとはいえ、特に高等教育では実際には知識移動型の授業を完全に無視するわけにはいかない。学習にはそれほど効果のないという研究結果が出ている教師中心の講義をビデオで撮影し、オンライン上、あるいはコンピュータ上のファイルとしてクラスの前にクラス外で学生に見せ、従来クラス外でしていた宿題やそのほかの活動を教室内で行う授業の方法が最近盛んに使われるようになってきた。この方法を「反転授業 (Flipped Classroom)」という (Bergman and Sams 2012)。すなわち、従来の講義をクラスで行い、クラス外で宿題をしていた方法を反転させ、宿題などをクラスで行い、講義をクラス外で見るというものである。講義という一方的

なインターアクションのない形態の学習はビデオを見ながら、教師なしでも行えるので、それをクラス外に出し、クラス内では教師と学生、学生間のインターアクションを必要とするペア活動、協働作業、あるいはインターアクションが起こる活動をし、クラス全体の学習効果を上げようというもので、これにより学習者の成績が上がるという報告が多く発表されている (EURODL 2014)。以前に比較して、教師個人が講義のビデオを容易に作成できるようにテクノロジーが発達したこともこの動きを促進している。テクノロジーを使うことにより、クラス内で学習を促進するインターアクティブな活動、協働作業、プロジェクト型学習 (Project-based Learning)、アクティブラーニング (Active Learning) などの時間を増やすことができるので、言語教育でも反転授業を使う教師が増えている。

反転授業のようにオンライン上の学習とクラス内での対面学習を組み合わせた学習形態は「ブレンディッド学習 (Blended Learning)」と呼ばれ、最近このような形態の学習が増えている。オンライン学習と対面学習の割合比は学習目的や学習環境によって異なるが、2つを組み合わせることにより、学生が置かれた様々な条件下で学習効果を上げることができ、これからブレンディッド学習に基づいたクラスは増え続けることが予想される (Thorne 2003)。

3.2. デジタルカリキュラム、デジタル教科書

反転授業で使われるビデオのように教材をデジタル化したカリキュラムが増加している。紙を使わず、環境の持続可能性 (Sustainability) を高めるためもあり、教科書のデジタル化も進み、紙の教科書のかわりにデジタル化した教科書を使う学校が増えている。アメリカでは、デジタル化した教科書しか採用しない学校区も増加している。学習者に iPad などのデジタルデバイスを1台ずつもたせ、それに教科書を入れている。アメリカでは紙の教科書は非常に高いが、デジタル教科書を使うことによりコストを抑えることができる。現在はまだ従来の教科書を PDF 化しただけのものが多いが、インターネットを通じて、クラスメートとゲームをしたり、インターアクションをすることも可能になり、紙の教科書ではできないことが可能になったり、オンライン上で習ったばかりのことをデバイス上で練習し、あるいはテストを受

け、その結果を教師に送ったりと、教材、活動、評価を連携させることも可能になり、まさにデジタルカリキュラムの1つの形態となりつつある。

3.3. 学習管理システム

最近のブレンディッド学習では、学習管理システム (Learning Management System (LMS)) を利用し、オンライン上の学習と対面学習を組み合わせていることが多い。これは Course Management System (CMS)、Virtual Learning Environment (VLE) とも呼ばれる。学習管理システムとは教育活動の管理、実施、文書化、記録化、報告を行うソフトウェアアプリケーションである。教師個人が自分の授業のみに使用している場合もあれば、学校がソフトウェアを取得し、その学校で提供される授業全体、あるいは一部に使用している場合もある。また、このソフトウェアを使い、授業を一般に公開している場合もある。そのようなケースで無料のものは、ムークス (Massive Open Online Courses (MOOCs)) と呼ばれる。このようなコースは授業活動を全てオンライン上で行うことが多く、完全な E-Learning である。代表的なものには Cousera、edX、Academic Earth、Udacity などがあり、条件さえ満たせば、受講証ももらえる。このようなプラットフォームで使われる教材は、デジタル化、マルチメディア化したダイナミックなものであり、それをネットワークを通して配信するもので、OER (Open Educational Resources) と呼ばれる。このような E-Learning のシステムを使って学習する学習者は年々増えており、対面式授業を利用して学習している学習者の数を超える日も近いと予想されている。

学習管理システムの枠組みができた歴史は長く、1970年代に Plato や First Class などが生まれ、汎用されている。現在のプラットフォームは多様な機能を備え、簡単、かつ無料で使用できるものが多い。すべてをオンラインできるものもあれば、オンライン上の学習と対面式の学習を組み合わせて使用するようにできるものもあり、テクノロジーが教師の仕事を助け、学習効果を上げようとするものである。オープンソースで誰でも無料で使える学習管理システムの代表的なものには Moodle、ILIAS、Opigno、Eliademiy、Formal LMS などがあるし、有料のものには Adobe Captive Prime、Docebo LMS、Talent LMS、Dokeos、LearnUpon など多数ある。教師が自分の教育目的、教

育内容、教育活動に応じて、適当なプラットフォームを選ぶことができる環境が整ってきている。

　ちなみに筆者が現在使っている無料の学習管理システムでは、次のようなことができる。

【教師ができること】
ⓐ教材をアップロードし、学生がいつでも、どこからでもアクセスできるデジタル教材のライブラリーを作る。テキスト教材のみならず、ビデオ、イメージなど多様なリソースをアップロードできる。
ⓑ教師がオンライン上で宿題を与え、学生は終了した宿題をアップロードする。
ⓒメッセージをアップロードし、学生に質問したり、指示を出す。また、学生が教師に質問をしたり、学生同士が質問し合う。また学習に関連した情報を提供したり、交換したりする。
ⓓ学習グループを作り、協働作業をさせる。
ⓔ学生のサーベイをする。
ⓕ小テストを提示し、学生がそれに答えるとすぐに結果を知ることができる。
ⓖ教師が同様のクラスを教えているほかの教師と情報交換をする。
ⓗクラスのシラバスをアップロードするとともに、授業活動のスケジュールを提示する。
ⓘ提出された宿題、テストをシステムが採点し、フィードバックを与える。
ⓙ学生のリストを作り、学生の成績管理を行う。学習状況、成果を学生に伝える。
ⓚ個々の学生のオンライン上で活動の記録を見ることができる。

【学生ができること】
ⓐパソコンのウェブからアクセスできるだけでなく、モバイル用アプリを通して、スマートフォンからもアクセスできる。
ⓑオンライン上の教材を使い、予習、復習する。
ⓒ宿題をオンライン上で提出する。
ⓓオンライン上でテストを受け、フィードバックを受け取る。

ⓔ教師やクラスメートに質問する。

ⓕグループでブレインストーミングを行う。

ⓖ学生個人、あるいはグループでブログを作ることができる。プロジェクトグループを作り、そのウェブページを作ることができる。このページを通して、グループ内のコミュニケーション、ディスカッションができるほか、プロジェクトの結果を外部に発信できる。

【親ができること】

ⓐ(大学の場合には重要ではないが) 教師と学習者の親がコミュニケーションできる。

ⓑ自分の子供の学習状況、成績を知ることができる。

ⓒ子供と学習に関してコミュニケーションできる。

　このような機能を効果的に使うことにより、一人の教師ではなかなか対応できない学生の多様なニーズに応えることができ、学生のペースに基づいた学習なども可能にする。様々なタイプの活動を学習管理システムにアップロードしておくことができ、これも学習者の多様なニーズに応えることになる。学習者のテストの結果、学習状況をデジタルデータとして集めることができ、それをすぐにシステムが分析し、即刻学習者にフィードバックとして出せるし、そのデータを教師が利用し、対面授業の内容を決めたり、修正したりして、学習効果を上げることもできる。また、学習者はこのようなシステムを毎日利用することにより、21世紀を生きるのに必須のテクノロジーの知識、スキルを身に付けることができる。初等、中等レベルの場合には、教育に親も簡単に関与させることができるなどの長所もある。

　このシステムはインターネットに接続したコンピュータのウェブブラウザで使えるだけでなく、スマートフォンやほかのデジタルデバイス (例えばiPadやAndroid Padなど) 上のアプリでも使えるようになっている。最近ではスマートフォンはもっているがパソコンはもっていない学生が増えているが、このような学生にも対応できる。学習管理システムに限らず、スマートフォンやほかのデバイスで無料で使えるテストや学習活動のためのシステム、アプリが続々と出ており (モバイル学習 Mobile Learning)、クラスで学生が1人に1台パソコ

ンあるいはほかのデバイスをもつことを前提とした BYOD (Bring Your Own Device) や 1-to-1 Learning を可能にしている。

3.4. ソーシャルメディアの利用

2節で述べたように、ソーシャルメディアは現在の生活の中で重要なコミュニケーション、社会活動の手段となっている。Twitter、Facebook、LINE のような多数の人が使うものから、それほど有名ではないが、限られたグループの人々によって使われているものまで数多くのソーシャルメディアのサービスがある。これらのサービスは人々の考え、感情、あるいはイベントを発信し、人々をつなぎ、人々の交流を可能にしている。ソーシャルメディアを使い、協働作業をしたり、バーチュアルコミュニティーを作り、社会活動をすることが一般化し、ソーシャルメディアを使っている人の数は増加の一途である。この活動には、電子メールやテキストメッセージを送ったり、写真やビデオをブログや専用サイトにアップロードしたり、コメントを載せたり、新しいウェブのコンテンツを作ったり、ライブチャットをしたりと様々なものがある。ソーシャルメディアはあらゆる年齢の、あらゆる背景をもった人間の働き方、遊び方、生活のし方、買い物のし方など生活の様相を大きく変えるとともに、日常生活の重要な一部となったと言ってよい。言語を使っての活動である限り、言語学習の活動の中にソーシャルメディアを使った活動が入ってくるのは当然のことである。また、2節で述べたように、言語学習の目標の中に「つながる」能力を身につけることが入ってくるのならば、言語学習の活動にソーシャルメディアが取り入れられるのも当然のことであろうし、また、ソーシャルメディアを使っての学生中心のペア活動、協働作業が言語学習を促進するのであれば、それがカリキュラムの中に取り入れられるだけでなく、カリキュラムの中で重要な位置を占めるようになるのも自然の成り行きといえる。ライブチャット、ソーシャルストリーム、グループワーク、チームによる協働作業、ラーニングスペース、サーベイなどいろいろな形のソーシャルメディアを使った活動が現在の言語学習のカリキュラムの中で使われている。ソーシャルメディアが日常生活の重要な一部となる中で、それを効果的に使い、自己発信し、他人とつながり、社会と関

わっていく能力を言語のクラスの活動を通して身につけることが重要な目標
となり、次のような活動が言語の授業の一環として行われるようになってき
ている。

ⓐソーシャルメディアを使い、学習者にピア、教師、エキスパートとコミュ
　ニケーションをさせ、問題を解決させる。
ⓑ他人に有用なウェブのコンテンツ (テキスト、写真、ビデオなど) を作り、発信す
　る。
ⓒ教育用のネットワークを利用して、コミュニケーションを行い、新しい知
　識を身につける。
ⓓウェブ上のコンテンツを検索し、評価し、情報のリテラシー能力を高める。
ⓔウェブ上のコンテンツを組み合わせ、新しいコンテンツを創造する。
ⓕソーシャルメディアのコンテンツを使い、新しい知識を身につけ、生涯学
　習者になる。

　このような活動の一部として、デジタルストーリーテリング (Digital Storytelling
(DST)) がマルチメディアを使い、効果的な自己発信を行う能力を身につける
活動として最近言語学習で多用されるようになってきている。デジタルス
トーリーテリングを行うことで言語能力や他人とつながる能力を高めるだけ
でなく、テクノロジー、メディアを効果的に使う能力、すなわち、21世紀を
生きていくために必要な能力を向上させる活動としても役に立つものである。
またソーシャルメディアを正しく使い、他人を傷つけたり、社会を混乱させ
たりすることがないようにし、またプライバシーや著作権の侵害がないよう
にする、いわゆるデジタルシティズンシップ (Digital Citizenship)、デジタルリテ
ラシー (Digital Literacy) の教育の一環ともなっている。このように本来教育を目
的して作られてはいないソーシャルメディアのアプリケーションを教育目的
で使うことにより実社会の環境をクラスの中に持ち込み、オーセンティック
な場面でオーセンティックなタスクを学生にさせることにも役に立ってい
る。ソーシャルメディアがますます発展する中で、これからの言語学習の中
でソーシャルメディアが使われ、カリキュラムの中核となる可能性が高まる
と思われる。

3.5. オンラインテスト

　2節で述べた言語学習の目標の拡大、学習モデルの変化の結果、言語学習
に関連した評価、テスト、言語のクラスで使われるテストにも大きな変化が
みられる。これまでは学習過程の終わりに、学習が起こった証拠を集め、成
績を付けたり、学習者をふるい分ける知識テストである総括的評価 (Summative
Assessment) が重要と考えられていたが、知識が学習者の頭の中で効果的に作ら
れるように学習の促進を助ける、学習の途中で行う形成的評価 (Formative
Assessment) のほうが重要であると考えられるようになってきた (當作 2015)。従
来からテストをオンラインで行うことは行われていたが、知識の移動が完結
したかどうかを調べる簡単な穴埋め、変形テスト、多項選択式テストが中心
で、その結果を教師が成績を付けるのに使うことが主目的であった。最近の
オンラインテストは、学習者にフィードバックを出し、学習を助けるようデ
ザインされ、実施されるものが増えてきた。効果的なフィードバックを受け
取るため、オンラインの自己評価テストを学習過程で自分のペースで受ける
ようなシステムも増えてきた。テストが終了すると、学習者にわかりやすい
形で即時にフィードバックを出し、学習者がそれに反応してさらに能力を伸
ばす形のオンラインテストもさかんに使われるようになってきた。テクノロ
ジーの発展を十分に利用したオンラインテストも行われるようになり、ス
マートフォンを使って、クラス全体、あるいは個人がいつでもどこでもでき
るオンラインテストも多用されるようになってきている。
　オンラインテストの長所の1つは、結果がデジタルの形で残り、その結果
をいろいろな形で処理できることである。コンピュータの結果分析をもと
に、学習者の能力向上のプロセスを観察することも可能になる。学習結果を
目的にそって収集していくデジタルポートフォリオなどもオンラインの評価
の1つである。また、最近では音声によるデータ、テキストによるデータを
音声認知や人工知能 (Artificial Intelligence (AI)) を使って採点する試みも行われ、
これまで教師が時間をかけて行ってきた採点の作業をテクノロジーで瞬時に
行えるようになってきた。人工知能を使って、テストの結果から学習者の
ニーズを判断し、それに合わせたカリキュラムを個人別に作ったりすること
や適切なレベルのテストの問題を発問する、いわゆる適応型学習 (Adaptive

Learning）や適応型テスト（Adaptive Test）も増えてきており、人工知能の教育への応用は加速度的に進んできている。また、テストや学習記録を含めた大量のデータ、いわゆるビッグデータを教育のプラニングなどに使うことも行われるようになってきており、この動きはこれからますます進んでいくことが予想される。

3.6. 仮想現実、拡張現実、シミュレーション、ゲーム

　言語教育は現実の世界で、わかる、できる、つながる能力を使って、様々な活動をしていける学習者を作るのがその目的の1つであるが、そのためには現実社会とクラスを結びつけて活動をすることや現実社会をクラスに持ち込んで活動することが必要である。しかし、現実的にはこのようなことをするのは物理的に難しかったり、様々な限界があったりする。そこでテクノロジーを使い、クラス内で仮想の現実社会を作り出す仮想現実（Virtual Reality）や存在する世界にテクノロジーがさらなる情報を足すことにより、深い知覚、深い学習を可能にする拡張現実（Augmentative Reality）をクラスに持ち込む可能性が現在試されている。これらのテクノロジーを使い、シミュレーションなどを行い、現実に対応できる学習者を作るわけである。この試みは現在まだ初期の段階といえるが、オンラインゲームなどで実現していることを言語教育に応用できる可能性は非常に大きい。ゲームを使うゲーム型教育（Game-Based Education）や教育にゲームの要素を入れるゲーミフィケーション（Gamification）の教育効果が高いことも研究でわかっており、ビデオなどのイメージ媒体を使った教育は今後さらに発展する分野であると考えられる。

4. 言語教育におけるテクノロジー応用の今後

4.1. SAMRモデル

　SAMR（Substitution, Augmentation, Modification, Redefinition）とはRuben Puentedura（2014）により一般化された教育でのテクノロジー使用をデザイン、開発し、授業でテクノロジーを使ってデジタルな学習環境を作るモデルである。Substitution

（代替）とは、テクノロジーを使わずにする機能・タスクをそのままテクノロジーが引き継ぐことである。例えば、作文を書くという筆記具を使ったタスクをWordのようなソフトウェアで行うことである。Augmentation（増強）とは、テクノロジーがこれまでの機能・タスクを代替するのに加え、機能・タスクを改善、向上させることである。例えば、Wordを使うことにより間違ったスペルが自動的に修正されるとか、コンピュータがバージョン管理をしてくれ、書き直しによりどのような変化が起こったかを記録できるのはテクノロジーによるAugmentation（増強）といえる。Modification（変更）とはテクノロジーの使用によって機能・タスクが大幅に変更されることである。この例としては、ポートフォリオをアナログのものからテクノロジーを使ったデジタルポートフォリオ（Digital Portfolio）に変えることにより、アナログとは大きく異なったポートフォリオを作り、管理することが可能になり、ポートフォリオのもつ価値が高まったことを挙げることができる。最後のRedefinition（再定義）とはテクノロジーの使用によりこれまで考えられなかったこと、できなかった機能・タスクが可能になることである。例えば、Skypeを使うことにより、クラス外のどんなに離れたところにいる人とも対面式の生のコミュニケーションができることは再定義の例である。このようなことはインターネットテクノロジーなしにすることが今まで難しかったことで、テクノロジーが教育を大きく変える例ともいえる。

　テクノロジーが言語教育で使われ始めた初期は明らかに「代替」、「増強」のレベルの応用が多かった。また、知識移動型教育のサポートとなるケースが多かったといえる。テクノロジーが発展することにより、最近は「変更」、「再定義」のレベルの応用が増え、知識構築型教育のサポートとして、単なる暗記や理解ではなく、学習者に高度の思考能力を使わせたり、実社会、あるいはそれに近い状況で言語を使って活動させたり実践能力を養成するテクノロジーの使用が可能になってきた。テクノロジーの今後のさらなる発展により、「変更」、「再定義」のレベルで、テクノロジーが教育、教師、学習者にインパクトを与えることが多くなることが予想される。しかし、テクノロジーを採用、あるいは応用する前に必ずペダゴジーを考えるのが教育者の役目であろう。

4.2. 実証的研究の必要性

　言語教育にテクノロジーが応用され始めたころ、大学のアドミニストレーションによくいわれたことは、テクノロジーに投資する価値があるかということであった。当時、テクノロジーは値段が高く、大学にとっては大きな投資になることが少なくなかった。テクノロジーがあるから使うのではなく、また、テクノロジーを使うことが流行っているから使うのではなく、教育効果、学習効果があることを示すことが要求された。現在は無料で使えるテクノロジーが増え、以前のように投資効果がそれほど問題にはならなくなったかもしれないが、テクノロジーが使いやすくなったとは言え、テクノロジーを使うための時間やエネルギーの初期投資はまだまだ高くつく。その中でテクノロジーを使うかどうかはやはりそれによってどのような効果があるかによって判断されるべきだろうし、テクノロジー使用をペダゴジーの面から正当化する必要がある。残念ながら、言語教育における、特に日本語教育におけるテクノロジー使用の意義を示す理論的研究や実証的研究はまだまだ少ない。Anderson (2011) が言うように教育におけるテクノロジー使用は、内容、環境、行動、態度などいろいろな局面が関係しており、理論化が難しい分野ということは否めない。また、教育が理論化可能な認知論的な活動であるのか、その場、その場の一回性の存在論的なもので理論化が不可能な活動であるのかという議論もあり、理論化することがいいことなのかも議論の余地がある。しかし、テクノロジーを教育に応用するには、勘や直感で有効だろうと考えて使ったり、経験に基づいて効果的だろうと推測したりするだけでなく、実証的研究を積み重ねて、テクノロジーの使用と教育効果、学習効果の関係を明らかにしていかなければならないし、私たちテクノロジーを使う者はその努力を常に怠ってはならないだろう。

●注

1 この21世紀の社会を生きるための知識、能力、資質としては、OECDのキー・コンピテンシーとアメリカの21世紀のスキルパートナーシップの21世紀スキルがよく知られ、教育に利用されている。2016年のOECDの世界経済会議で提案されたスキルでは3領域、16のスキルが挙げられている。リテラシー（読み書き能力、計算能力、科学のリテラシー、ICTリテラシー、経済・金融のリテラシー、文化的・社会的リテラシー）、複雑な問題を解決する能力（高度の思考能力・問題解決能力、創造性、コミュニケーション能力、協働能力）、性格・資質（好奇心、率先力・起業家精神、忍耐力、適応力、リーダーシップ能力、文化的・社会的意識）。ICTリテラシーが入っていることに注目されたい。

●関連図書・関連論文の紹介

急激なテクノロジーの発達が続き、新しいテクノロジーが言語教育に使われてきていて、本による出版がその情報に追いつかない状況である。テクノロジー応用のトレンドについては、常に更新されるオンライン上での情報を参考にすることをおすすめする。

U.S. Department of Education. Use of Technology in Teaching and Learning. https://www.ed.gov/oii-news/use-technology-teaching-and-learning（2018/4/8アクセス）

現在使われている最先端の教育におけるテクノロジー使用を多数紹介。テクノロジーのリソースのリンクが豊富。

Herold, Benjamin. (2016, February 5). Issues A-Z: Technology in Education: An Overview. *Education Week*. http://www.edweek.org/ew/issues/technology-in-education/（2018/4/8アクセス）

教育におけるテクノロジー使用のトレンドを概観。新しいトレンドによる教育効果改善の方向性と問題点について議論している。

●参考文献

Anderson, Terry. (2011) *The theory and practice of online learning*. 2nd Edition. Edmonton, Canada: AU Press.

Bergman, J. and A. Sams. (2012) *Flip your Classroom: Reach Every Student in Every Classroom Every Day*. Washington, D.C.; International Society for Technology in Education.

Duffy, T.M. and D.J. Cunningham. (1998) Constructionism: Implications for the design and delivery of instruction. In D.H. Johnson (ed.) *Handbook of Research for Educational Communication and Technology*. New York, NY: Simon and Schuster MacMillan.

EURODL. (2014) The Flipped Classroom Approach: The Answer to Future Learning? European Journal of Open, Distance, and E-Learning.

Puentedura, Ruben. (2014) Learning, Technology, and the SAMR Model: Goals, Processes, and Practice. http://www.hippasus/rrpweblog/archives/2014/06/21/LearningTechnologiesSAMRmodel.pdf/（2017/12/31アクセス）

Richards, J.C. and T.S. Rogers. (2014) *Approaches and Methods in Language Teaching*. Third Edition. London, England: Cambridge University Press.

Thorne, K. (2003) *Blended Learning: How to Integrate Online and Traditional Learning*. London and Sterling, VA: Kogan Page.

當作靖彦・中野佳代子 (2012)『外国語学習のめやす―高等学校の中国語と韓国語教育からの提言』国際文化フォーラム

當作靖彦 (2013)『ニッポン3.0の処方箋』講談社

當作靖彦 (2015)「言語テストの新しいパラダイム―その観点、様相、展望」『言語教育評価研究』4. pp. 36–42. 桜美林大学、国際交流基金言語評価共同研究所

World Economic Forum. (2015) *New Vision for Education: Fostering Social and Emotional Learning Through Technology.* http://www3.weforum.org/WEF_New_Vision_for_Education.pdf/ （2017/12/31 アクセス）

2 日本語文法認知診断Webテスト

島田めぐみ・孫媛・谷部弘子・豊田哲也

要旨

　認知診断テストは、測定対象である領域・分野の学習や理解に必要な要素（「アトリビュート」と呼ぶ）を設定し、各アトリビュートの習得状況を推定することにより、学習・指導の改善へと導くものである。筆者らは、予備調査を繰り返した後、初級修了レベルの日本語文法認知診断テストを開発したが、より効果的にフィードバックするためには、診断情報を受験者に迅速に提示する必要があった。そこで、本テストのWebテスト化を図ることにした。しかし、アトリビュートの習得確率を推定するには膨大な時間がかかるため、簡便に算出できる方法、すなわち、事前に得られた受験者の解答データにもとづいて項目パラメータを推定し、そのパラメータを用いて、Webテスト受験者の各アトリビュートの習得確率を求める方法を採用した。その結果、システム上で解答を終えた直後の受験者にアトリビュートの習得状況と今後の学習の指針を提示することが可能となった。

キーワード　認知診断テスト／アトリビュート／DINAモデル／Moodle

1.　研究背景と本研究の位置づけ

　言語能力を測定する手段として、到達度テスト、熟達度テストなど目的に応じた様々なテストがあるが、近年注目を集めているのが認知診断テスト（Cognitive Diagnostic Assessment: CDA）である。認知診断テストは、測定対象となっ

ている領域・分野の学習や理解に必要なアトリビュート（attribute）を設定し、個々のアトリビュートの習得状況を推定することにより、学習・指導の改善へと導くテストである。従来のテストでは複数の受験者が同得点を得た場合、その受験者たちは同等の能力と扱われるが、当然ながらアトリビュートの習得状況はそれぞれ異なる可能性が大きい。一方、CDAでは、受験者ひとりひとりの各アトリビュートの習得状況を推定することが可能となる。そのため、強み弱み、つまずきの原因、今後の学習ポイントなどをフィードバックすることができる。

　ここで、具体的な例を見てみよう。次の問題は空欄に入る適切な助詞を選ぶというものである。

リサさんは田中さん（　　　）ノートを見せてもらいました。
①が　　　　　　　②を　　　　　　　③も　　　　　　　④に

　この問題に正答できなかった場合、従来のテストでは、下記①、②のいずれの知識が不十分だったのか（あるいは両方の知識が不十分だったのか）は判断できない。そのため、この問題に正答できなかった学習者に、今後の学習に関する適切な助言を提供することは難しい。

①「見せる」は「に」(対格) と「を」(目的格) をとるという知識（本研究では「コロケーション」というアトリビュート）
②「もらう」を使用することにより視点が移り主語が変わるという知識（本研究では「視点」というアトリビュート）

　一方、CDAでは、様々なアトリビュートの組み合わせの問題項目を出題することにより、受験者の各アトリビュートの習得状況を推定することが可能となる。そのため、何をどのように学ぶ必要があるかというアドバイスを提供することができるのである。

　CDAは、テスト分野では近年注目を浴びているテスト理論であるが、言語テスト分野ではまだ研究成果は多くない。英語に関しては、読解テストのKasai (1997)、Scott (1998)、聴解テストのBuck and Tatsuoka (1998)、Ma and

Meng (2014) などがある。日本語教育分野においては、本研究グループによる、中国語母語話者を対象とした日本語語彙認知診断テスト（孫・島田・谷部 2015他）と本稿で紹介する日本語文法認知診断テストの開発研究があるのみである。

　日本語文法認知診断テストは、2014年より開発を手がけ、2016年に完成させた。フィードバックを効果的に行うためには受験直後に結果を提示することが望まれ、そのためにはWebシステムの開発が不可欠である。しかし、受験と同時に認知診断モデルによる習得確率の推定を行うには膨大な時間がかかるため、実現が難しい。そこで、筆者らが検討した語彙テストWebシステム化（孫・島田・谷部 2015）の知見をもとに、本研究では、効果的なフィードバックを実現する方法を独自に開発する方法を探ることとした。

2.　認知診断テストの特徴・開発の手順

　CDAの開発は、基本的に4つのステップ（図1）を踏む（孫・島田・谷部 2015）。以下、それぞれのステップについて説明する。

2.1.　アトリビュートの定義

　最初のステップは、対象となる学習領域のテストに正答するために必要なアトリビュートを定義することである。このステップでは、該当分野の専門家や認知心理学者が協力して、学習領域・ドメインにおける学習・教育の目標を定め、診断の基準を設定する。領域における課題分析から始め、領域の知識、解答過程のプロトコル、授業経験、項目作成経過を分析することが有効だとされる（Buck and Tatsuoka 1998; Leighton, Gierl, and Hunka 2004）。倉元・スコット・笠井 (2003) では、複数の専門家がテスト項目を分析して、日本語母語話者を対象とした日本語語彙理解テストに関するアトリビュートを特定している。このステップでは、アトリビュート間の関連性（領域内容の構造）が示せるか、解釈しやすいフィードバックができるか、アトリビュートの個数は適切かなどを考慮することも大切である。

（1）アトリビュートの定義
役立つ学習・教育目標を定義

⬇

（2）項目作成・Qマトリックスの構成
テスト項目ごとに「正答に必要な要素」を特定

⬇

（3）学習者の習得状況の推定
認知診断モデルに基づいて習得確率を推定

⬇

（4）診断結果の報告
学習指導に活用できるよう学習者や教師にFB

［図1］認知診断テスト開発の手順

2.2 項目作成・Qマトリックスの構成

　このステップでは、まず項目を作成し、テストの項目ごとにその項目への正答にアトリビュートが必要か否かで1または0を対応づけた2値行列＝Qマトリックス (Q-matrix) を作成する。ここでは、算数の「分数」を例にとる。例えば、「分数の加減」には、「同分母の加減 (加減)」「通分」「約分」の3つのアトリビュートの習得が求められるとする。「1/5 ＋ 2/5」に正答するのに必要なのは「加減」アトリビュートだけなので、「加減」の列に1、「通分」と「約分」の列に0が付与される (表1)。数値を付与するこのステップは、通常は専門家の判断に基づいて行われる。

　Qマトリックスは認知診断における核心部分であり、認知診断モデルによって推定される学習者の習得状況の妥当性は、Qマトリックスの設定の適切さに大きく依っている。専門家判断によるQマトリックスの作成は労力がとても大きいため、近年、データに基づいてQマトリックスを自動生成する方法が注目を集めている (Liu, Xu, and Ying 2012, Sun, Ye, Inoue, and Sun 2014, Sun, Ye, Su, and Sun 2016, etc)。

[表1] Qマトリックスの例

問題	加減	通分	約分
1/5 + 2/5	1	0	0
1/8 + 3/8	1	0	1
1/2 + 1/3	1	1	0

[表2] 習得状況パタン（習得＝1、未習得＝0）

パタン	加減	通分	約分
1	0	0	0
2	1	0	0
⋮			
8	1	1	1

[表3] 理論上の正誤パタン（正答＝1、誤答＝0）

パタン	1/5 + 2/5	1/8 + 3/8	1/2 + 1/3
1	0	0	0
2	1	0	0
⋮			
8	1	1	1

2.3. 学習者の習得状況の推定

　アトリビュートの個数が変わると、習得と未習得の組み合わせパタン（習得状況パタン）の数も変わる。例えば、アトリビュート数が3の場合、習得状況パタン（習得＝1、未習得＝0）は $2^3 = 8$ 通りあり、学習者は8パタンのいずれかに分類されることになる（表2）。一方、Qマトリックスおよび習得状況パタンを掛け合わせると、理論上の正誤パタン（正答＝1、誤答＝0）が得られる（表3）。例えば、「加減」のアトリビュートのみを習得している学習者（パタン2）は「1/5 + 2/5」には正答できるが、「1/8 + 3/8」「1/2 + 1/3」には正答できず、3つのア

トリビュートすべてを習得している学習者 (パタン8) は全項目に正答できるはずである。しかし、Qマトリックスが適切な場合でも、実際の解答パタンと理論上の正誤パタンは必ずしも一致しない。両パタンの差異を確率的に説明するモデルを考案し、そのモデルに基づいて学習者の各アトリビュートの習得確率を推定しようというのが、認知診断の考え方である。

　1980年代以降心理測定の分野では、多くの認知診断モデルが提案されている。認知診断モデルは、項目への正答には指定されたアトリビュートすべての習得が必要だとする統合型 (conjunctive) モデルと、未習得のアトリビュートがあっても習得済みの他のアトリビュートで補償できるとする補償型 (compensatory) モデルに大きく区分される。本研究では、統合型モデルの中でも単純でよく使われるDINAモデル (deterministic inputs, noisy "and" gate model) (Junker and Sijtsma 2001) を用いて、日本語文法認知診断テストの開発を進めた。

　学習領域の理解に必要なアトリビュートの個数がKであるとする。学習者i ($i = 1, ..., I$) のアトリビュート習得パタン$\alpha_i = (\alpha_{i1}, \alpha_{i2}, ..., \alpha_{ik})$を、$K$個のアトリビュートにおける学習者の知識状態 (knowledge states) という。学習者iがアトリビュートkを習得していれば$\alpha_{ik} = 1$、そうでなければ$\alpha_{ik} = 0$である。一方、Qマトリックスの要素をq_{jk}とすると、項目j ($j = 1, ..., J$) を解くのにアトリビュートkが必要ならば$q_{jk} = 1$、不要ならば$q_{jk} = 0$である。統合型モデルにおいて、学習者の理論上の項目反応行列 (ideal response matrix) Rは学習者の知識状態とQマトリックスにより生成される。R (i , j) は式1で表すことができる。

$$\mathcal{R}(i,j) = \prod_{i=1}^{K} \alpha_{ik}{}^{q_{jk}} = \begin{cases} 1 & \alpha_{ik} \geq q_{jk} \\ 0 & \alpha_{ik} < q_{jk} \end{cases} \quad \exists k \in \{1, ..., K\}$$

[式1]

　しかし、理論と実際が一致するとはかぎらない。DINAモデルでは、項目jに正答するのに必要なアトリビュートをすべて保持しているのに誤答してしまう確率s_jと、理論的には正答できないはずなのに正答してしまう確率g_jを

項目パラメータとしてモデルに組み込んでいる。前者をslipパラメータ、後者をguessingパラメータとよぶ。統合型モデルを基に、DINAモデルは式2で表される。なお、Rは学習者の項目に対する実際の反応行列（real response matrix）を表す。

$$P(R(i,j) = 1|\alpha_i) = (1 - s_j)^{\mathcal{R}(i,j)}\left(1 - g_j\right)^{1-\mathcal{R}(i,j)}$$

[式2]

学習者の実際の項目反応データを得たら、このモデルに基づいて、slipパラメータ、guessingパラメータ、そしてアトリビュートの習得確率の推定値を求めることができる。DINAモデルの推定手法については、de la Torre (2009) を参照されたい。

2.4. 診断結果の報告

認知診断テストでは、各アトリビュートに対する学習者の習得度を求めることができるため、診断情報を学習者へ有効にフィードバックすれば、学習者は当該の学習領域における自身の弱点を把握することができる。これは学習者の自己調整型学習の促進につながると考えられる。また、学習者のプロフィールの類似度にもとづくクラスター分類を教師へフィードバックすれば、学習者への個別指導だけでなく、クラス全体の習得状況の把握にも役立ち、教師の学習指導の改善にもつながると考えられる。

3. 日本語文法認知診断テストの概要

3.1. 測定領域

初級修了レベルの文法認知診断テストを作成するために、伊東 (2008) で開発された文法問題のうち初級レベルの項目を参考に2種類の問題を作成し、2015年3月に予備調査を行った。1種類は初級で扱う基本的な文法事項を網

羅するテストであり、もう1種類は助詞に特化したテストである。前者の文法全体を取り上げたテストでは、測定するアトリビュート数が多く、認知診断テストを開発することは現実的に無理であることがわかった。そこで、測定領域を初級レベルの基本的な助詞として、認知診断テストを開発することとした。

3.2.　アトリビュート

　先行研究をもとに、測定領域に関するアトリビュートを設定し、分析するという手順を数回繰り返し、最終的に、9つのアトリビュートに決定した。9つのアトリビュートの定義と例は次のとおりである。

A1　基本的なコロケーション
　　述部となる動詞・形容詞が必要とする補語の文法的関係がわかる。
　　例）橋を渡る、映画を見る
A2　存在や動作の場所
　　存在や動作の場所をあらわす助詞がわかる。
　　例）きょうのパーティーはあのレストランであります。
A3　存在や動作の時
　　存在や動作の時をあらわす助詞がわかる。
　　例）8月に日本に来ました。
A4　複文
　　述部が2つ以上あって、前の述部（従属節）が後ろの述部（主節）にかかる文の中の助詞がわかる。
　　例）バスが来なければ、歩いて行きましょう。
A5　省略補充
　　主語や目的語が省略されていても文法的関係がわかる。
　　例）きのうは雨に降られてしまいました。
A6　対比
　　対比の意味を理解し、適切な助詞がわかる。
　　例）犬は好きですが、ねこはきらいです。

A7　視点

　ある現象がだれの視点から描写されているかを理解し適切な助詞がわかる。

　例）リサさんは田中さんにノートを見せてもらいました。

A8　文脈

　質問されて答える時など、その場面に適切な助詞がわかる。

　例）A：お昼ご飯、どこで食べましょうか。

　　　B：そうですね。何が食べたい？

A9　主題化

　主語や目的語などが主題となっているか否かを理解し適切な助詞がわかる。

　例）A：ヤンさんはどこ？

　　　B：あそこだよ。

3.3.　問題作成

　問題形式に関しても予備調査で検討を繰り返し、全問題項目を多枝選択形式とする最終版（第4版）を作成した。下記例のとおり、問題Ⅰの選択枝は助詞、問題Ⅱの選択枝は文単位である。選択枝は、予備調査で行った空所補充形式の問題の結果を参考に作成した。問題Ⅰが44項目、問題Ⅱが9項目、合計53項目からなる。

問題Ⅰ　リサさんは田中さん（　　　）ノートを見せてもらいました。

　　　　①が　　②を　　③も　　④に

問題Ⅱ　A：この大学には留学生はいません。

　　　　B：え、（　　　　　）

　　　　①ひとりも？　②ひとりで？　③ひとりは？　④ひとり？

3.4.　Qマトリックス

　各問題項目について、解答するためにどのアトリビュートが関わるか検討

し、Qマトリックスを作成した (表4)。アトリビュートの認定は、日本語教育の専門家2名で行い、2名の間で意見があわない場合はアトリビュートの定義に戻り、話し合いを重ねた。

[表4] Qマトリックス（一部）

	A1	A2	A3	A4	A5	A6	A7	A8	A9
リサさんは田中さんにノートを見せてもらいました。	1	0	0	0	0	0	1	0	0
A：この大学には留学生はいません。 B：え、ひとりも？	0	0	0	0	1	0	0	1	0

3.5. データ収集

完成させたテストを2016年7月、中国において実施した。受験者は中国A大学日本語科1年生と2年生の合計202名であった。平均値は33.4点、標準偏差は7.0点であった (53点満点)。ヒストグラムは図2のとおりであり、若干高得点者が多いが、正規分布をなしていると判断できる。この解答データをもとに受験者のアトリビュートごとの習得状況の推定を行い、結果のフィードバックを希望する学習者に、後日、各アトリビュートの習得状況を送付し

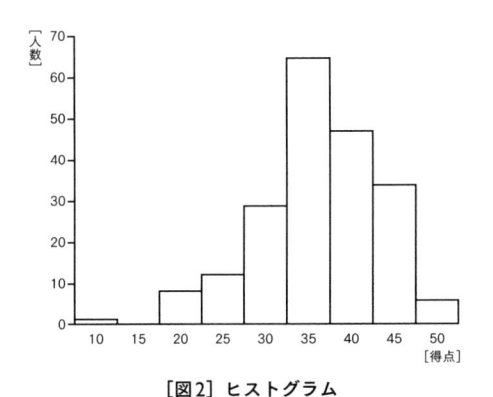

[図2] ヒストグラム

た。なお、後述するが、このデータは Web 受験者のアトリビュート習得状況の推定に利用する。

4. Webテストの開発

4.1. Webテストの実装

　CDA を Web テストとして実装する目的は、CDA の受験結果に応じて受験者のアトリビュートの習得確率を推定し、その結果に応じて即時にフィードバック情報を受験者に提供することである。しかし、Web テストシステムでは、アトリビュートの習得確率の算出処理が含まれ、統計的な処理を必要とするため、膨大な時間を要する。そこで、簡便的に算出する方法 (Huebner 2010) を採用して計算時間を圧縮させることでリアルタイムでのフィードバックを行うことにした。その方法による Web テストシステムの概要を図3に示す。提案システムでは、まず、3.5節で報告した202人の解答データに基づいて slip と guessing の2つのパラメータを推定しておく。そのパラメータを使用し、オープンソースの学習管理システム（Learning Management System: LMS）である Moodle 上で受験した受験者の解答パタンに応じて受験者の習得確率を推定する。推定された習得確率に応じた受験者へのフィードバック情報を Moodle 上に提供し、Moodle のシステム内でフィードバック情報を閲覧することを可能にした。また、Moodle 上の受験者の解答パタンは、slip および guessing のパラメータ推定の更新に用いることが可能である。これまで202名分の解答パタンを用いてパラメータ推定を行っているが、解答パタンが増えることによってパラメータの精度を向上させることが可能となる。

　Web テストの実装に当たって Moodle を利用した理由は、LMS として有用な複数の機能（モジュール）が用意されており、カスタマイズが容易なためである。Moodle には CDA やアトリビュートの推定方法についてのモジュールが存在しないため、サイドブロックのモジュールを拡張することによって実装を行った。サイドブロックは、Moodle のサイトの左右両側の領域に様々な情報を提示することができるもので、カレンダーやサイトナビゲーションのブロックが標準で用意されている。本研究では既存の小テストのモジュールを

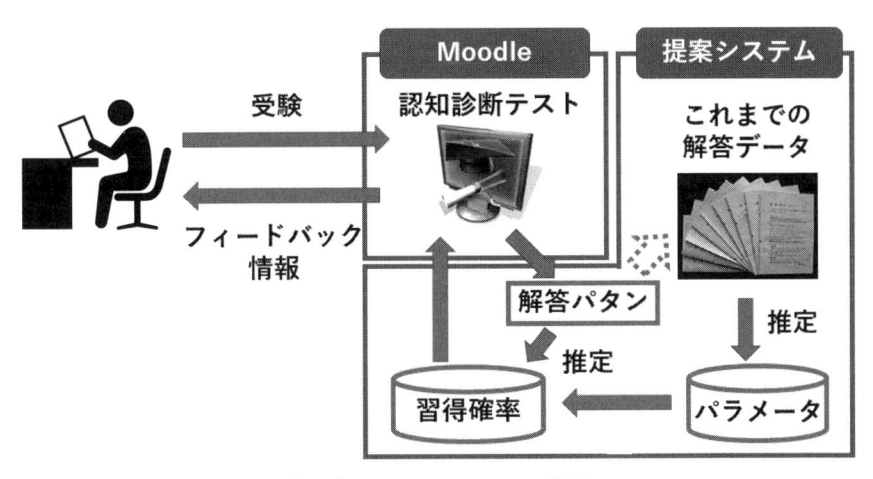

[図3] Webテストシステムの概要

そのまま用いて、CDAで出題される問題を受験者に解いてもらい、その解答パタンを取得し、先述の方法により習得確率を推定する。推定した習得確率に基づいたフィードバック情報をフィードバックブロックとして実装した。このフィードバックブロックは、受験者のCDAの受験結果をMoodleのデータベースから取得し、習得確率の推定を行うためのブロックである。実装に際しては、Qマトリックスとslip、guessingの各パラメータデータのファイルがあれば、受験者の各問題項目の正誤パタンに応じて習得確率を算出することが可能である。

4.2. フィードバック情報の提供

実装したCDAのWebテストについて概観する。図4は、Moodle上に実装されたCDAの受験結果である。この受験結果はMoodleの小テストモジュールをそのまま利用している。図4に示す左側のブロックには、フィードバック情報のリンクが埋め込まれており、これをクリックするとフィードバック情報を閲覧することができる。図5に受験者に提示されるフィードバック情報のページを示す。今回は、各アトリビュートの習得確率80％以上をA判

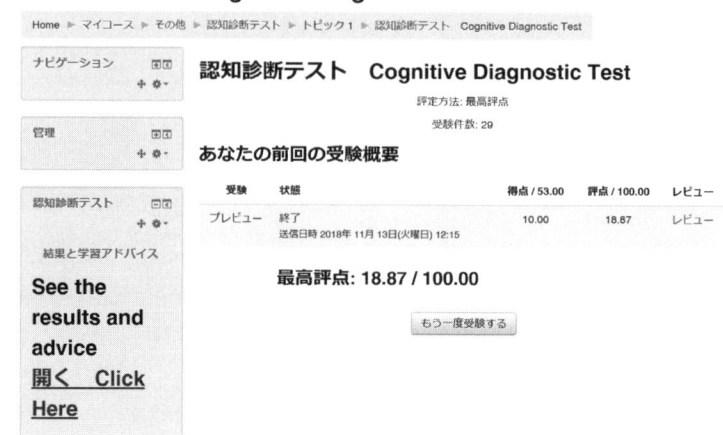

［図4］Moodle上に実装した認知診断テスト

あなたのテストの結果

C:50%未満　B:50-80%未満　A:80%以上

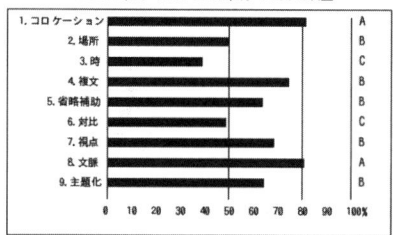

学習のアドバイス

1. 基本的なコロケーション (Basic elements for verbs and adjectives)：A　理解しています
動詞や形容詞を使うとき、語によって必要な［名詞(N)+助詞］がちがいます。その組み合わせを覚えましょう。
例：「N ヲ 見ます」「N1 ニ N2 ヲ 教えます／あげます」

2. 存在や動作の場所 (Place of existence and action)：B　ある程度理解していますが、下の説明を読んで確認しましょう
何かが［いる/ある］場所は「ニ」、何かをする場所は「デ」を使います。
例：「にわに ねこが います」「へやで テレビを 見ます」
＊「パーティーはレストランであります」：「パーティー」や「地震」は人やものではありません。何かがおこる場所は「デ」を使います。

［図5］フィードバック情報

定、80％未満50％以上をB判定、50％未満をC判定とし、各アトリビュートの習得確率をグラフで示し、それぞれの判定結果に対して学習アドバイスを提示した。フィードバック情報のページはPHP言語で記述しており、これはMoodleのプログラミング言語と統一している。

5. 今後の課題

　以上、認知診断テストの特徴とその開発手順および日本語文法認知診断Webテストの内容とシステムについて概要を述べた。本節では、今後の課題として以下の3点を挙げる。

　第1に、アトリビュートの妥当性についてさらに検討を深めることである。今回の日本語文法認知診断Webテストでは、一般に初級段階で扱われる助詞に焦点を当て、現段階での最適解として9つのアトリビュートを特定した。しかし、当然ながら、言語習得のメカニズムが十分に解明されていない中で、正答に至る認知的要素を特定することは困難であり、暫定的な結論に過ぎない。例えば、slipの値が比較的高かった項目を検討してみると、その項目に正答するのに必要なアトリビュートをもっている人が、誤ってその項目に誤答してしまう、というより、A1からA9のアトリビュートではカバーできない認知的要素を必要としている、と考えたほうがよいのではないかという項目もあった (cf. 谷部他2017)。受験結果から得られる2種類のパラメータ (「slip」「guessing」) は、各アトリビュートの習得確率を推定するのに用いられるが、その一方で、アトリビュートの妥当性をさらに検討する上で示唆を与えうるものと思われる。

　第2に、さらにデータを収集し、習得確率推定の精度を高めることである。現在のWebテストのシステムでは、202名の解答が習得確率推定の基礎データとなっているが、推定をより安定した精度の高いものにするためには、できるだけ多くの解答データを適切に管理しながら蓄積していく必要がある。Webテストの公開によって、解答データの収集・蓄積から認知診断の精度の向上へという循環をより円滑に進めていければと考えている。また、基礎データは中国語母語話者に限られているため、他言語母語話者に適応可能か確認するとともに、他言語母語話者のデータの蓄積を進めたい。

第3に、フィードバックの仕方を改善し、ユーザインターフェイスの向上に努めることである。認知診断テストにおいてもっとも重要なのは、学習者が自身の弱点を把握し、自己調整型の学習に向かえるようにすること、つまり、診断情報をいかに学習者へ迅速にかつ適切な形でフィードバックできるか、ということが鍵になる。迅速性については、テストのWeb化で実現されたが、提供する診断情報の適切性という点では、まだ改善の余地がある。現段階では、習得確率を3段階で示し、当該アトリビュートの定義とともに判定に応じたアドバイスを示しているが、アトリビュートによってはやや抽象的な記述にとどまり、学習者自身による学習改善につなげるには難しい側面がある。

　「全部わかるかどうか、どこまでわかったか、自分でもはっきりわかりません。（フィードバックの情報は）一部分の文法問題を明らかにしました。自分もちょっと自分の能力について理解しました。」「これからは理解不足なところをもっと深く勉強しようと思います。」これらはフィードバックを受けた学習者から寄せられたコメントの一部である。単に点数の高い低いではなく、自身の弱点はどこにあるのか、どのような要素が習得不十分なのか意識化した学習者に対し、より有効な診断情報を提供できるようさらに検討を重ねていきたいと考える。

●関連図書・関連論文の紹介

Rupp, Andre A., Jonathan Templin and Robert A. Henson. (2010) *Diagnostic Measurement: Theory, Methods, and Application*. New York: Guilford.
　　認知診断モデルの理論と実践（概念や方法論、応用例）を包括的に紹介している。認知診断テストを学習したい研究者、学生にとって最適な1冊である。
孫媛・島田めぐみ・谷部弘子（2015）「第9章 日本語語彙認知診断テスト」李在鎬編『日本語教育のための言語テストガイドブック』pp.175–194．くろしお出版
　　CDAに関する文献は、認知心理学分野や英語によるものが多い中、日本語教育分野を素材にわかりやすく解説されている。具体的なテスト結果も報告されており、CDAでどのような情報が得られるのか知ることができる。

●参考文献

Buck, Gary and Kikumi Tatsuoka. (1998) Application of the rule-space procedure to language testing: examining attributes of a free response listening test. *Language Testing* 15(2): pp. 119–157.

de la Torre, Jimmy. (2009) DINA model and parameter estimation: A didactic. *Journal of Educational and Behavioral Statistics* 34(1): pp. 115–130.

Huebner, Alan. (2010) An overview of recent developments in cognitive diagnostic computer adaptive assessments. *Practical Assessment, Research & Evaluation* 15 (3): pp. 1–7.

Junker, Brian and Klass Sijtsma. (2001) Cognitive assessment models with few assumptions, and connections with nonparametric item response theory. *Applied Psychological Measurement* 25 (3): pp. 258–272.

Kasai, Masahiro. (1997) *Application of the Rule-Space Model to the Reading Comprehension Section of the Test of English as a Foreign Language (TOEFL).* Unpublished doctoral dissertation, University of Illinois at Urbana-Champaign, IL

Leighton, Jacqueline P., Mark Gierl J., and Stephen Hunka, M. (2004) The attribute hierarchy method for cognitive assessment: A variation on Tatsuoka's rule—space approach. *Journal of Educational Measurement* 41(3): pp. 205–237.

Liu, Jingchen, Gongjun Xu, and Zhiliang Ying. (2012) Data-driven learning of Q-matrix. *Applied Psychological Measurement* 36: pp. 548–564.

Ma, Xiaomei and Yaru Meng. (2014) Towards personalized English learning diagnosis: Cognitive diagnostic modelling for EFL Llistening. *Asian Journal of Education and e-Learning* 2(5): pp. 336–348.

Scott, Hisami S. (1998) *Cognitive Diagnosis Perspectives of a Second Language Reading Test.* Unpublished doctoral dissertation, University of Illinois at Urbana-Champaign, IL

Sun, Yuan, Shiwei Ye, Shunya Inoue, and Yi Sun. (2014) Alternating recursive method for Q-matrix learning, *Proceeding of the 7th International Conference on Educational Data Mining* (EDM 2014), pp. 14–20.

Sun, Yuan, Shiwei Ye, Guiping Su, and Yi Sun. (2016) Q-matrix learning and DINA model parameter estimation, *Proceedings of the International Conference on Behavior, Economic and Social Computing* (BESC'2016), pp. 5–10.

伊東祐郎（2008）『留学生の日本語能力測定のためのテスト項目プールの構築』(平成16年度〜平成19年度科学研究費補助金 基盤研究（A）研究成果報告書）

倉元直樹・スコット寿美・笠居昌弘 (2003)「日本語語彙理解力テストの妥当性についての検討―ルールスペース法を用いた認知論的分析」『教育心理学研究』51: pp.413–424．日本教育心理学会

孫媛・島田めぐみ・谷部弘子 (2015)「日本語学習支援のための認知診断テストの開発」『第二言語としての日本語の習得研究』18: pp. 86–102．第二言語習得研究会

孫媛・島田めぐみ・谷部弘子 (2015)「第9章 日本語語彙認知診断テスト」李在鎬編『日本語教育のための言語テストガイドブック』pp. 175–194．くろしお出版

谷部弘子・島田めぐみ・孫媛・登藤直弥（2017）「助詞に着目した日本語文法能力測定の試み―タイ語母語話者に対する認知診断テストの結果から」『東アジア日本語教育・日本文化研究』20: pp. 99–114．東アジア日本語教育・日本文化研究学会

付記　本研究はJSPS科研費26370594およびJSPS科研費26560134の助成を受けたものです。

3 学習者作文の習熟度に関する自動判定とWebシステムの開発について

李在鎬・長谷部陽一郎・村田裕美子

要旨

　本研究では、日本語学習者コーパス「多言語母語の日本語学習者横断コーパス（International Corpus of Japanese as a Second Language）」に含まれている373件の作文データを定量的に分析し、初級、中級、上級学習者の作文における言語的特徴を明らかにした。さらに、その言語的特徴をもとに、新しい文章に対しても作文力を測定できる計算モデルを作成した（作文力＝1.637＋平均語数×0.045＋中級後半語×0.021＋タイプ・トークン比×−0.430＋動詞×0.015＋中級前半語×0.011＋総文字数×−0.004＋和語×0.007＋漢語×0.007（R2=0.760））。そして、この計算モデルをウェブシステム「jWriter」に組み込み、新規作文に対して自動判定を行う仕組みを開発した。

> **キーワード**　作文の自動評価／重回帰分析／エデュケーショナルデータマイニング

1.　研究背景と本研究の位置づけ

　本研究は、日本語学習者コーパス「多言語母語の日本語学習者横断コーパス（International Corpus of Japanese as a Second Language：以下、I-JAS）」における作文データを定量的に分析し、コンピュータを用いた学習支援を行うことを目的とする。本研究は、次の2つの位置づけをもつ。①学習者コーパスである「I-JAS」の作文を定量的に分析し、第二言語習得分野の研究に貢献する。②エデュケーショナルデータマイニングの事例研究として、日本語学習者の自律学習

をサポートするツールを設計・開発する。

　本研究がめざす学習者コーパス分析は、学習者言語に対し、ミクロからマクロなレベルで分析することをめざす方法論である。2000年代に盛んになった領域であるが、応用言語学における長年の研究成果を継承しているという側面もある。例えば、Corder (1968) は、いわゆる偶発的誤用 (mistake) と習慣的誤用 (error) を区別することを提案し、後者に対する詳細な分析が必要であると指摘した。また、Selinker (1972) は、学習の中間段階にみられる言語の姿を中間言語 (interlanguage) と称し、独自の体系性をもっていることを指摘した。これらの研究は、いずれも学習者言語の忠実な観察の重要性を指摘するものであり、Granger (1998) の対照中間言語分析 (contrastive interlanguage analysis) につながっていく。こうした動きから、学習者が書いた作文や自然発話といった産出データに基づく研究が活性化され、近年の学習者コーパス研究が成立した。

　本研究がめざす学習者作文の分析は、Granger (1998) や投野 (他)(2013) が行った学習者コーパスの研究成果を踏まえたものであるが、より直接的な研究背景として、次の3つの領域について述べる。第1にエデュケーショナルデータマイニング、第2に文章の計量的研究、第3にパフォーマンス評価である。

　まず、エデュケーショナルデータマイニングとは、Romero and Ventura (2013) によれば、教育機関が直面する課題をデータマイニングの方法で解決することをめざした枠組である。データマイニングとは、大量のデータから規則性や関連性など意味のあるパターンを自動抽出する手法の総称である (豊田 2008)。エデュケーショナルデータマイニングでは、いわゆる多変量解析などの統計的な手法を用いて、大規模なデータ処理を行い、結果として、教育上の課題を解決することをめざす。本研究では、「I-JAS」のデータ分析を通して、作文の自動評価の手法を提案すると同時に、日本語の自律学習を支援する仕組みを提案する。

　次に、2点目の文章の計量的研究とは、文章を数値化し、量的側面から測っていくという考え方に基づく枠組みである (金2009、樋口2014、李 (編) 2017)。先に述べたデータマイニングの世界で「データ」と称するのは、いわゆる表形式で整理された「数量情報」である (石川・前田・山崎 (編) 2010)。文章のよう

な連続した文字情報はそのままでは統計的な分析ができないため、厳密には「データ」と見なされない。こうしたことから、文字情報に対して統計的な分析を行うために、使用頻度や共起度など何らかの数量的な値に変換する必要がある。この変換を可能にするのが計量言語学 (Mathematical Linguistics) である。計量言語学では、文章を書き手の指紋のようなものとして扱っており、その指紋は、1文の長さや総文字数といった数値情報で表現される。本研究では、学習者作文をもとに学習者の指紋ともいえる能力値を推定する。とりわけ、「I-JAS」の作文に含まれている文字情報を計量言語学の観点から定量的に分析し、学習者の習熟度を自動判別するための計算モデルを作成する。

最後に、パフォーマンス評価とは、口頭試験や作文といった実際の言語運用力を直接的に評価し、習熟度を判断する枠組みである (Bachman 1990, Green 2014)。多くの教育機関では、実施上の制約から多肢選択式の客観テストを用いて言語能力を評価してきた。しかし、近藤 (2012) や李 (編)(2015) が指摘するように、学習者の真の言語能力を評価するためには、話し言葉や書き言葉の評価が不可欠である。しかし、話し言葉や書き言葉の評価に関しては長らく機械的な採点が難しく、教師の主観で評価をするほかなかった。当然ながらこれは負担が大きい上、評価者間のゆれの問題が発生する。したがって、評価の妥当性・信頼性を確保するのが難しい。そこで多くの教育機関や大規模テストでは、話し言葉や書き言葉の評価はなされてこなかった。こうした現状に対して本研究では、「I-JAS」の定量的分析を通して、日本語学習者の作文評価に資する「揺れのない」指標を作成する。これにより、誰が、いつ、どこでやっても揺らぐことのない方法論を確立し、日本語教育のパフォーマンス評価に貢献することをめざす。

2. データと方法

2.1. 「I-JAS」および作文データの概要

本研究の分析データである「I-JAS」とは、国立国語研究所が中心になって行っているプロジェクトの成果物である。本プロジェクトでは、日本を含む20の国と地域で、異なった12言語を母語とする日本語学習者1000人の話し

言葉および書き言葉を収集し、コーパス化している。学習者には日本語能力テストを実施し、レベル判定を行っているため、レベル別、母語別、技能別、学習環境別にデータの比較が可能である。また、コーパス検索システム「中納言」(https://chunagon.ninjal.ac.jp/) によるオンラインでの用例検索ができる環境も用意されている。「I-JAS」の詳細は、迫田 (他)(2016) を参照してほしい。

　さて、本研究が利用した作文データの概要を示す。まず、「I-JAS」に含まれている作文は、以下の執筆条件のもとで作成されたものである。

①作文のテーマ：「私たちの食生活：ファーストフードと家庭料理」
②字数：600 字程度
③条件：辞書、インターネットの使用は可能で、時間制限も設けない。ただし、日本人や日本語教師に尋ねたり、助けを求めたりしない。
④執筆および作文の提出：コンピュータを使って自宅で執筆したものをウェブフォームで提出。

作文の具体例として、あるドイツ語母語話者の作文を示す。

ファーストフードと家庭料理

　最近は、ファストフードを食べる人は増えてきました。それは、問題になったと思います。ファストフードは、病的な肥満の理由が一つです。バーガーやフライドポテトが健康に悪いです。その一つの結果として、肥満に関係のある病気が増えてきました。

　家庭料理は、いい点がいろいろあります。自分で作った食事のほうがファーストフードにくらべて、おいしいいと思います。自分で料理をすれば、食材を選ぶことができますので、いろいろな味のものを食べるようになります。それに、健康にいいです。体にいい食材を使って、病気を防ぐと考えます。もちろん、自分で料理をするのは、時間がかかります。働いている人は、昼休みは短すぎますので、時間を食事に充てたくないかもしれません。それから、ファーストフードは便利です。朝に弁当を準備したほうがいいでしょう。しかし、片道 1 時間以上の通勤すれば、時間がないかもしれません。

家庭料理のいい点もう一つは、環境に対するいい影響があると思っています。自分で食材を選べると、オーガニック食品を使うことができます。それは、健康も環境も対するいい影響あると考えます。

　さらに、食事を作るのは、楽しいです。私は、自分で料理をするのが大好きです。おいしい食材えらんで、友達と一緒に料理をしたり、食べたりすれば、本当にゆっくりできます。

　「I-JAS」では日本語能力テストとして、「J-CAT (Japanese Computerized Adaptive Test: https://j-cat.jalesa.org/)」と「SPOT」(Simple Performance-Oriented Test: https://ttbj.cegloc.tsukuba.ac.jp/)を行っており、すべてのデータにテストの得点情報が紐づいている。本研究では、作文データのほかに、「SPOT」の得点情報を利用し、初級から上級の373件の基準データを作成した。「SPOT」の詳細については、小林 (2015) を参照してほしい。

2.2.　基準データの作成

　基準データの作成においては、2段階で選別作業を行った。第1段階では「SPOT」の点数から、初級学習者と中級学習者と上級学習者の作文を分けた。第2段階では、それぞれの学習者が書いた作文のテキスト特徴量と「SPOT」の点数を統計的に関連づけることでさらに細かなグルーピングを行った。最終的な内訳は、初級学習者の作文が103件、中級学習者の作文が139件、上級学習者の作文が131件である。

　表1からわかるように、母語によって能力のばらつきがあり、分布も均一ではない。例えば、学習者の数としては、中国語、韓国語が全体の半分程度を占めている。それに続いて、スペイン語、インドネシア語、ベトナム語、英語の母語話者が約30名ずつ、ドイツ語、ロシア語、ハンガリー語、タイ語が約20名ずつ、最後に、フランス語とトルコ語母語話者が10名ずつ入っている。

　本研究は、母語に関係なく、日本語の文章を評価する計算モデルを作成することをめざしているため、母語でデータ数を揃えることは行わず、初級、中級、上級という各習熟度グループの中でデータ数を揃えた。また、文字数

[表1] 母語別の学習者数と平均文字数

	学習者数			平均文字数		
	初級	中級	上級	初級	中級	上級
中国語	3	23	56	622.3	638.9	647.9
韓国語	0	11	53	—	561.9	602.6
スペイン語	23	9	1	569.7	635.3	533.0
インドネシア語	19	14	0	522.5	614.6	—
ベトナム語	14	16	1	558.8	642.4	989.0
英語	16	9	3	542.9	631.3	687.3
ドイツ語	4	17	3	544.0	614.8	604.7
ロシア語	8	9	5	479.9	674.2	701.4
ハンガリー語	2	12	7	408.0	626.3	641.7
タイ語	3	12	1	606.0	618.8	722.0
フランス語	7	3	0	473.7	553.0	—
トルコ語	4	4	1	488.0	617.0	644.0
総計	103	139	131	—	—	—

に関しても極端な偏りが出ないように配慮した。その結果、全体の平均文字数に関しては、初級が約500文字、中級と上級がそれぞれ約600文字となった。

2.3.　基準データの分析手順

　作文の定量的分析のために、すべての作文を数値に置き換える作業を行った。具体的には、3つの手順でテキスト情報量を抽出した。

①形態素解析エンジンMeCabと解析辞書UniDicで全作文を形態素解析。
②プログラム処理で各作文の延べ語数、異なり語数、語種別の頻度、品詞別の頻度を計算。
③各作文に含まれている語彙を「日本語教育語彙表」に基づいて難易度別に集計。

①の形態素解析では学習者の作文における文章を語単位で切った。②のテキスト特徴量は李・長谷部 (2017) を参考に項目を決定した。③の「日本語教育語彙表」(Sunakawa et al. 2012, http://jhlee.sakura.ne.jp/JEV.html) とは、17920語の見出しで構成された日本語教育のための語彙リストである。本語彙表ではすべての語彙項目に6段階 (初級前半、初級後半、中級前半、中級後半、上級前半、上級後半) の難易度情報が付与されており、本研究では、これに基づいて「I-JAS」の作文に含まれる語を難易度別に分類した。

　以上のようなテキスト情報量をもとに記述統計や重回帰分析を行った結果、学習者の作文力を特徴づけるいくつかの要素が明らかになった。次節でその詳細を示す。

3.　結果と考察

3.1.　記述統計量

　習熟度による能力値の差と作文におけるテキスト特徴量の差を報告する。まず、図1に「SPOT」の得点 (0〜90点) のヒストグラムを示す。

　図1では、70点代をピークとする、概ね正規分布に従った分布が確認できる。各グループ別の得点と標準偏差は表2の通りであった。

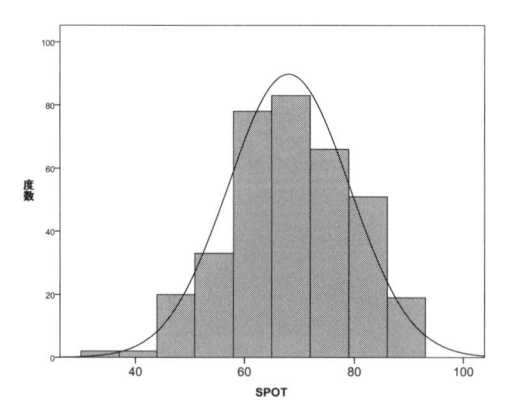

[図1] SPOTの得点分布

[表2] 習熟度別のSPOTの得点と標準偏差

	度数	平均値	標準偏差
初級	103	55.16	7.00
中級	139	67.07	4.22
上級	131	79.57	5.61

　次に、それぞれのグループが執筆した作文のテキスト特徴量を示す。図2は、長さに関するもっとも基本的な特徴量である異なり形態素数と延べ形態素数をプロットしたものである。

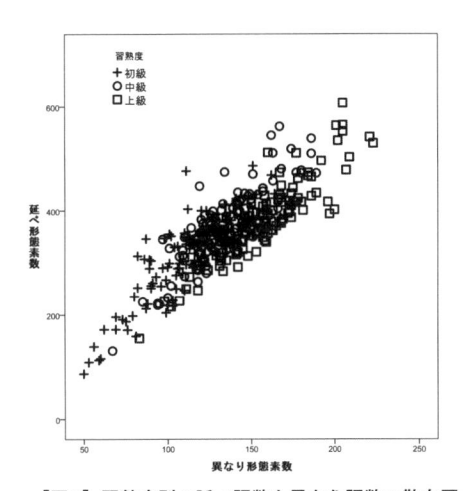

[図2] 習熟度別の延べ語数と異なり語数の散布図

　図2の散布図からは、習熟度レベルが上がるのに従って、延べ語数と異なり語数が共に増えていくことが確認できる。しかし、細かくみると、初級学習者の中にも中級や上級相当の値を示す者もいれば、上級学習者の中に初級相当の値しかない者もいる。これを受け、より踏み込んだ特徴を明らかにするため、長文作成力の要である平均文長と、語彙力の要である漢語の使用率を確認した。

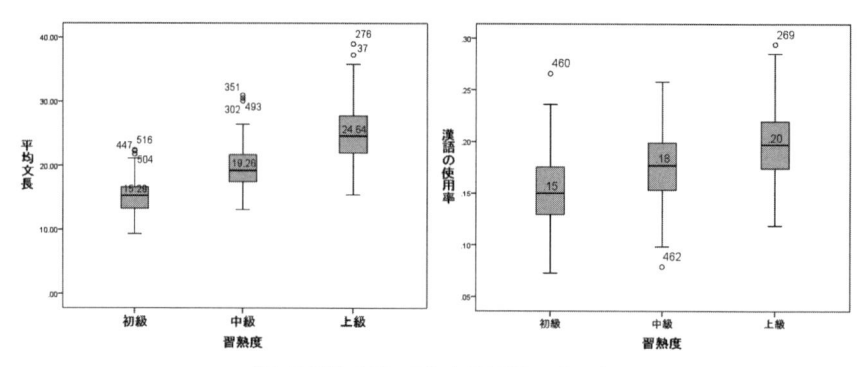

[図3] 習熟度別の平均文長と漢語の使用率

　習熟度別の平均文長を示す図3から、次の点が明らかになった。まず、初級学習者の場合、1文の中に概ね15語の単語を使っており、全体の語彙量の15%が漢語である。また、中級学習者は19語の長さで1文を書いており、全体の語彙量の18%が漢語である。そして、上級学習者は25語の長さで1文を書いており、全体の語彙量の20%が漢語である。これらのことから、習熟度が上がっていくにつれ1文の単語数が増えていき、同時に漢語の比率も徐々に増えていくことがわかる。

　次に、語彙の質的側面をみるため、語彙の難易度に関する分布を調査した。

　表3は、初級〜上級の習熟度別に日本語教育語彙表の6段階の難易度（初級前半語彙〜上級後半語彙）に対応する語の使用頻度を集計し、記述統計量を示したものである。ここから、次のことが確認できる。①初級前半の語彙は、どのレベルにおいても、46〜48回の範囲で使用されており、ほぼ変化がない。②上級前半と上級後半の語彙は、どのレベルにおいても5回未満の使用頻度しか確認できず、ほとんど使われていない。③中級前半の語は、初級と中級で顕著な違いが確認され、中級後半の語は中級レベルと上級レベルで顕著な違いがある。これらの事実から、いわゆる基本語に相当する初級前半の語彙は、どのテキストにおいても一定の使用が確認できる一方、上級前半と上級後半の語彙はかなり専門的な語彙であるため、ほとんど使用されていないことがわかった。したがって、初級語彙と上級語彙は習熟度によってそれほど差があるとはいえない。一方で、中級語彙は習熟度による差をよく表してい

[表3] 習熟度別の語彙頻度

習熟度		最小値	最大値	平均値	標準偏差
初級	初級前半語彙	8	92	46.5	17.7
	初級後半語彙	10	67	38.1	12.7
	中級前半語彙	3	47	21.1	8.6
	中級後半語彙	0	23	9.5	5.5
	上級前半語彙	0	13	1.3	1.8
	上級後半語彙	0	2	0.1	0.4
中級	初級前半語彙	12	95	48.3	13.4
	初級後半語彙	20	91	50.0	11.8
	中級前半語彙	14	55	31.6	8.7
	中級後半語彙	2	47	15.8	7.9
	上級前半語彙	0	11	2.3	2.0
	上級後半語彙	0	3	0.2	0.4
上級	初級前半語彙	20	73	47.6	11.9
	初級後半語彙	21	79	46.0	11.5
	中級前半語彙	14	63	35.4	9.0
	中級後半語彙	10	61	30.4	9.5
	上級前半語彙	0	16	5.7	3.6
	上級後半語彙	0	3	0.4	0.7

る。これには、中級語彙がもっている「基本的すぎず、難しすぎず」、といった特徴が関わっているとみられる。

3.2. 計算モデルの作成：重回帰分析の結果

　前節では、異なり語数や延べ語数、さらには平均文長や語種の頻度といった要素によって、学習者の作文を特徴づけられることを明らかにした。これを踏まえ、習熟度を判別する計算モデルを作るための重回帰分析を行った。なお、テキストデータの重回帰分析の技術的詳細については、金 (2009) および李 (編)(2017) を参照してほしい。

分析は「IBM SPSS ver.24」を用いて行った。変数の選択には、ステップワイズ法を用い、貢献度の高い変数から複数の回帰モデルを作った。結果として8つのモデルが得られたが、それぞれのモデルの予測精度を示す決定係数（R²値）を確認したところ、7番目と8番目のモデルがもっとも高精度であった。

7番目のモデル（以下、計算モデルA）
　　作文のレベル＝1.592＋平均文長×0.046＋中級後半語×0.026＋TTR×−0.416＋動詞×0.014＋中級前半語×0.015＋総文字数×−0.004＋和語×0.006（$R^2 = 0.755$）

8番目のモデル（以下、計算モデルB）
　　作文のレベル＝1.637＋平均文長×0.045＋中級後半語×0.021＋TTR×−0.430＋動詞×0.015＋中級前半語×0.011＋総文字数×−0.004＋和語×0.007＋漢語×0.007（$R^2 = 0.760$）

　計算モデルAとBの共通要素は、平均文長、中級後半語の度数、TTR (Type-Token Ratio)、動詞の度数、中級後半語の度数、総文字数、和語の度数で、計算モデルBのみに使用されているのは、漢語の度数である。決定係数をみると、モデルAは75.5%、モデルBは76%とほぼ同程度の予測力をもっていることが確認できる。
　次に、それぞれのモデルがどのような予測力をもっているかを明らかにする必要がある。
　表4と表5の灰色部分は、元レベルと計算モデルによる予測が一致する箇所であることを示している。初級レベルをみると、計算モデルAでは88件で元レベルと回帰式の予測レベルが一致しており、その精度は85%（正答数88件／初級データの合計数103件＝85%）である。計算モデルBでは、68件で一致がみられ、精度は66%である。この事実のみをみると、計算モデルAのほうがより有望ということになるが、中級をみると、計算モデルAの精度が59%であるのに対し計算モデルBは89%、上級の場合は計算モデルAの精度が35%であるのに対し、計算モデルBでは85%となっている。つまり、計算モデルAは初級のデータに関して高精度で予測するのに対し、中級、上級に関してはそ

[表4] 計算モデルAによる予測の結果

元レベル		計算モデルAが予測するレベル			
		測定不可A	初級	中級	上級
	初級	9	88	6	
	中級	1	56	82	
	上級			85	46
	総計	10	144	173	46

\# 測定不可Aは、計算モデルによる測定値の下限を下回っているもの

[表5] 計算モデルBによる予測の結果

元レベル		計算モデルBが予測するレベル				
		測定不可A	初級	中級	上級	測定不可B
	初級	1	68	34		
	中級		6	124	9	
	上級			18	103	10
	総計	1	74	176	112	10

\# 測定不可Aは、計算モデルによる測定値の下限を下回っているもの
\# 測定不可Bは、計算モデルによる測定値の上限を上回っているもの

こまでの予測精度が出せない。一方、計算モデルBは初級に関しては予測精度が低いものの、中級、上級に関しては、高い予測精度を示すのである。これは、計算モデルAには漢語の使用頻度が指標として入っていないのに対して、計算モデルBには、漢語の使用頻度が指標の中に入っているためと考えられる。

　以上の結果を踏まえ、本研究ではより妥当なモデルとして計算モデルBを採用する。作文力の向上が求められる学習者の主たるレベルは中級、上級であるため、彼らの能力値をうまく予測する計算モデルがより望ましいと考えられるからである。

4. Webシステムの構築

「I-JAS」の作文分析の結果を踏まえて、学習支援のためのアプリケーションを開発した。前節の計算モデルBをもとに作成した学習者作文の自動評価システム「jWriter」である（図4）。

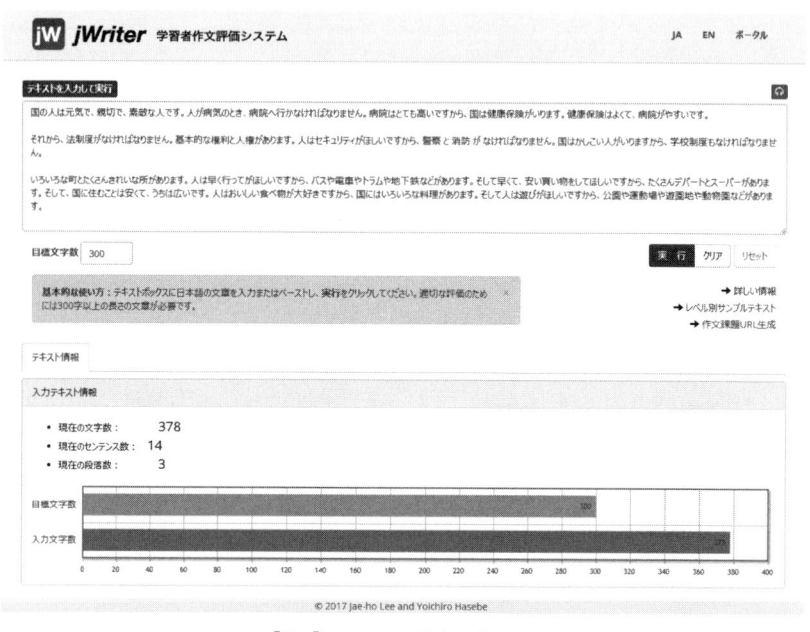

［図4］jWriterの作文入力画面

テキストボックスに作文を入力し、「実行」ボタンをクリックすると分析が行われる。なお、本システムでは判定精度を確保するために、300文字以上の入力を推奨している。

「jWriter」は具体的には2つの処理を行う。1つ目の処理は、前節の「計算モデルB」を用いた習熟度の判定である（図5）。2つ目の処理はよりよい作文を書くためのアドバイス（診断的評価）の生成・表示である（図6）。

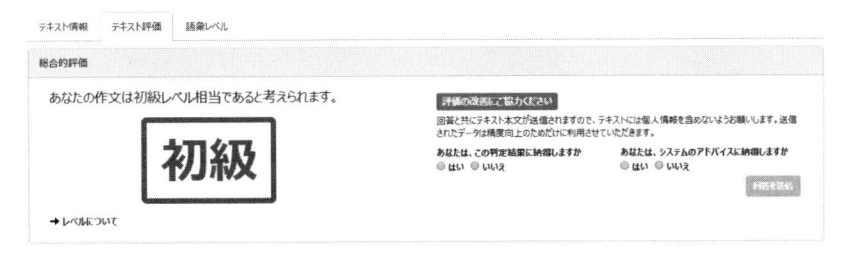

[図5] 習熟度の判定

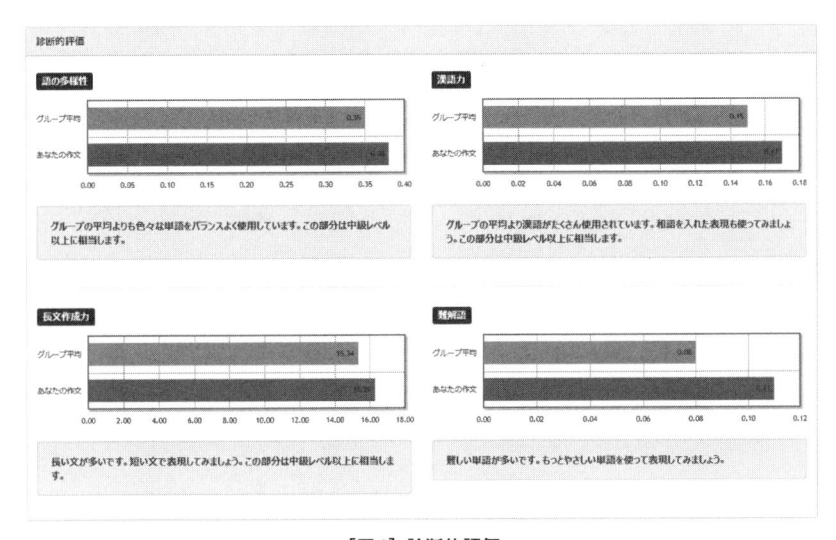

[図6] 診断的評価

　図6では、図4で入力された作文を「I-JAS」の373件の基準データと比較することで生成したアドバイスを表示している。具体的には次の4つの指標に対する診断的情報を提示する。1つ目の指標はTTR値をもとに導出する「語の多様性」、2つ目は漢語の度数をもとにした「漢語力」、3つ目は、平均文長をもとにした「長文作成力」、4つ目は中級語彙の度数をもとに導出する「難解語」という指標である。「jWriter」では、それぞれの指標に関してグループ平均と入力された作文の値を比較することで、適切なアドバイスを生成し

ている。なお、ここでいう「グループ平均」とは、「I-JAS」の基準データにおけるレベル別グループ内の平均である。例えば、図4の作文の場合、図5のとおり、初級と判定されているので、表1の103件の初級データから求めた平均が「グループ平均」になる。こうしたグループ平均を参照することで、学習者の到達度に応じたアドバイスが可能になっている。

5. 本研究の示唆と今後の課題

　本稿では、「I-JAS」の作文データの定量的分析の結果とそれを利用した学習支援システムの事例研究を紹介した。分析の結果、日本語教育の語彙指導に関して、2つの示唆が得られた。すなわち、①中級語彙の使用頻度がレベルの判別には重要ということ、そして、②中上級話者の作文の判別には漢語の使用率が重要ということである。また、学習者コーパスの分析結果をもとに作成したウェブアプリケーション「jWriter」は、今後、様々なプレースメントテストや自律学習のための支援システムとして活用できると考えられる。

●関連図書・関連論文の紹介
李在鎬（編）(2017)『文章を科学する』ひつじ書房
　本研究の方法論的基盤になっているテキストマイニングや計量テキスト分析に関する情報が豊富に盛り込まれている。初学者向けの実践的な情報に限らず、日英語の学習者作文に関する具体的な研究事例も掲載している。

●参考文献
Bachman, Lyle F. (1990) *Fundamental Considerations in Language Testing.* Oxford: Oxford University Press.
Corder, Pitt S. (1968) The Significance of Learners' Errors. *International Review of Applied Linguistics in Language Teaching*, 5, pp. 161–170.
Granger, Sylviane (1998) *Learner English on Computer.* London: Longman.
Green, Anthony (2014) *Exploring Language Assessment and Testing.* London: Routledge.
樋口耕一（2014)『社会調査のための計量テキスト分析―内容分析の継承と発展をめざして』ナカニシヤ出版
石川慎一郎・前田忠彦・山崎誠（編)(2010)『言語研究のための統計入門』くろしお出版
李在鎬（編)(2015)『日本語教育のための言語テストガイドブック』くろしお出版
李在鎬（編)(2017)『文章を科学する』ひつじ書房
李在鎬・長谷部陽一郎（2017)「文章の難易度を科学する」、李在鎬（編)『文章を科学する』pp. 176–192、ひつじ書房

金明哲（2009）『テキストデータの統計科学入門』岩波書店

小林典子（2015）「SPOT」、李在鎬（編）『日本語教育のための言語テストガイドブック』pp.110–126、くろしお出版

近藤ブラウン妃美（2012）『日本語教師のための評価入門』くろしお出版

迫田久美子・小西円・佐々木藍子・須賀和香子・細井陽子（2016）「NINJAL—多言語母語の日本語学習者横断コーパス International Corpus of Japanese as a Second Language」『国語研プロジェクトレビュー』第6巻3号、pp.93–110、国立国語研究所

投野由紀夫・杉浦正利・和泉絵美・金子朝子（2013）『英語学習者コーパス活用ハンドブック』大修館書店

豊田秀樹（2008）『データマイニング入門』東京図書

Romero, Cristobal, and Ventura, Sebastian (2013) Data mining in education. *Wiley Interdisciplinary Reviews: Data Mining and Knowledge Discovery*, 3(1), pp.12–27.

Selinker, Larry (1972) Interlanguage. *International Review of Applied Linguistics in Language Teaching*, 10, pp.209–241.

第3章　学習者作文の習熟度に関する自動判定とWebシステムの開発について　　**53**

4 CEFR読解指標に基づく日本語例文分類手法

宮崎佳典・平川遼汰・高田宏輝・谷誠司

要旨

　CEFRは世界の外国語教育に導入されている言語能力尺度の1つであり、言語能力レベルを6段階で設定し、4技能（読む、書く、話す、聞く）などに対してCan-Do Statements (CDS) 形式で記述している。CDSのいくつかは抽象的な表現で記述されており、実利用とのイメージを結びつけるのが困難なことがある。対して、CDSに基づいて読解のテスト問題や教材を作成する場合、CDSの抽象的な表現を主観的に解釈して例文を選択・作成するのが現状である。そこで本研究では、「読む」の技能に絞り、例文を与えることでCEFR中のCDSの項目番号を出力する分類器の開発をめざす。本稿ではその特徴量として、手作業で行った際に重要な判断基準となった例文の文長、文書タイプ、専門性に関わる記述を中心に自動分類手法を開発し、その実験結果と共に報告する。

キーワード　　CEFR／読解CDS／文書分類／特徴量

1.　研究背景と本研究の位置づけ

　ヨーロッパ言語共通参照枠 (Common European Framework of Reference for Languages: CEFR) (Council of Europe 2001) は、Can-Doの概念をもとに作成された言語能力尺度の1つであり、世界の外国語教育に導入されている。CEFRは言語能力レベル（以降CEFRレベル）をA1からC2レベルまでの6段階で設定し、4技能（読む、書

く、話す、聞く）などに対して能力記述文（Can-Do Statements、以下CDS）によって記述している。下記にCEFRレベルごとのCDSの一覧を示す（表1）。

[表1] CEFR レベルごとのCDS一覧

CEFR レベル	CDS 番号	CDS
A1	6	もっとも一般的で日常的な状況でよく出くわす、簡単な掲示にでているような、なじみのある名前、単語、または非常に簡単な句を認識することができる。
	13	簡単な情報が含まれたテキストや簡潔な描写のテキストに関して概要の把握ができる。特にテキストの内容を理解するのに助けとなる絵が含まれていれば、さらに安易に概要の把握ができる。
	18	葉書などに書かれた、短く簡単なメッセージを理解することができる。
	21	短く簡単に書かれた指示（特に絵を含む）に従うことができる。
	27	身近な名前、単語、基本的な表現からできている非常に短い簡単なテキストを、例えばテキストのある部分を読み返すことができれば理解できる。
A2	4	通り、レストラン、駅のような公共の場所や職場にある標識や掲示を理解することができる。
	5	広告、パンフレット、メニュー、時刻表などの簡単な言語資料の中の特定の情報を見つけることができる。
	12	手紙、パンフレット、新聞の短い事件記事のような簡潔に書かれたテキストの中から特定の情報を取り出すことができる。
	16	身近な話題について日常の定型型の手紙やファックスを理解することができる。
	17	短く、簡単な個人的な手紙を理解することができる。
	20	公衆電話のような、日常生活で出会う機器についての簡単な使用方法の記述を理解することができる。
	24	自分の仕事に関連した短くて簡単なテキストを理解することができる。
	25	日常的な言葉で書かれた短くて簡単なテキストを理解することができる。
	26	もっとも頻度の高い単語で書かれていたり世界的に共通して使われる単語を含んだりする短くて簡単なテキストを理解することができる。
B1	2	長いテキストや複数の短いテキストをざっと目を通して、課題を遂行するために必要な情報を探すことができる。
	3	手紙、パンフレット、短い公的な文書といった、日常的な文章において必要とする一般的な情報を見つけて、理解することができる。
	9	文章における議論の大まかな流れを認識することができるが、必ずしも詳細に認識できるわけではない。
	10	はっきりと主張が書かれたテキストの主要な結論を把握できる。
	11	なじみのある話題に関する簡単な新聞記事において重要な点を認識することができる。
	15	個人の手紙を読んで、出来事、感情、希望の表現を理解することができ、友達や知り合いと文通できる。
	19	機器に関する、明瞭に書かれた簡単な使用説明を理解することができる。
	23	自分の専門分野や関心のある話題に関して簡潔に書かれたテキストを理解することができる。

CEFR レベル	CDS 番号	CDS
B2	1	さらに詳細に読む必要があるかどうかを決定するために、広範囲にわたる専門的な話題についてのニュース、記事、レポートの内容と関連性をすばやく確認することができる。
	7	筆者が特別な立場や視点から取り上げた、現代の問題に関する記事やレポートを理解できる。
	8	専門用語を確認するために辞書が使えるのであれば、自分の専門以外の専門的な記事を理解することができる。
	14	自分の専門分野に関連する通信文（手紙・メールなど）を読んで、楽に必要な意味が把握できる。
	22	読む目的やテキストの種類に応じて読む速度や読み方を変えながら、様々な種類のテキストをかなり楽に読むことができる。
	28	広汎な語彙力をもっているが、頻度の低い語彙や句にはいくらかてこずるかもしれない。
C1	29	ときどき辞書を使用すれば、どんな文書でも理解することができる。
	30	もし難しい箇所を読み返すことができれば、それが自分の専門分野に関連していなくても、新しい機械や手順についての長い複雑な説明を細かいところまで理解できる。
C2	31	抽象的であったり、構造的に複雑であったり、高度に口語的であるような、文学的な文章や非文学的な文章を含む、実質的にあらゆる形式の書きことばを理解し、解釈することができる。

　CDS は表1のように、「さらに詳細に読む必要があるかどうかを決定するために、広範囲にわたる専門的な話題についてのニュース、記事、レポートの内容と関連性をすばやく確認することができる。」(CDS番号1) のような抽象的な表現で記述されており、実利用とのイメージを結びつけるのが困難である場合が多い。例えば、実際にCDSに基づいて読解のテスト問題や教材を作成する場合、作成者はCDSの抽象的な表現を主観的に解釈して例文を選択／作成するのが現状である。

　CEFRに関連する研究として、英語教育ではEFL教材を基に作成したコーパスを用いた研究が行われている。例としてCEFRレベルごとに例文中に出現する文法事項の抽出 (投野・石井 2015) や例文中に出現する単語の共起性における難易度の測定 (内田 2015) など、例文からCEFRレベルの決定における基準特性を抽出する研究が挙げられる。一方、日本語教育分野に限ると同様の取り組みは筆者らの調べる限り多くは行われていない。これはCEFRに準拠した日本語学習向けの教材が少ないため、英語学習と同様の手法でコーパスを作成することが困難であることが一因として考えられる。

　そこで本研究では、「読む」の技能に絞り、例文を与えることでCEFR中の対応するCDSの項目番号を出力する分類器[1]を開発し、テキストコーパス作

成を支援することをめざす。さらに、テキストコーパスを利用することで
CEFRレベル決定に寄与する要因の抽出を行う。本研究ではその特徴量とし
て、手作業で行った際に重要な判断基準となった例文の文長、文書タイプ、
専門性に関わる記述、の3パラメータを中心に自動分類手法を開発し、その
実験結果と共に報告する。

2. 例文の収集と予備実験

2.1. 例文の収集

　例文の分類を行う際の元データとして、対象とするCDSにおける例文の収
集を行った。今回、例文を収集するにあたってCEFR-DIALANG[2] self-
assessment statements[3]におけるReading指標31個から、内容が高度で母語話者
でも到達できない場合がある熟達段階のC1、C2レベル (CDS番号が29、30、31
番) と、読解力よりも語彙力を求められるB2レベルの1個 (CDS番号が28番) を
除いた27個のCDSを対象とした。例文の収集は日本語学習用のテキストと
なるため、一般的には学習者の第一言語を特定する必要はないが、文化的な
相違から例文の捉え方の揺れが生じることを考慮し、今回は韓国在住の日本
語学習者に焦点を当て、韓国内における日本語教育経験のある韓国人・日本
人へ1つのCDSに対して1人当たり最大3例文を依頼し、それを正解データ
とした。結果、2017年12月時点で13名の協力者から約1000文を収集した。
　収集した例文の例 (CEFRレベルがA1、 A2のものから1つずつ選出し、各3例文) を下
に示す (表2)。なお、CEFRレベルがB1以上の例文は一般に文章量が豊富で、
紙面の都合上掲載を省略する。

2.2. 予備実験

　2.1.で収集した例文を提案手法によって分類する際の基準を作成する目的
で、実験協力者を募り、人間の手でどの程度例文を正しく分類できるのかを
調査した。実験では収集した例文をCDSごとの例文集合に分けたものを、対
応するCDSの項目番号を隠した状態で日本人の学生5人＋教員2人の計7人

[表2] CDS に対応した例文（例）

CDS番号：18（CEFR レベル：A1）
「葉書などに書かれた、短く簡単なメッセージを理解することができる。」
例）お誕生日おめでとう！これからもよろしくね。
例）引っこしました　この度下記に転居いたしました　お近くにお越しの際は是非お立ち寄りください。
例）HAPPY NEW YEAR　昨年はお世話になりました　今年もよろしくお願いいたします。

CDS番号：4（CEFR レベル：A2）
「通り、レストラン、駅のような公共の場所や職場にある標識や掲示を理解することができる。」
例）新発売　大葉とツナと大根がさっぱりで美味しい!!　麺つゆで食べるツナとおろしのパスタサラダ
例）4番線　発車時刻　埼京線　各駅停車　18:44　川越　乗車口・緑　湘南新宿ライン　遅れ25分　高崎　乗車口・オレンジ
例）※料金には消費税が含まれております。　※レストラン内（船内）は禁煙です。お煙草はサンデッキの喫煙スペースをご利用ください。　※ペットはレストラン席に同伴できません。（盲導犬、介助犬は除く）

に配布し、各例文集合に対応するCDSを1つ予想してもらった。このうち、大学教員の1人はCEFRについての知識をもち、かつ日本語教育経験を有する。一方で、残りの実験協力者は日本語教育経験がなく、例文から対応するCDSを想起することが相対的に困難であることが予想される（ただ一般の学習者は、自分ができるようになった事柄と、そのCEFRレベルやCDSへの対応を推測する力は彼らの学習上、肝要である）。この実験結果を表3に示す。なお、「協力者1」が日本語教育経験のある実験協力者である。この結果、正解率の平均は60.85%で、27個中10個のCDSでは50%未満の正解率しか得られないことがわかった。すなわち、人間でも例文を全てのCDSに正しく分類するのは一般に困難であると考えられる。さらに掘り下げると、誤答データより、特定のCDSグループ内で互いに誤答しているものが少なからず存在した（例：表3より、CDSの1に対する誤答が7もしくは8、同様にCDSの7には1もしくは8、8には1、7となっている。CDSの19と20、さらにCDSの13と27も同様の関係にある）。この中から、誤答し合ったCDSの13と27の例文集合の一部を表4に示す。この結果から、当初は1例文に対応する

CDSは1つのみ（シングルラベル）と想定していたものの、実際にはCDS間の距離は一定ではなく、例文とCDSの関係が1対多を許したほうが自然と考えられる。そのため例文の分類を行う際、1つの例文が複数のCDSに分類される、いわゆるマルチラベル分類を念頭に実験を再構成し、本実験を実施することにした。

［表3］実験協力者による回答と正解率

CDS番号	協力者1	協力者2	協力者3	協力者4	協力者5	協力者6	協力者7	正解率
1	7	7	8	○	○	○	○	57.14%
2	○	23	○	22	○	○	22	57.14%
3	○	○	○	○	2	2	○	71.43%
4	○	○	○	○	○	○	27	85.71%
5	○	○	○	○	○	○	○	100.00%
6	○	○	○	○	○	○	○	100.00%
7	1	8	23	○	○	○	1	42.86%
8	○	1	1	○	○	7	1	42.86%
9	○	○	22	2	10	1	1	28.57%
10	○	○	○	9	11	1	1	42.86%
11	○	○	○	2	9	8	1	42.86%
12	○	○	○	○	16	1	1	57.14%
13	27	27	○	○	27	○	27	42.86%
14	○	○	○	○	○	15	○	85.71%
15	○	○	17	○	○	○	○	71.43%
16	○	○	○	○	17	○	18	71.43%
17	○	○	15	○	○	○	20	71.43%
18	○	○	○	○	○	○	○	100.00%
19	○	○	20	20	○	○	○	71.43%
20	○	○	19	19	21	○	○	57.14%
21	○	○	○	25	12	20	○	57.14%
22	○	2	9	2	○	○	25	42.86%
23	○	22	7	○	24	22	25	28.57%
24	○	○	○	26	23	10	○	57.14%
25	○	○	○	○	○	22	13	71.43%
26	○	13	○	24	○	25	13	42.86%
27	13	26	○	○	13	5	13	28.57%
正解率	85.19%	66.67%	62.96%	62.96%	55.56%	51.85%	40.74%	

※正解率50％以下のものは太字、同種の網掛は互いに誤答している同一グループ

[表4] 誤答し合ったCDSの13と27の例文集合の一部

CDS番号：13（CEFRレベル：A1）

「簡単な情報が含まれたテキストや簡潔な描写のテキストに関して概要の把握ができる。特にテキストの内容を理解するのに助けとなる絵が含まれていれば、さらに安易に概要の把握ができる。」

例）「欠かせない」と思うコミュニケーション行動 携帯電話・スマートフォンを使う インターネットを利用する 本を読む テレビを見る 新聞を読む 友人と話をする

例）午前10時25分頃地震がありました 震源地は徳島県南部

例）お願い　ご迷惑をおかけしております。ご協力をお願い致します。

CDS番号：27（CEFRレベル：A1）

「身近な名前、単語、基本的な表現からできている非常に短い簡単なテキストを、例えばテキストのある部分を読み返すことができれば理解できる。」

例）10/16（木）スタート‼パンケーキ食べ放題925円（税込999円）ドリンク付き

例）東京メトロ都営地下鉄一日乗車券 東京メトロ都営地下鉄全線大人1000円

例）小容量3合タイプでも「おどり炊き」で美味しく炊き上げ。「ふつう」「かため」「やわらか」「もちもち」の4種類に炊き分け可能で、お好みのかたさや食感のごはんを楽しめます。

3. 例文分類手法

3.1. 機械学習を行うための特徴量の抽出

　本節では収集した例文を各CDSへ分類する手法を検討する。今回対象とするCDSでは例として「さらに詳細に読む必要があるかどうかを決定するために、広範囲にわたる専門的な話題についてのニュース、記事、レポートの内容と関連性をすばやく確認することができる。」(CDS番号1) や「葉書などに書かれた、短く簡単なメッセージを理解することができる。」(CDS番号18) といった表現が用いられており、これらのCDSは「長さ」、「専門性」、「文書タイプ(種類)」の3つの要素から適合する例文を選択できると考えられる。そのため、本研究ではこれら3つを特徴量として利用し、分類の検討を行う。また、与える特徴量の形式は図1に例を示す。

	専門性	長さ				文書タイプ（該当なら1, 非該当なら0）						
CDS 番号	専門性	語数	文字数	文数	行数	記事＋ レポート	新聞 記事	公的 文書	標識＋ 掲示	通信文	使用 説明	その他
1	1.57	180	295	8	8	1	0	0	0	0	0	0
7	1.92	528	866	19	12	1	1	0	0	0	0	0
18	0.50	17	27	1	1	0	0	0	0	0	1	0

[図1] 抽出する特徴量とそのデータ例

3.2. 長さ

　文章の長さに関しては文章における文字数だけでなく、文章中の単語数や文数などが考えられる。そこで今回は「文字数」に加えて、「語数」、「文数」、「改行数」も利用することとした。この中で語数を抽出する際にはWikipediaの見出し語を学習させた形態素解析ソフト MeCab を用い、「文字数」、「文数」、「改行数」に関しては独自作成のプログラムを用いることで計数を行うこととした。

3.3. 専門性

　専門性の抽出に関しては高田・宮崎・谷 (2016) で定義した適合度[4]を利用する。同発表では専門性を推定する際に専門性を学問分野と仮定して学問分野と例文中の単語の類似度計算について検討した。ここで行う単語間の類似度の算出にはword2vec (Mikolov (他) 2013) を用いる。この手法では単語の共起関係を基に単語間の意味関係を考慮したベクトル化[5]を行う。類似した意味をもつ単語や関連する語はベクトルの角度も近接し、専門分野と特徴語の関係を推定することが可能であると考えられる。このとき、抽出した特徴語と専門の類似度を調べる際にはコサイン類似度[6]を用いる。

　このように定義される適合度を元に専門性の推定を行っており、今回は推定結果ではなく、この適合度を特徴量として利用する (詳細は高田・宮崎・谷 (2016) を参照のこと)。

3.4. 文書タイプ

CDS中で言及されている文書の種類は「記事」「ニュース」「パンフレット」「公的文書」「標識」「掲示」「手紙」「メール」「使用説明」に加えて「その他」を加えた10種を文書タイプとして想定する。今回、この文書タイプの自動推定に新たに取り組んだ。具体的には、ランダムフォレスト[7]を用いて例文から上述の文書タイプを1つ推定する。推定結果は例文がある文書タイプに属す（1）、属さない（0）の2値で構成している。文書タイプの自動推定にあたり、接続詞や助詞といった品詞を用いた研究が多く行われていることから、本研究でも試行的に品詞情報を用いて自動推定を行っている。正解データは著者らが事前に例文に対して文書タイプ情報（正解情報）を付与し、予測モデルを構築した。

なお、自動推定に先立ち、著者らが事前に例文に対して文書タイプ情報を付与した場合の方が精度は高いと予想され、本稿では両者の実験結果を比較する形で提示することにする。

4. 本実験

4.1. シングルラベル

SVM（Support-Vector-Machine）[8]を用い、線形カーネルを利用した。そしてまずは、（マルチラベルの例文データではなく）シングルラベルの例文データのみを用いた。表5および表6に各CDSにおける3-交差検定の結果を示す。なお、表5が文書タイプの自動推定を行っていない場合、表6が行っている場合である。このとき各CDSの分類を行う際に、例文データ全体における正例のデータは理論上、負例の約1/26しかないため、分類結果が負例の結果に引っ張られないよう、負例に対して無作為抽出によりデータ量を1/10にしている。

表5より各CDSにおける分類精度の平均は80.92%であった。今回対象としたCDS中で最も分類精度が低いCDSは2番の65.59%、次に低かったCDSは9番の66.29%であった。2番と9番のCDSはどちらも抽象度が高く、予備実験においても50%以下の正解率しか得られていなかったCDSである。その

[表5] 各CDSにおける交差検定の結果（自動推定なし）

CDS番号	分類精度	CDS番号	分類精度	CDS番号	分類精度
1	78.49%	10	70.45%	19	89.41%
2	65.59%	11	89.21%	20	95.45%
3	88.88%	12	83.69%	21	85.22%
4	94.59%	13	86.25%	22	72.61%
5	72.22%	14	76.92%	23	73.95%
6	84.44%	15	87.64%	24	79.22%
7	82.29%	16	86.84%	25	85.56%
8	80.23%	17	78.16%	26	72.83%
9	66.29%	18	88.29%	27	70.00%
				平均	80.92%

[表6] 各CDSにおける交差検定の結果（自動推定あり）

CDS番号	分類精度	CDS番号	分類精度	CDS番号	分類精度
1	71.76%	10	81.11%	19	68.42%
2	60.25%	11	63.38%	20	82.14%
3	80.00%	12	66.67%	21	71.43%
4	79.45%	13	73.53%	22	68.57%
5	76.54%	14	66.67%	23	67.57%
6	87.65%	15	81.43%	24	65.52%
7	79.79%	16	84.21%	25	69.23%
8	81.61%	17	71.59%	26	74.07%
9	59.15%	18	75.00%	27	70.59%
				平均	73.23%

他の精度がほかと比べても低いCDSの5番、10番、22番も同様に抽象度が高く、この結果から、抽象度が高いCDSほど今回の分類では精度が低くなる傾向にあると考えられる。

　自動推定を施した結果（表6）を見ると、自動推定なし（人間による手入力）と比べると当然精度は低くなっているが、全体の平均が73.23%と、8%弱程度の相違にとどまっている。また、自動推定なしの場合と同様の傾向を示し、や

はり抽象度の高い CDS は精度が低くなっている。特に、9番の CDS が一番低く、2番が次に低かったという点は自動推定なしの場合に酷似している。いくつかの CDS では、自動推定ありの方が高精度の場合もあるが、逆に両者の差が僅差であったものが拡大したものも存在する。これには、抽象度のほかに文書タイプを適切に推測できなかった影響も考えられよう。

次の実験ではマルチラベルの例文データを用いて再度検証を行う。

4.2. マルチラベル

本節では2.2節で指摘された、マルチラベルの情報をもった例文を利用して分類の検証を行う。2.1節で作成されたシングルラベルの例文に対し、作成者以外の3名にマルチラベルを付与してもらい、過半数である2名以上に一致したラベルすべてを正解データとした。それ以外は基本的に4.1節と同様の手法をここでも用いる。この検証における結果を表7ならびに表8に示す（表中において、表5、表6と比較して精度が向上した CDS は太字表記）。

まず、自動推定なしの場合をみると、結果より平均では81.81%が得られ、表5における80.92%を上回る結果が得られた。個々の CDS に着目してみると27個中、18個の CDS で分類精度において向上がみられた。抽象度が高いため精度低下が考えられた2、5、9、10、22番の CDS においては10番以外で精度向上がみられ、精度の改善幅も平均で約5.89%であった。以上の実験結果より、例文を CDS に分類する際には今回提示した3つの特徴量が有効であると確認できた。

次に、自動推定ありの結果をみても同様に、27個中18個までの CDS において精度向上が観察された。シングルラベルのケースで精度の最も低かった9番の CDS の精度が大幅に向上しているのがわかる（一方で、2番目に低かった2番の CDS についてはほとんど変化はなかった）。また、それ以外についても11番、14番、24番などの CDS について格段の精度向上が認められた。

最後に、予備実験の結果（表3）で色付けした、"誤答し合う"ことの多かった1、7、8、13、19、20、27番の CDS は、例えば自動推定ありのケースでシングルラベル（表6）、マルチラベル（表8）の結果を比較すると、そのほとんどがマルチラベルとすることで大幅に分類精度を上げた。その上昇率の平均

[表7] マルチラベル時の交差検定結果（自動推定なし）

CDS番号	分類精度	CDS番号	分類精度	CDS番号	分類精度
1	85.37%	10	68.99%	19	92.81%
2	70.18%	11	78.89%	20	95.80%
3	80.23%	12	74.55%	21	88.11%
4	89.33%	13	87.05%	22	78.52%
5	79.17%	14	85.29%	23	76.74%
6	84.94%	15	87.18%	24	79.66%
7	84.28%	16	87.25%	25	70.99%
8	76.83%	17	90.71%	26	72.11%
9	79.73%	18	89.04%	27	75.18%
				平均	81.81%

[表8] マルチラベル時の交差検定結果（自動推定あり）

CDS番号	分類精度	CDS番号	分類精度	CDS番号	分類精度
1	82.35%	10	77.71%	19	75.18%
2	60.00%	11	71.78%	20	81.69%
3	70.19%	12	65.68%	21	81.40%
4	75.89%	13	83.45%	22	77.78%
5	64.29%	14	78.62%	23	75.00%
6	87.94%	15	85.82%	24	78.07%
7	86.71%	16	86.67%	25	63.43%
8	86.67%	17	78.00%	26	69.56%
9	76.76%	18	82.35%	27	78.37%
				平均	77.09%

は約6.65%であり、それ以外のCDS項目の上昇率の平均約2.87%を大きく上回っていることがわかる。

5. まとめと今後の展望

本研究ではCEFR読解指標に基づく日本語例文分類手法を、機械学習を適

用する形で提案し、例文の文長、文書タイプ、専門性に関わる特徴量から一定の精度の結果を得た。研究の初期段階では、機械学習によって自動推定するパラメータと人間が手動で正解ラベルを付与したものを組み合わせることで全体の (CDS) 推定を行っていたが、最終的には、すべてのパラメータに対して自動推定を行うまでの実装を行うことができた。推定精度については、二値判定レベルで約77%という、ある一定レベルの域にまでは達していると思われるが、人が判定した場合と比べてもまだ5%弱程度の相違があり、改善の余地は残されている。

　今後は、各種パラメータのキャリブレーション、新規パラメータの考案などを行い、さらに実用性を確認するために、現場で日本語教育に従事されている教師陣のニーズ、用途、さらには必要とされる最低限の精度保証レベルもヒアリングさせていただきながら研究をさらに昇華させていきたいと考えている。

●注

1　項目群を特徴量に基づいてグループに分類することを目的とするシステムやアルゴリズムを表す。

2　DIALANG とは、欧州14言語の言語運用力をCEFRレベルに基づいて診断する無料オンライン・システムである。言語ごとに①プレイスメントテスト（Vocabulary Size Placement Test）、②自己評価 (Listening、Reading、Writing)、③言語テスト (Listening、Reading、Writing、Structure、Vocabulary)、④フィードバックが搭載されている。②自己評価と③言語テストの結果は、それぞれ6つの CEFR レベルで報告される。

3　CEFR-DIALANG self-assessment statements は、②自己評価 のために開発され、そのほとんどが CEFR の CDS から取られているが、学習者の自己診断用に調整されている。例えば、CEFR の A2 レベルの読解 CDS に「非常によく用いられる、日常的、もしくは仕事関連の言葉で書かれた、具体的で身近な事柄なら、短い簡単なテキストが理解できる」と記述されている CDS があるが、この CDS は CEFR-DIALANG self-assessment statements では「日常的な言葉で書かれた短くて簡単なテキストを理解することができる」と「自分の仕事に関連した短くて簡単なテキストを理解することができる」の2つの CDS に分けられ、個別・具体的な記述となっている。

4　1つの例文内で学問分野が共通している特徴語同士の類似度を加算し（それが最大となる学問分野を専門とし）、抽出された専門のもつ類似度の合計値として定義している。

5　データをバラバラに扱うのではなく、ひとまとめにして、データの相互の関連性を見出したり、処理の効率化をめざす手法。

6　ベクトル空間モデルにおいて文書同士を比較する際に用いられる類似度計算手法で、ベクトル同士の成す角度を表現するため、1に近ければ類似し、0に近ければ類似しないことを表す。

7　機械学習のアルゴリズムの1つであり、分類、回帰、クラスタリングに用いられ、決定木を学

習器とする集団学習アルゴリズム。

8　教師あり学習を用いた、分類や回帰へ適用可能なパターン認識モデルの1つ。

●関連図書・関連論文の紹介

Keith, Morrow. (eds.)(2004). *Insights from Common European Framework*. Oxford: Oxford University Press. 和田稔・高田智子・緑川日出子・柳瀬和明・齋藤嘉則（訳）『ヨーロッパ言語参照枠（CEFR）から学ぶ英語教育』研究社
> CEFRの全体像の把握には第1章が推奨できる。また、本稿との関連では、第4章のCEFRに基づいたインターネット版無料言語運用能力診断査定システム（DIALANG）やCEFRと試験などとの関連づけが有益である。

投野由紀夫（編）(2013)『CAN-DOリスト活用　英語到達度指標 CEFR-J ガイドブック』大修館書店
> 日本の英語教育の環境に合わせて開発されたCEFR準拠の英語到達度指標がCEFR-Jである。日本語教育との関連ではパート2のCEFR-Jの開発過程と能力記述文（CDS）の妥当性検証が参考になる。

●参考文献

Council of Europe. 2001. Common European Framework of Reference for Languages: Learning, Teaching, Assessment, Cambridge: Cambridge University Press.

投野由紀夫・石井康毅（2015）「英語CEFRレベルを規定する基準特性としての文法項目の抽出とその評価」言語処理学会第21回年次大会発表論文集、pp. 884–887.

内田諭（2015）「基本動詞のコロケーション難易度測定—CEFRレベルに基づくテキストコーパスからのアプローチ」言語処理学会第21回年次大会発表論文集、pp. 880–883.

高田宏輝・宮崎佳典・谷誠司（2016）「CEFR読解指標に基づく日本語例文分類手法の検討」、第15回情報科学技術フォーラム（FIT）講演論文集、(4) pp. 343–344.

"MeCab", http://taku910.github.io/mecab/（参照日2018-4-6）

Tomas Mikolov, Ilya sutskever, Kai Chen, Greg S. Corrado, Jeff Dean. (2013) *Distributed Representations of Words and Phrases and their Compositionality*, Neural Information Processing Systems (NIPS), pp. 3111–3119.

謝辞　本研究はJSPS科研費基盤研究（C）26370619「テスト・教材開発に利用しやすい韓国人日本語学習者用読解尺度開発と妥当性検証」の助成を受けたものです。

5 Skypeによる遠隔セッションを取り入れた実践
Deep Active Learning の視点から

毛利貴美

要旨

　近年、思考力や問題解決力などを身につける教養教育が重視され、学習者中心の能動的学習としてディスカッション等の活動を中心としたActive Learning が推進されている。しかし、活動を中心とした学びには知識の獲得が不十分となるなど、多くの課題が残されている。筆者はDeep Active Learning の視点から、日本語教育副専攻科目において「講義」「Skype を使った海外の日本語教育専門家との遠隔セッション」「ディスカッション」の３つのステップを経て学びを深める教育実践の実現をめざしている。本研究において受講者への意識調査とSNSによる授業レビューを分析した結果、知識を獲得するインプットから意見を述べるアウトプットまでの意識化があり、理解の深化を実感していたことがわかった。また、学習を共有する協働的な活動が学習者の「深い関与」を促し、コンフリクトの解決やコンピテンシーの強化につながっていたと考えられた。

キーワード　遠隔セッション／Skype／Deep Active Learning／コンピテンシー

1.　研究の背景と本研究の位置づけ

1.1.　教育現場へのActive learning の導入に伴う課題

　日本の大学教育は、従来の一方的かつ受動的な講義形式が主流であった大

学授業を見直し、学習者が授業に積極的に参加する学習者中心のパラダイムに転換する試みとして、Active Learning の教育現場への導入が加速している。この Active Learning は、2012年8月の中央教育審議会答申において「教員による一方的な講義形式の教育とは異なり、学修者の能動的な学修への参加を取り入れた教授・学習法の総称」と定義され、教育現場への導入が推進されている。しかし、Active Learning には、文部科学省「産業界ニーズ事業」(平成24-26年) において中部地域7大学が行った研究の成果報告書『アクティブラーニング失敗事例ハンドブック』(http://www.nucba.ac.jp/archives/151/201507/ALshippaiJireiHandBook.pdf) にあるように、多くの課題が残されており、必ずしも効果的な教育方法とはなっていないのが現状である。

　松下他 (編)(2015) は、この Active Learning について、Engeström (1987) の活動システムモデル (図1) を援用し、その学びの構成要素とその相互関係として、「主体」は"学生"であり、「対象」は"学生が取り組む価値のあるリアリティのある問題"、そして、「道具」はその"問題解決に必要な知識"であると述べている。しかし、「道具」としての知識が不十分なまま対象へのアプローチが行われれば、中身の薄い「結果」しか生まれないとして Active Learning の課題を指摘している。一方で、「主体」が他の参加者との役割を分業、分担し、ルールを共有しながら問題解決、「結果」を繰り返すため、実質的な「共同体」が形成されやすくなる特性もあるという。

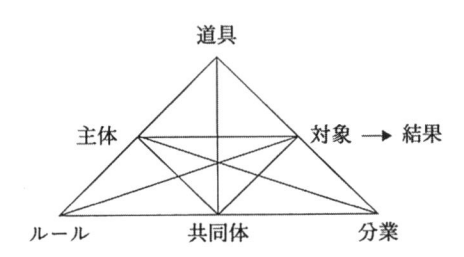

[図1] 活動システムモデル（出典：Engeström 1987、松下2015）

1.2.　学習サイクル：知識の獲得のためのプロセス

　知識の獲得に関して、Engeström (1994) は、学習活動のプロセスを次の6つ

のステップからの「学習サイクル」によって示している。

①動機付け：ある問題と既有知識や経験との間で生まれるコンフリクト

②方向付け：既有知識や経験では対処できない問題＝コンフリクトの解決のための学習

③内化：そのために必要な知識の習得

④外化：知識を実際に適用してコンフリクトの解決を試みる

⑤批評：知識の限界によって再構築する必要に迫られる

⑥コントロール：プロセスを振り返り、修正を行い、次の学習プロセスへ向かう

知識の習得に関して松下 (2015) は、内化ばかりの講義を批判するあまり、Active Learning では内化がおざなりになりがちであるが、DAL においてはこの内化と外化をどう組み合わせるかが課題となると述べている。さらに、DAL は学びの「深さ」に焦点を当てており、①意味を追求する「深い学習」、②解釈や応用のような高次の段階も含む「深い理解」、③学生による「深い関与」の3つの条件の達成をめざすものとしている (松下他 (編) 2015)。

では、この DAL によってどのような能力を身につけることが期待されるであろうか。松下他 (編)(2015) によると、DAL は学生が他者と関わりながら対象世界を深く学び、これまでの知識や経験と結び付けると同時にこれからの人生につなげていけるような学習を意味すると定義している。筆者は DAL による深い学びの生起によって、昨今、高等教育、職業教育において＜新しい能力＞概念として、「生きる力」や「人間力」とも呼ばれる“コンピテンシー(能力)”の獲得が可能となると考える。このコンピテンシーは、認知的な能力から人格の深部にまでおよぶ人間の全体的な能力を含んでおり (松下 (編) 2010)、スペンサーら (Spencer and Spencer 1993) によって「ある職務または状況において、基準にてらして効果的あるいは卓越した業績 (performance) を生み出す原因となっている個人の基底的特徴 (underlying characteristics)」と定義されるもので、以下のような構成要素から成る。

・スキル：身体的・心理的課題を遂行する能力
・知識：特定の内容領域で個人が保持する能力

- 自己概念：個人の態度、価値観、自己イメージ
- 特性 (trait)：身体的特徴、あるいは、さまざまな状況や情報に対する一貫した反応
- 動機：個人が常に顧慮し願望する、行為を引き起こすもととなる要因

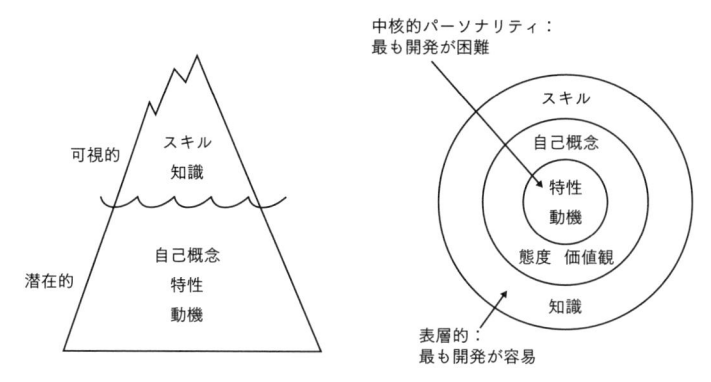

[図2] コンピテンシーのモデル：氷山モデルと同心円モデル
（出典：Spencer and Spencer (1993)、松下（編）(2010) 訳）

1.3.　コンピテンシーを有する人材を育成するための学習デザイン

　Spencer and Spencer (1993) は、図2のコンピテンシーのモデル、氷山モデルならびに同心円モデルについて「人格という氷山の底に位置する、中核的な動機や特性のコンピテンシーは評価や開発が他のコンピテンシーより難しい。したがってこれらの特徴を備えた人材を選考することが最もコスト効率性の高い方法となる」と述べ、潜在的かつ中核的パーソナリティに関わる「自己概念」「動機」「特性」の要素の開発の重要性を述べている。さらに、主要な能力となるキー・コンピテンシーがあり、文部科学省の中央教育審議会では以下のように定義づけられている。

①社会・文化的、技術的ツールを相互作用的に活用する能力（個人と社会との相互関係）

②多様な社会グループにおける人間関係形成能力（自己と他者との相互関係）
③自律的に行動する能力（個人の自律性と主体性）

　この3つのキー・コンピテンシーの枠組みの中心にあるのは、「個人が深く考え、行動することの必要性」であり、その「深く考えること」には「目前の状況に対して特定の定式や方法を反復継続的に当てはまることができる力だけではなく、変化に対応する力、経験から学ぶ力、批判的な立場で考え、行動する力が含まれる」とされている（文部科学省Webサイト）。この「個人が深く考え、行動する力」は、DALの「深い学習」「深い理解」「深い関与」（松下（編）2010）につながるもので、今後、大学や大学院での教育実践に取り入れられるべき指標ともなると考える。しかしながら、このようなDALの取り組みについての研究は教師側の教育実践の紹介が中心となったものが多く、実際に受講者側に対して意識調査を行い、その効果や学びのプロセスについて分析した研究はほとんどない。そのため、本研究では、以下のDALを意識したシラバスデザインによる科目を履修した学習者に対してアンケート調査とインタビュー調査を行った。

1.4.　日本語教育副専攻科目「海外の日本語教育を考える」の概要

　筆者は前述のコンピテンシー（人間的基礎力）の育成をめざし、2015年度より「海外の日本語教育を考える」を開講した。当該科目は早稲田大学グローバルエデュケーションセンターが提供する全学共通副専攻科目の中の日本語教育副専攻科目の1つで、様々な専門的背景をもつ学部生、大学院生、科目等履修生、日本語教育研究センターの学習者が履修している。そのため、シラバスデザインを設定する段階で課題となったのは、専門外の日本語教育科目を履修する受講者に対する動機付けができるかということと、理解をどこまで深められるかであった。よって、本科目では、専門外であっても取り組める身近なトピックを中心に、海外の日本語教育の現場が抱える課題を取り上げ、その問題解決の道を探ることを中心的活動とした。これまでのトピックは「欧州の複言語主義とCEFR」「EPAによる外国人看護士・介護士の受け入れ」「日本語母語話者教師と教師間の課題と協働実践」「日本の文化・歴史を

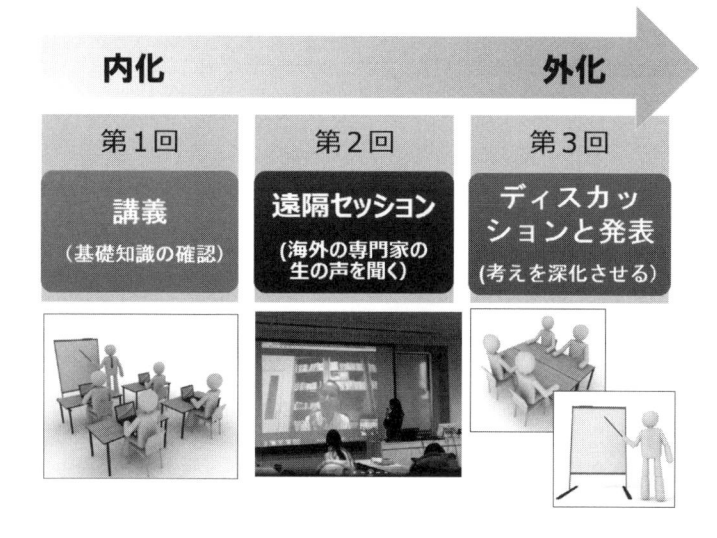

[図3] 1つのテーマに対する授業の構成

どう伝えるか」であった。

　このように本科目では、海外の日本語教育で起こりうる問題に関わるトピックを1学期に4つ設定し、1つのトピックにつき「講義」→「遠隔セッション」→「ディスカッション／発表」の3回の授業を設け、専門知識のインプット(内化)から、発表のアウトプット(外化)のプロセスを経て理解を深化させていくことを目的とした。

　遠隔セッションに関しては各トピックに1回実施し、ドイツ、ブラジル、フィリピン、アメリカ、韓国で活躍する日本語教師をゲストスピーカーとしてSkype上に招聘した。これまでに招聘したゲストスピーカーは海外の大学で日本語教育関連業務に従事する大学助教、講師、ラボインストラクター、日本による派遣の日本語教育専門家であった。

1.5.　活動システムモデルに準拠したシラバスデザイン

　この科目のシラバスデザインの特徴は、講義による日本語教育の専門知識の獲得と、海外の日本語教育専門家とのSkypeを用いた遠隔セッションとい

う2つの異なるインプットを取り入れ、バリエーションをもたせたことが挙げられる。つまりは、既出のEngeström (1994) の活動システムモデル (図1) の「道具」にあたる"知識"の部分のインプットにおいて、講義による専門的知識だけでなく、遠隔セッションによって一般的な専門知識とは異なる情報と"取り組むべき価値のあるリアリティのある問題"(専門家の実体験：異文化の中でことばや日本文化を教える過程で生じた問題等) を課題として提供し、問題解決に協働で当たらせる過程でActive Learningの課題である「内化」を促進させ、理解を深めていくことを目的とした。

[図4] 遠隔セッションの場面

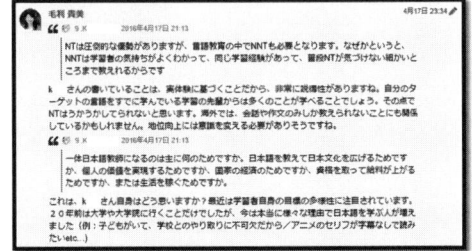

[図5] SNSを用いたFeedback

　さらに、毎回の授業終了後にビジネス用SNSである「chatwork」(http://www.chatwork.com/ja/) を利用して振り返り (リフレクション) の機会を設け、受講者が授業レビューや疑問点、他者のレビューに対する感想を書き込み、それに対して授業の参加者全員がコメントを返せるようにした。このようにSNS上で講義の参加者全員が3つの学びのステップを共有し、各回で学んだことの振り返りを行い、お互いに意見を投稿することで教室外でもインターアクションの活性化を可能にした。
　以上のように、本科目では、科目担当者やゲストスピーカー、他の専門分野の受講者とインタラクティブに意見を交わし、他者の考えから刺激を受けて客観的に自分の意見を捉え直せる学びのコミュニティの実現をめざした。同時にActive Learningによるインターアクションの活性化を求めつつも、学

習がアウトプットに偏らないように、知識の獲得を学習活動に組み込んだシラバスデザインを意識して設定し、2015年から現在に至るまで教育実践を行ってきた。

2.　分析結果

　本研究では、これまで行ってきた教育実践に対し、受講者側がどのように捉え、科目を受講する過程でどのような意識の変化があったのかを明らかにするため、2016年度から2017年度にわたり、本科目の受講者を対象としたアンケート調査と、インタビュー調査を行った。以下にその結果を述べる。

2.1.　受講者へのアンケート調査の結果

　アンケートの調査協力者は2016年度秋学期〜2017年度秋学期に本科目を履修した学生計50名であった。まず、質問項目「Q1：1テーマ3回で1ユニットとする授業構成をどう思うか」については、50名中39名が「とてもよい」(78%)、11名が「まあまあよい」(22%) と回答した。「Q2：Skypeを使った遠隔セッションについてどう思うか」については、50名中48名が「とてもよい」、2名が「まあまあよい」と回答し、96%の受講者が高く評価していたことがわかった。次に、「Q3：chatworkを用いた授業レビュー、フィードバックをどう思うか」については、50名中35名が「とてもよい」(70%)、12名が「まあまあよい」(24%)「ふつう」2名 (4%)、「あまりよくない」1名 (2%)であった。次に、これらの回答を選択した理由を自由記述してもらい、そのデータを分析した結果から、受講者がこの授業をどう捉え、どのような意識の変化があったのかについて考察した。

2.1.1.　講義で得た知識を利用したアウトプットの活動による理解の深化

　Q1の「1テーマ3回で1ユニットとする授業構成」に高評価をつけた受講者の自由記述では、本科目が講義で基本的な知識を先に得てから遠隔セッションやディスカッションをすることについて、「予備知識があると理解度も変わるし、ゲストスピーカーへの質問も事前に考えられ、Skypeによるセッ

ションがスムーズに行えたと思う」「基礎知識をつけてから実情を知り、自分の意見をもつところまでもってこられるのが学習には効果的だった」「得た知識をグループディスカッションで使うことで記憶の定着がはかれる」「知識を得るだけでなく、他の学生と意見交換をして自分とは違う見方も得ながら知識を深めることができ、大変ためになった」というコメントが多数あった。つまり、受講者は事前に専門知識を得た段階で、日本語教育専門家の話を聞くためのレディネスが形成され、次の遠隔セッション後にその知識がリアリティのあるものへと変化し、最後のディスカッションで意見がいえる段階に到達したことが認識されていたことがわかる。このことから、受講者側には、問題解決に必要な知識、つまりは活動システムモデル (図1) でいうところの「道具」を獲得するインプットから、意見を述べるアウトプットまでの意識化があり、これら3つのステップを経る過程で理解の深化を実感していたことが示唆された。一方で1つのトピックを3回の授業で行うことについて「長く時間がかかりすぎてトピックを忘れてしまう」との意見もあり、今後、各回をつなぐ工夫の必要性が感じられた。

2.1.2. 遠隔セッションの環境要因やゲストの生の声による学習の動機づけ

次に、Q2の「Skypeを使った遠隔セッションについてどう思うか」について高評価をつけた受講者の自由記述を分析した結果、現地のゲストからの生の声と海外の現状と課題を"取り組む価値のあるリアリティのある問題"、つまり、活動システムモデル (図1) における学びの「対象」として捉えていたことがわかった。分析の結果、受講者は以下のような要素に魅力を感じ、これらが学習動機の継続にもつながっていたと考えられた。

①海外の専門家から生の声を聞くことによる「現実性」が齎す「希少性」

受講者からの回答から「インタビューの映像ではなく実際に海外で日本語教師として働いている方の生の声を聞けるのは貴重」「将来の自分のためにいい経験になる」「苦労や努力した点などを聞けるのは滅多にない機会だから貴重である」「授業をとらなかったらご縁のなかった方から話を聞けることがよい」など海外の教育現場において実際に生じている問題のリアリティや、日本では知る機会のない希少な情報を得る機会に価値を感じていた。

②講義以外のインプットや視点を得らえる「多様性」

　他の日本語教育専門家からの話を聞くことで、講義を行っている科目担当者（筆者）とは異なる視点でトピックを考えられることを「違う視点から内容を知ることができる」「情報源が増えた」と肯定的に捉える受講者もいた。

③海外の専門家に直接質疑応答ができ、疑問を解消できる「双方向性」

　授業内で直接質疑応答ができ、疑問が解消できることについても「その場でわからないことをゲストスピーカーに質問ができるのもよい点だと思う」と肯定的なコメントがあった。

④海外やゲストスピーカーを身近に感じられる「臨場性」

　Skypeを使えば教室と海外の現場がリアルタイムでつながることについて、「ほぼ同じ部屋でディスカッションしている感じ」「教室が世界とつながっている」「リアルタイムで話が聞ける」「"先生が今ここにいる"という感じがリアルでよかった。興味が高まった」というコメントがあり、SkypeのようなICTを利活用することで海外と日本の物理的距離を感じず、ゲストスピーカーや海外の事象そのものが身近に感じられていたことがわかった。

⑤現場の情報を得られることによる学習動機の高まり

　①～④の回答に伴い、「海外で働くことの意識が高まり、身近に感じられた」「意欲が高まり、その世界が少し深く知れたように思った」「普段話を聞くことのできない人からの話が刺激になった」との記述があり、学習動機の高まりがあったことがわかった。以上のように、Skypeを使用した遠隔セッションにおいては高い動機を維持しながら、受講していたことがわかった。

2.1.3.　ビジネス用SNS「chatwork」を用いたインタラクティブな振り返り

　次に、ビジネス用SNS「chatwork」に毎回の授業後に意見を投稿してきた受講者のアンケートからは「授業後に出てきた疑問や意見を共有し、海外のゲストスピーカーや先生からもコメントやフィードバックが得られるのがモチベーションにつながってよかった」「自分の意見に対して客観的な評価を得られたことや、双方向のやりとりができたので人間関係が近く感じられた」

という意見があり、時間や場所の制約がなく、授業の参加者全員でWeb上の
コメントを共有することに意義を感じていたことがわかった。一方で大学の
LMS以外の使い慣れないツールをインストールして使用することを「面倒だ」
と感じていた受講者もおり、SNSの選定の面で課題も残された。

2.2.　インタビュー調査の結果

　次に、アンケートに回答してくれた受講者のうち、9名（日本人学生（JS）8名、
中国人留学生（CS）1名）に対し、授業で行った教育実践について1人約30分ずつ
半構造化インタビューを行った結果を報告する。このインタビューの場面で
は、受講者のchatworkの記録や配付資料をもとに振り返り、具体的なコメン
トを得られるようにした。インタビューでは「この授業を受講して特に印象
に残ったことはありますか」「自分自身の意識の変化を感じたことがあります
か」という質問を行い、そう考える理由についても質問した。ICレコーダー
によって収集したデータを文字化し、既有知識や経験との間でコンフリクト
が生まれた原因、どのようにして問題解決に至ったのか、ディスカッショ
ン、SNSなどの学びを共有する場において、どのような意識の変化があった
のかについて分析し、考察した。

2.2.1.　「動機付け」「内化」「外化」に伴うコンフリクトから深い理解へ

　以下のCS1、JS1の例にあるように、複数の受講者が講義や遠隔セッショ
ンで自分の経験や知識との間にコンフリクト（下線部）が生じていたが、授業
内のディスカッションやchatworkによる意見の共有など、他者との関わりに
よる活動を通して知識を再構築し、より深い理解に結び付けていた。

> CS1（教育工学系）：フィリピンのEPAの話を聞いて「何で日本の税金を使って他
> 国を支援するのか」っていう疑問があって、専門とは違う政治的な問題なのに興味
> を思ってネットでいっぱい調べた。ディスカッションのときも皆に教えてもらって
> chatworkでも日本の学生からコメントをもらって、色々考えて視野が広がりまし
> た。

> JS1（社会学系）：アジア圏の大学の日本語教育機関を訪問する機会があって、その
> ときに（日本語を教える）ノンネイティブの先生の存在を知って「<u>ノンネイティ
> ブの先生が教えていいのか、海外ではそんなに日本語教師がいなくて困っているの
> か</u>」と思っていたんです。でも、ノンネイティブ、ネイティブの先生が現場にいる
> ことにどういう意味があるのか、その役割について授業を通して認識しました。

　次に、これらのコンフリクトの解決に向けて、具体的に一人の受講者がどのような学びのプロセスを経て理解を深めていったのかを以下に述べる。

2.2.2.　学びを共有する場における学習のサイクルとコンピテンシーの強化

　本科目において取り上げた、海外の日本語教育に関する4つのトピックに関連する課題や問題を科目担当者（筆者）、受講者、ゲストスピーカー間で意見を交わす過程で、自己概念の変容がみられたケースがいくつかあった。

　本科目受講者であるJS2は、「日本語母語話者教師と非母語話者教師の協働実践について」をトピックとした第1回目講義後にchatworkに言語は母語話者教師が教えるべきだという趣旨のコメントを書き込んでいた。

JS2：第1回目講義の後に「chatwork」上に書き込まれた振り返り

> 最終的には教える能力の問題だと思います。しかし経験上、私はネイティブの教師
> に比重を置きます。（自分がフランス人教師にフランス語を習った経験から）
> "Cultural Grammar"、文化的文法はネイティブの人が熟知していると思います。な
> まりをなくすためにはネイティブの先生にならったほうがいいです。

　学期終了後のインタビューでJS2はこの自分自身の書き込みについて以下のように振り返っていた。

> 最初、文法にこだわる他の学生が「非母語話者に教えてもらうのでもいい」って
> 言ってて。それに対して「いや、簡単に（非母語話者教師がいいとは）いえないだ
> ろう」と思っていました。

この時点でJS2は、自分が母語話者教師に学んできた経験から母語話者教師が言語教育では望ましいという意識をもっていたが、それに反する他者の意見があったことに反応していた。その後、chatworkにコメントを投稿する際に他者の意見を振り返り、自らの考えを問い直していた。

> 　（授業レビューを書く段階になって）「ちょっと待った！」って考えて。そういえば他の人の（別の）意見もあったなって。言語プラス背景を考えると、簡単に母語話者オンリーとは言えないなって考えるようになって。

　前述のようにJS2の意識の中で、既有知識や経験との間で生まれるコンフリクトがあり、これは、Engeström (1994) の学習のサイクルにおける最初の段階、①動機付けに該当するものであったと考えられる。
　次にJS2は、自分自身の既有知識や経験では対処できない問題として認識したこの課題に対して、身近な他者による客観的な意見を得ようと行動を起こし、議論の中で自分自身の考えに対して振り返りがあった。

> 　実は、家族でも議論になって「母語話者のほうがいいのかな」「いや、それはちょっと待った！」となって。私としては　衝撃的なトピックでした。アメリカではフランス語をフランス人が教えていたので、母語話者の教師が教えるものだと思っていたのですが。

　これは、Engeström (1994) の学習サイクルにおけるコンフリクト解決のための学習の②方向付けに相当すると思われる。ここでJS2は固定化された自分自身の考えに疑問を抱き、葛藤があったと回答している。

> 　自分の中でステレオタイプはないと思っていたのに、もしかしたら、母語話者オンリーっていう考え自体がステレオタイプなのかなとか、自分の考えに後悔というか、改めて振り返るようになりました。そして、家族とも話して整理しようと。

その後、 JS2 は、再び、chatwork に書き込まれた他者の意見を読み、新たな視点を得て、当初の自分の考えを改める段階に至っている。

> 　そして、chatwork の他の意見を見て、非母語話者のほうが言語に対して情熱をもっていたり、新しい観点から見るスキルがあるので（母語話者オンリーとは）一概に言えないな、と思いました。

　ここで JS2 は、他の受講者からの意見により、「一概に言えない」と人の考え方の多様性に気付き、コンフリクト解決のための新たな知識の獲得、つまり、学習サイクルの③内化があった。

> 　（別の授業の韓国人教師を思い出して）非母語話者でもこれだけの授業を提供しているなら、母語話者教師と同じか、もっと意外な気付きとか、違う角度からもってこられるのかなというのがあって。非母語話者と母語話者が授業に取り組むと、より新鮮な感じになるのかなと。

　次に JS2 は、得た知識を他の実例に適用し、コンフリクトの解決を試みており、これは学習のサイクルの④外化に当たる段階であると考える。
　最後に、JS2 は、以下のように授業を振り返っている。

> 　私は難民支援活動もしているので、外国の方をどのように受け入れるか、自分にとっては重要なことでしたし、この非母語話者と母語話者の概念も自分にかなり影響したと思います。

　JS2 のこの振り返りは、学習のサイクルにおいて知識を再構築する⑤批評と、プロセスを振り返り、知識の修正をして次のプロセスに移る際の⑥コントロールに該当すると考えられた。
　実際に、JS2 は第 3 回目の当該トピックを考える最後の回に、母語話者教

師の使用言語ではなく、学習者の学びを重視すべきであるという趣旨を chatwork に書き込んでいた。このことから、第1回目の書き込み後、自己概念に関する意識の変容があったと思われる。

JS2：第3回目講義の後に「chatwork」上に書き込まれた振り返り

> （教師の使用する）「言語」を意識しすぎると難しくなると思います。最終的に円滑な関係をもつためには、相手の趣旨を理解し、自分の趣旨も明確に伝えることが重要だと思います。最終的に大切なのは、学生が日本語をきちんと学んでいるかではないでしょうか。

このように、chatwork 上でも、クラスメイトのコメントを読み、意見に対するフィードバックを得る過程でコンフリクトを解決するプロセスがあったことがわかる。ここでは、遠隔セッションやディスカッション等、意見を共有できる場における多様な他者との「深い関与」を通して、自己概念や特性、動機の変容がみられ、コンピテンシーの強化があったと考えられる。

3. おわりに

本科目は、「内化」と「外化」の両方を取り入れたシラバスデザインを取り入れ、授業では Skype による遠隔セッションおよびビジネス用 SNS による授業レビューなど ICT を利活用したインタラクティブな学習環境を整え、人間力を備えた人材の育成をめざして実践を行ってきた。今回の調査では、受講者がどのように捉えているのか、そこにどのような意識の変化があったのかを明らかにするために、意識調査を行い、その結果を分析した。アンケートの結果からは授業のシラバスデザインや遠隔セッションなどの様々なインプットが刺激となり、理解の深化や学習の動機付けに関わっていることが示唆された。また、インタビューの結果からは、知識を獲得するプロセスにおけるコンフリクトの解決や知識の再構築が確認された。特に、ゲストからの課題を考えるディスカッションなど学習を共有する協働的な活動が学生の「深い関与」を促し、その結果、自己概念や動機、特性の変容がみられ、

キー・コンピテンシーの強化にもつながっていたことが示唆された。この根底には、受講者自らの固定化された考えや価値観が揺らぐほど、教室内外で多くの他者の意見に触れる機会を得られたことが大きく影響していたと考えられる。これは、ICTの利活用によって物理的な「空間」と「時間」の壁が取り去られ (李 2017)、海外であることを感じさせないほど円滑なインターアクションが大学講義の景色を変え、また、受講者の中核的な考えを変える可能性があることを意味する。今後はそのICTによって開かれた「空間」と「時間」の中で、いかに学びの共同体を維持し、関わり、方向性を見出せるかが鍵となっていくだろう。

●関連図書・関連論文の紹介
永田敬・林一雅 (2016)『アクティブラーニングのデザイン—東京大学の新しい教養教育』東京大学出版会
> 大学の授業において、学生自身が主体的に思考をまとめ、能動的に課題を発見し、新しい問いを立てられるような学習環境を提供していくための様々な実践論が紹介してあり、学びのデザインを考える上で参考になる。

岩﨑千晶 (編著)(2014)『大学生の学びを育む学習環境のデザイン—新しいパラダイムが拓くアクティブ・ラーニングへの挑戦』関西大学出版部
> アクティブ・ラーニングを展開するために、授業内ならびに授業外において学習支援をする「ヒト」や、「モノ」の構築を含め、学習環境にどのような配慮が求められるのかについて考察され、ICTを含めた様々な実践教育の事例が紹介されている。

●参考文献
中部地域大学グループ・東海Aチーム (2014)『アクティブラーニング失敗事例ハンドブック—産業界ニーズ事業・成果報告—』一粒書房〈https://www.nucba.ac.jp/archives/151/201507/ALshippaiJireiHandBook.pdf〉
Engeström, Y. (1987) *Learning by expanding: An activity-theoretical approach to developmental research.* Helsinki: Orenta-Konsultit.
Engeström, Y. (1994) *Training for change: New approach to instruction and learning in working life.* Paris: International Labour Office.
李在鎬 (2017)「ネットワークから公共日本語教育学を考える」川上郁雄 (編)『公共日本語教育学—社会を作る日本語教育』pp. 119–200. くろしお出版
松下佳代編 (2010)『新しい能力は教育を変えるか—学力・リテラシー・コンピテンシー』ミネルヴァ書房
松下佳代・京都大学高等教育研究開発推進センター編 (2015)『ディープ・アクティブラーニング—大学授業を深化させるために』勁草書房
Spencer, L. M. and Spencer, S. M. (1993) *Competence at work.* New York: John Wiley and Sons Inc.

6 AIチュータの実現に向けて
誤用例文コーパスデータの構築と
誤用文修正知識の習得

相川孝子・高橋哲朗

要旨

　本稿では、人工知能を用いた日本語学習支援ツール「AIチュータ」の実現に向け、その第1ステップとして行った誤用文・修正文がペアとなって構成されているコーパスデータの構築過程、またそのコーパスを基に習得した文法規則の分析を行う。　このAIチュータは日本語学習者（特に初級〜中級レベルの学習者）の作文によくみられる文法的な誤りを自動的に発見し、それらの修正法を提示することを主な機能とする。前半では、まず、誤用修正のための知識習得を目的に行ったペア・コーパスデータの構築過程、そしてそのデータを基に習得された文法規則などを紹介する。次に、修正文の中にみられた日本語教師間での修正法の揺れについて言及し、どのような言語パタンが教師間での修正法の揺れを引き起こすのか考察する。後半は、ペア・コーパスデータから習得された規則の問題点に触れながら、今後どのようなアプローチでAIチュータのシステムの向上に努めていったらいいか考察する。

キーワード　　人工知能／クラウドソーシング／誤用修正／自然言語処理

1.　研究背景と本研究の位置づけ

　テクノロジーの活用が各領域で進む中、語学教育においても様々なオンライン上での個人学習環境が提供されている。ただ、多くのオンラインツールやアプリは、まだ学習者とシステムとの双方向性（interactivity）に欠ける。そこ

で、語学学習に不可欠な双方向性とは何か、特に学習者の能動的学習（active learning）の支援に注目しながら、日本語学習支援ツール「AI チュータ」の開発に取り組んだ。

このAIチュータは、日本語学習者（特に初級〜中級レベル）が文章を書く際、文法的誤りをリアルタイムで指摘し、その誤りに対しての修正候補を提示する日本語支援ツールであるが、開発の際、最大の課題になったのが、学習者の誤りを修正する日本語の知識をいかに構築するかということであった。この課題に対し、我々が考えついたのは、日本語教師がもっている誤用文の修正知識をクラウドソーシングするという方法である。そこで、日本語教師に誤用例文の作成とその修正という2つの作業を委託し、誤用文と修正文から成り立つペアー・コーパスを構築、そのコーパスデータから修正知識を習得するというアプローチを取った。本稿では、この委託作業の枠組みを「Teacher Sourcing」と呼ぶ。

2. 誤用文–修正文ペアー・コーパスの構築： Teacher-Sourcing

2.1. 誤用文–修正文ペアー・コーパスの作成

日本語学習者の誤用例文のコーパスに関しては、過去、複数の研究がなされているが（寺村1990、大曽（他）1997、Mizumoto,et.al 2011、大山・小野・松本 2012、望月 2012、李 2012、大山（他）2013）、本研究とこれらの先行研究との違いは、本研究では誤用文修正のための知識収集に、Teacher Sourcing の枠組みを使い、誤用文–修正文ペア・コーパスデータを作成したことにある（高橋・相川2016）。

この Teacher Sourcing は、過去2回に渡り行ったが、作業委託を依頼したのは、現在北米で日本語を教えている教師である[1]。表1は、Teacher Sourcing の期間およびその参加者のプロファイルを示す。

Teacher Sourcing の過程としては、まず参加者の教師から初級〜中級レベルの学生が産出する文法的誤用を含む例文200文の作成を依頼した。次に、図1にあるようなWebインタフェースを用意し、収集された誤用例文をWeb上で修正する作業を委託した。Web上での作業過程は、まず、表示された誤用

[表1] Teacher Sourcing参加者のプロフィール

[表1] Teacher Sourcing参加者のプロフィール

	期間	高校・大学教師数	日本語・英語母語話者数
初回	10/1–11/30, 2015	高校教師（2） 大学教師（8）	日本語母国者（8） 英語母国者（1） 日英バイリンガル（1）
2回目	7/1–8/31, 2016	高校教師（4） 大学教師（6）	日本語母国者（6） 英語母国者（4）

文の中で誤っている個所の範囲を指定〈1〉。次に誤用文編集のための画面がポップアップ表示され、そこに修正文を入力し保存〈2〉。最後にその修正パタンを用いて修正された結果が元の画面に表示される〈3〉というものである。

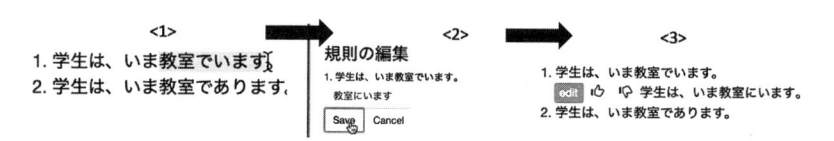

[図1] 誤用例文修正のワークフロー

　上の作業過程に従い、初回のTeacher Sourcingでは、各教師に400文の誤用例文の修正を依頼し、それぞれの誤用文が少なくとも2人の教師によって修正されるようにした。また、2回目の場合は、各教師に800文の修正を依頼し、それぞれの誤用例文が少なくとも4人の教師によって修正されるようにした。

2.2.　修正パタン規則の習得：初回Teacher Sourcingの結果

　2回に渡るTeacher Sourcingで集積された誤用文−修正文ペア・コーパスデータを利用し、誤用文修正知識の習得を試みたわけだが、基本的には、①

のような誤用文と修正文の表層文字列の差を修正パタン規則とし、それをAIチュータにフィードする仕組みである。図2は、Teacher Sourcingによる修正規則の習得過程を図式化したものである。

①*飲みて→飲んで；*行くじゃない→行かない

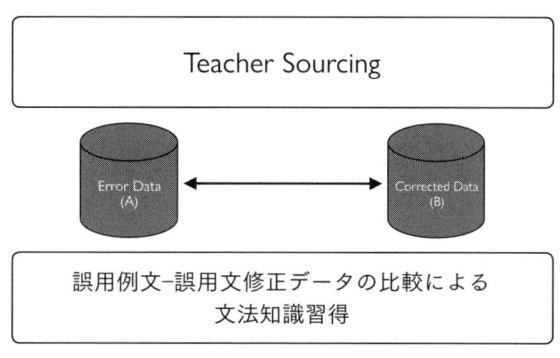

[図2] 修正パタン規則の習得過程

　初回のTeacher Sourcingでは、集積された誤用文–修正文ペアデータ（4,000文ほど）の中で、修正パタンの異なり数が3,766件あり、このうち事例をまたいで再利用可能なもの（即ち、2回以上使われた規則）は、73件ほどあった。初回のTeacher Sourcingから学んだことは、形態素解析を施すことにより、修正規則を一般化する必要性があるということだ。例えば、②にみられるような修正パタン例は、③のような抽象化が可能である。

②*元気かった→元気だった；*きらいかった→きらいだった
③ ［名詞–形容動詞語幹］かった→ ［名詞–形容動詞語幹］だった

　また、「教師による修正パタンの揺れ」という現象も発見した。これについては、3節で詳しく触れるが、初回Teacher Sourcingから得られたデータをみることによって、新しい課題も発見することができた。2回目のTeacher Sourcingは、こうした新しい課題も念頭におき、行った。

2.3. 第2回Teacher Sourcingの結果とその考察

　2回目の Teacher Sourcing によって集積された誤用文は、初回同様2,000文ほどであったが、2回目の場合、教師間での修正パタンの揺れについて細かく分析したかったため、各教師に800文の修正作業を委託した。これにより、収集された誤用文−修正文のペアデータのサイズが増加した訳だが、本来なら8,000件（10人×800文）の修正規則があるはずだったが、重複、修正もれなどがあったため、延べ数7,992件になった。

　この7,992件の修正規則のうち、異なり数は 5,298件。このうち、1度だけ使われた規則の数は3,768件であった。つまり、1,530個の規則が2回以上使われ、4,224件（7,992件 − 3,768件）の誤用例文の修正を行っているわけである。この結果から、出現頻度の高い一定数の修正規則が作成できれば、それらの規則により比較的多くの割合の誤用文を修正できる可能性があることがうかがえる。そこで、2回目に集積された7,992件の修正規則がランダムな順序で作成されたと仮定し、規則の再利用によって新たな規則の追加が不要になる様子をシミュレーションした。図3は、その結果を示す。

　実線は比較対象のために規則の再利用をせずに毎回修正した場合の作成規則の数を表わす (y=x)。これに対し破線は、すでに得られた規則の再利用を考慮し、新規に追加される規則の数のみをプロットした曲線である。図3にお

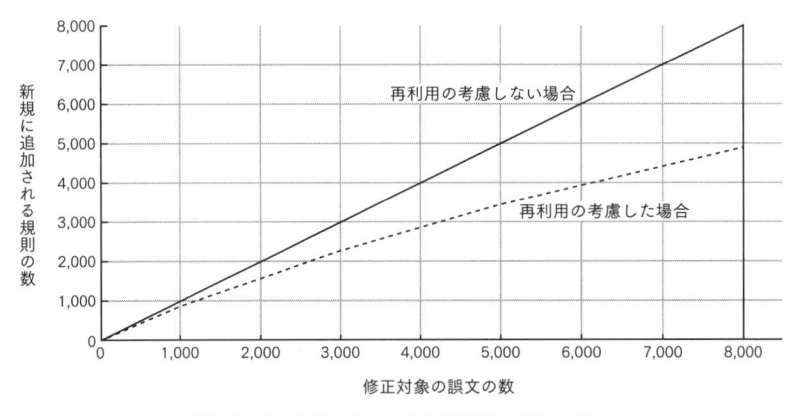

［図3］ 対象文数に対する修正規則数の飽和の度合い

いて、修正規則の追加に伴い、次第に実線と破線の幅が広がっていることから、追加すべき規則の数が鈍化していることがわかる。この結果から、教師が新しい種類の誤りを修正するたびに新しい修正規則が作られ、既知の誤りに対してはAIチュータが教師の代わりに修正できるようになる可能性を示すことができた。ただし、誤り修正のバリエーションは非常に大きいため、すぐにはこの曲線が水平にはならないことが予想される。

3.　教師間での修正パタンの揺れ

　本節では、Teacher Sourcingで収集されたデータから発見された教師間での「修正パタンの揺れ」を下の2つの観点から捉えてみる。

・修正指定範囲の違い
・修正パタンの違い

　「修正指定範囲の違い」というのは、教師が誤用文を修正する際、どこからどこまでを修正範囲として指定するかという問題である (図1にある<1>の過程を参照)。これに対し、「修正パタンの違い」は、実際の修正文字の違いを指す。例えば、④の場合は、修正指定範囲は異なるが、実際の修正パタンには、違いがないケースで、⑤の場合は、修正指定範囲も修正パタンも異なるケースである。

④　　　*私のしゅみは、映画を見るです。(下線部が修正指定範囲を示す)
④a.　*私のしゅみは、映画を<u>見る</u>です。
　　　　[修正文]私のしゅみは、映画を見ることです。
④b.　*私のしゅみは、<u>映画を見る</u>です。
　　　　[修正文]私のしゅみは、映画を見ることです。

⑤　　　*私は、五人家族があります。(下線部が修正指定範囲を示す)
⑤a.　*私は、<u>五人家族が</u>あります。
　　　　[修正文]私は、五人家族です。

⑤b.　　*私は、五人家族があります。
　　　　［修正文］私の家族は、五人います。

3.1.　修正指定範囲の違い

　まず、初回と2回目のTeacher Souringで収集されたデータにおける教師間の修正指定範囲の違いを統計的に調べてみた。どちらの場合も、1つの誤用文に対して複数の教師修正を行ったわけだが、その際すべての教師が同じ範囲を修正対象とした場合を「完全一致」、上記の④aと④bのように、文字単位で部分的に重複がある場合を「部分一致」と判断した。部分一致には、④aと④bのような包含関係だけでなく、複数の修正指定範囲の一部のみが共通している場合も含む。そして完全に異なる範囲を修正指定範囲とした場合に「不一致」と判断した。そして全誤用文を母数とした時の、これら3種類の一致の割合を集計した。表2は、2回のデータにおける修正指定範囲一致率を示す。

[表2] 修正指定範囲一致率

	完全一致	部分一致	不一致
初回 Teacher Sourcing	32%	65%	3%
2回目 Teacher Sourcing	33%	62%	5%

　表2の数値からもわかるよう、教師同士による修正範囲の一致率は、大変低いことがわかる。ただ、ここで一つ注目したいのは、教師の修正指定範囲が一致した場合、同じ修正パタンをとる割合は75%という高い割合になっていた。即ち、教師間で、一旦修正箇所が一致すれば、同じような修正方法を取るという傾向である。

3.2.　修正パタンの違い

　教師間における修正パタンの違いに関しては、次の2つの観点から考察し

てみた。

・修正パタンの揺れと文法項目との関係
・日本語母語教師（ネイティブ）と英語母語教師（ノンネイティブ）との修正法の違い

　最初の「修正パタンの揺れと文法項目との関係」というのは、どんな文法項目が含まれた時、教師間での修正パタンの揺れが多くみられたかという問題である。この問題に対しては、構築した誤用文−修正文ペアー・コーパスから、修正パタンの異なりが多くみられた文を取り上げ、それらの文にどんな文法項目が含まれているかを調べてみた。本稿では、その中で、最も頻度数の高かったもの3項目とその例を表3に挙げる。

[表3] 修正方法の揺れを引き起こす文法項目

文法項目	誤用例文とその修正例
疑問詞	⑥*何プレゼントをあげますか。 ［修正1］どんなプレゼントをあげますか。 ［修正2］何のプレゼントをあげますか。
動詞（テ形）	⑦*オーディオを聞きて、帰ります。 ［修正1］オーディオを聞いてから、帰ります。 ［修正2］オーディオを聞きながら、帰ります。
自動詞、他動詞	⑧*ドアが開けています。 ［修正1］ドアを開けています。 ［修正2］ドアが開けてあります。 ［修正3］ドアが開いています。

　では、どうして上記の文法項目が含まれると修正パタンの揺れが起こりやすいのか。その原因の一つとして、これらの文法項目を含んだ文は、筆者の意図が掴みにくいということが考えられる。例えば、⑥の誤用文の場合、筆者の意図が、ⓐプレゼントのタイプを聞いているのか、またはⓑプレゼントの目的を聞いているのか、わからない。もし、筆者の意図がⓐの場合は、修正1が、ⓑの場合は、修正2が考えられるが、コンテキストがないため、筆

者の意図がわからず教師間での修正パタンの揺れが生じると仮定される。⑦の場合も、この誤用文からだけでは、筆者の意図がわからない。動詞 (テ形) の用法は、ⓐ時間的前後関係を示す継起用法もあれば、ⓑ付帯状況的に後続の動作を修飾する付帯用法もある (吉永 2012)。もし、筆者の意図がⓐの場合は、修正1が適当であるが、ⓑの場合は、修正2の方が適当となる。同様に、⑧のような自動詞・他動詞を含んだ誤用文も、一文からだけでは筆者の意図が読み取れないので、教師間での修正パタンの揺れが生じると仮定される。

　次に「日本語母語教師 (ネイティブ) と英語母語教師 (ノンネイティブ) との修正法の違い」についてだが、まず一つの傾向として、表4に示すように、ネイティブ同士、またはノンネイティブ同士の場合は、その修正パタンの一致率が比較的高い。

[表4] 修正パタン一致率の違い

ⓐネイティブ同士の一致率	36.97%
ⓑノンネイティブ同士の一致率	39.37%
ⓒネイティブとノンネイティブの一致率	32.22%

　また、ノンネイティブが行った修正文には、英語からの言語転移 (language transfer) の影響がみられる場合がある。例えば、⑨の誤用文に対してネイティブは、⑨aのような「象は鼻が長い」文型 (三上 1960)、または⑨bのような所有格を使っての修正法をとるが、ノンネイティブの修正には、⑨cのように英語からの影響がみられる[2]。⑩のような存在文のパタンを含んだ誤用文にもネイティブとノンネイティブの差がはっきり現れてくる。

⑨　　[誤用文] *シンさんは、長い髪がです。
⑨a.　[修正1]　シンさんは、髪が長いです。[ネイティブ]
⑨b.　[修正2]　シンさんの髪は、長いです。[ネイティブ]
⑨c.　[修正3] ??シンさんは、長い髪があります。[ノンネイティブ]

⑩　　［誤用文］*私は、家族が五人あります。
⑩a.　［修正1］　私は、五人家族です。［ネイティブ］
⑩b.　［修正2］　?私は、五人家族がいます。［ノンネイティブ］[3]

　こうしたネイティブとノンネイティブの修正パタンの差は、文法性の容認
度の問題（ナガラ1988）にも繋がり、今後言語学的観点からもう少し深く分析
していきたい。

4.　規則の限界とその対策

　本節では、現在のAIチュータが直面している修正規則の問題点、また、そ
れらの問題点に対しての今後の対応策について述べる。

4.1.　カバレッジの限界

　まず、最初に取り上げられる問題は、カバレッジの問題である。これは、
現在の修正規則が、コーパスデータに含まれる誤用文・修正文に基づく表層
文字配列の変換ルールであるため、コーパス内にある誤用例のケースは対処
できるが、データ内にないケースは対処できないという限界である。例え
ば、⑪のような形容動詞「きれい」を含む誤用例は、コーパス内にあるので
対処できるが、全く同じ誤用パタンである⑫のケースは、コーパス内に形容
動詞「妥当」を含む誤用例がないため、対処できない。

⑪　*あの部屋はきれいなです。→あの部屋はきれいです。［対処可能］
⑫　*この問題は妥当なです。→*この問題は妥当なです。［対処不可］

　この問題に対しては、第2節でも述べたように、形態素解析を施し、表層文
字配列に頼っている修正規則をより一般化させることを考えている。例え
ば、⑪のような修正パタンは、我々のコーパス内に多くある。⑬はその一部
を示したものだが、こうした例から、形態素解析の情報を利用し、⑭のよう
な一般修正規則を学ぶのは、決して不可能ではない。

⑬　*元気なです→元気です；*有名なです→有名です；
　　　*ヘルシーなです→ヘルシーです；*好きなです→好きです
⑭　［名詞–形容動詞語幹］なです→［名詞–形容動詞語幹］です

4.2.　コンテキストの配慮

　次に、どんなコンテキストで、どの規則が適用可能であるか判断ができない という問題である。例えば、⑮の修正規則は、⑮aのコンテキストでは適用可能だが、⑮bの場合、適用されるべきではない。同様に、⑯の規則も⑯aでは適用可能だが、⑯bの場合、適用されるべきではない。

⑮　　食べてあります→食べています
⑮a.　*ごはんを食べてあります。→ごはんを食べています。
⑮b.　ごはんが食べてあります。→*ごはんが食べています。

⑯　　買ってくれました→買ってあげました
⑯a.　*山田さんはトムに本を買ってくれました。→山田さんはトムに 本を買ってあげました。
⑯b.　山田さんは私に本を買ってくれました。→*山田さんは私に 本を買ってあげました。

　この問題は、現在のAIチュータが入力文のコンテキストを無視し、一律に、文字配列による規則を適用してしまうためで、⑮bや⑯bにみられるように、正文を非文にしてしまうという危険も齎し、真剣に取り組んでいかなければいけない。ただ、「コンテキストの理解」は、自然言語処理の分野でも難題であり、今後我々にとっても、大きなチャレンジとなると考えられる。この課題に対しては、機械学習、特に自然言語処理の分野で大きな成果をあげているニューラルネットワークなどを利用し、コンテキストを考慮しながらの誤用修正が可能になるよう研究を進めたい。

4.3. 日本語教師からのフィードバック

修正規則のカバレッジとコンテキストの問題は、自然言語処理、機械学習など「コンピューターの力」を借りながら改善に努めると同時に、日本語教師からのフィードバックも利用しながら、修正規則の洗練を試みたい。

4.3.1. サムズアップ・ダウンの機能

上でも述べたように、現在のシステムから提案される修正候補には、正しいものあれば、間違ったものある。教師たちは、図4にあるような「サムズアップ・ダウン」の機能によって、提案された修正候補の良し悪しを振り分けることが可能である。このサムズアップ・ダウンの数を記録し、統計的にサムズダウンが多いものを削除していけば、誤った修正規則はシステムからなくなり、自然に規則のクリーンアップがなされる。即ち、日本語教師からのフィードバックが、直接システムの修正規則の洗練に繋げられるわけである。

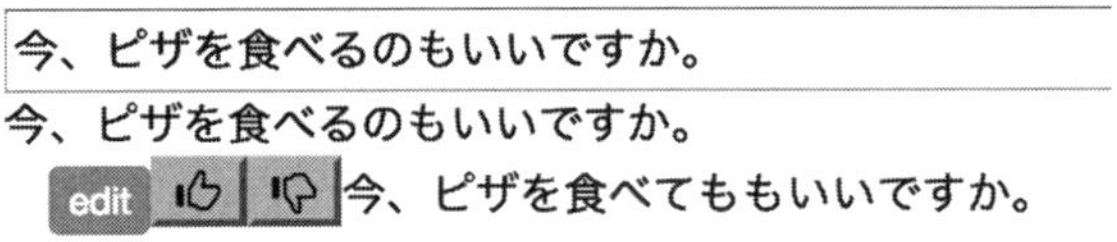

今、ピザを食べるのもいいですか。
今、ピザを食べるのもいいですか。
edit 👍 👎 今、ピザを食べてももいいですか。

[図4] サムズアップ・ダウンによるフィードバック機能

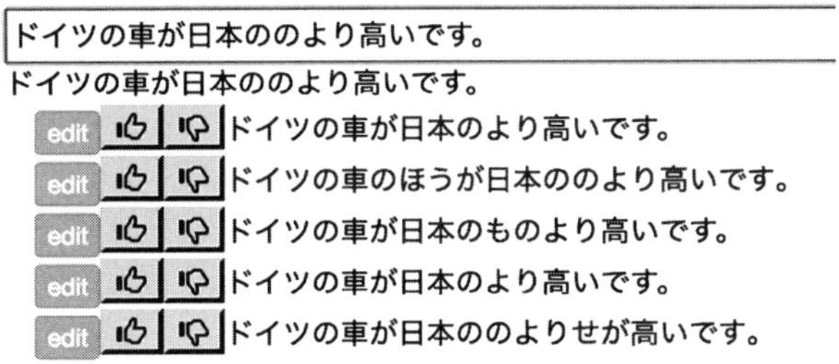

ドイツの車が日本ののより高いです。
ドイツの車が日本ののより高いです。
edit 👍 👎 ドイツの車が日本のより高いです。
edit 👍 👎 ドイツの車のほうが日本ののより高いです。
edit 👍 👎 ドイツの車が日本のものより高いです。
edit 👍 👎 ドイツの車が日本のより高いです。
edit 👍 👎 ドイツの車が日本ののよりせが高いです。

[図5] 複数の修正候補提示

また、AIチュータから提案される修正は、必ずしも1つとは限らない。例えば、図5にあるように複数の修正文が提案されることがある。このような場合、サムズアップ・ダウンからの統計を利用し、「修正文のランク付け」も可能である。

4.3.2.　規則の編集機能

　教師からのフィードバックメカニズムのもう1つの機能として、「規則の編集機能」がある。この機能は、教師に新しい修正文を入力してもらい、修正ルールを増やしていくという能動的なフィードバック方式である。現在のAIチュータは、図6にあるような編集機能を備え、教師からの新しい修正規則が自動的にシステムの方に入るようになっている。今後、こうしたクラウドソーシングによる「人間の力」によっても、より洗練された修正規則の蓄積が可能になっていくことを期待する。

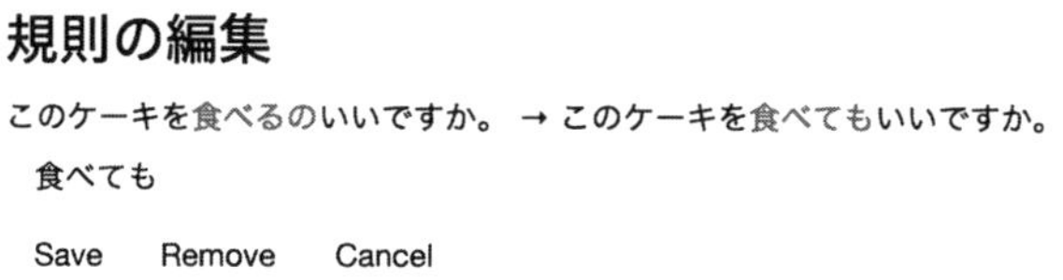

規則の編集

このケーキを食べるのいいですか。 → このケーキを食べてもいいですか。
　食べても

Save　　Remove　　Cancel

[図6] 複数の修正候補提示

5.　おわりに

　本稿では、Teacher Sourcingによる誤用文−修正文のコーパスデータから習得した誤用文修正知識を基にした日本語支援ツール、AIチュータの紹介をしたが、このプロジェクトは、「日本語教師とテクノロジーの協働作業」ということで、日本語教育と自然言語処理という2つの分野の架け橋にもなると期待される。日本語学習者が一体どのような誤りを産出するか、またそれをどのように修正したら日本語教育の観点から妥当なのか。これらの知識は、日本語教師のみがもっているエキスパート知識であり、AIチュータは、この日

本語教師のエキスパート知識と自然言語処理技術との協働作業の賜物である。

　今後の研究課題としては、AIチュータのカバレッジと精度の向上である。これらの問題に対しては、第4節でも触れたが、次の3つの観点から対処していきたい。

・形態素解析を踏まえた修正規則の一般化
・機械学習、ニューラルネットワークなどのテクニック利用
・ユーザーフィードバックによる規則の洗練

　ただ、ここで大切なのは、データ確保の問題である。新しいテクニック、特に機械学習、ニューラルネットワークなどを交えることにより、コンテキストを踏まえた上での誤用修正ができるようになることを期待するが、こうしたテクニックには大量の訓練データが必要となり、今後いかに誤用−修正のペアデータを確保していくかが問題解決の大切な鍵となる。その意味でも、いちはやくAIチュータをより多くの人に利用してもらい、本格的なクラウドソーシングによるデータ収集を行いながら、システムの精度を向上させていくという環境を整えていかなければいけない。

　さらに、今後AIチュータを普及させるために不可欠なのは、AIチュータの日本語学習者の作文能力に対するインパクトの評価である。このためにも、将来的にはAIチュータに誤用修正をさせるだけでなく、学習者にとって本当に有意義なスキャフォールディング（scaffolding）となるような情報をフィードバックとして出せるような支援ツールにしていきたい。

●注

1　研究における Teacher sourcing は国際交流基金ロサンゼルス文化センターからの助成を受けて行ったものであり、ここに感謝を記したい。

2　英語の場合、「have long hair」というように have 動詞を使う。故に、ノンネイティブの修正に「ある」動詞が使われると仮定される。

3　Abe（2016）は、この文は非文として取り扱かっている。Abe は、この原因を数量詞と集合名詞の「家族」の共起に委ねている。

●関連図書・関連論文の紹介

黒橋禎夫（2015）『自然言語処理（放送大学教材）』放送大学教育振興会
　　基礎的なテキスト処理から構文や文脈の解析、そして機械学習などの応用など自然言語処理の概要が網羅的に説明されており、自然言語処理の全体像をつかむために適している。

市川保子（編著）（2010）『日本語誤用辞典—外国人学習者の誤用から学ぶ日本語の意味用法と指導のポイント』スリーエーネットワーク
　　外国人学習者が産出する誤用を日本語学的な観点から捉え、細かく解説している誤用例文の辞書。日本語教育の立場から、どのような指導を施したら効果的かという説明も細かくなされ、日本語教育に携わる者にとって、必見の書である。

益岡隆志・田窪行則（1992）『基礎日本語文法・改訂版』くろしお出版
　　品詞や活用などの日本語文法における基礎が網羅的にまとめられている。本稿で述べた語句のパタンを理解するために有用である。

●参考文献

Abe, Yasuaki. (2016) An Exploratory Essay on Error Analysis. In *Nanzan Studies on Japanese Language and Culture Volume 16*, pp. 1–14.

ラガナ，ドメニコ（1988）『これは日本語か』河出書房新社

李在鎬（2012）「コーパス分析に基づく構文研究」澤田治美（編）『ひつじ意味論講座第2巻 構文と意味』pp.241-265，ひつじ書房

三上章（1960）『象は鼻が長い—日本文法入門』くろしお出版

Mizumoto,Tomoya, Mamoru Komachi, Masaaki Nagata, and Yuji Matsumoto. (2011) Mining revision log of language learning sns for automated japanese error correction of second language learners. In the 5th International Joint Conference on Natural Language Processing (IJCNLP), pp. 147–155.

大曽美恵子・杉浦正利・市川保子・奥村学・小森早江子・白井英俊・滝沢直宏・外池俊幸（1997）「日本語学習者の作文コーパス—電子化による共有資源化」『言語処理学会第3回年次大会論文集』pp. 131–145.

大山浩美・小町守・松本裕治（2012）「日本語学習者の作文における誤用タグつきコーパスの構築について—NAIST 誤用コーパスの開発」『テキストアノテーションワークショップ予稿集』pp. 1–8.

大山浩美・小町守・藤野拓也・松本裕治（2013）「日本語学習者の作文におけるエラータイプの自動分類へ向けて」『第3回コーパス日本語ワークショップ予稿集』

髙橋哲朗・相川孝子（2016）「日本語学習支援のためのコーパス構築システム」『第22回言語処理学会年次大会発表論文集』pp. 689–692.

寺村秀夫（1990）『外国人学習者の日本語誤用例集』大阪大学: データベース版、国立国語研究所

吉永尚（2012）「テ形節における統語的考察」『園田学園女子大学論文集』46: pp. 113–123.

第2部

実践編

7 反転授業を意識した教材開発のための実践授業

石﨑俊子

要旨

　筆者は日本語教育専攻の大学院の授業で日本語CALL (Computer Assisted Language Learning) 教材開発を目的とした実践授業を行っている。小川 (2015) は反転授業の広がりを受けて日本語教師は授業全体を設計する能力 (授業デザイン力) を身に付けておく必要性、ビデオ教材に対する認識の転換の必要性、さらに、ビデオ教材そのものの作成の必要に迫られていると言及している。この授業では前述のビデオ教材の作成、特に動画コンテンツの制作を重視した内容になっており、最終プロジェクトでは反転授業に利用できる動画を組み込んだCALL教材を作成した。本稿では、日本語教師をめざす学生がどのような目的をもって教材開発の授業を受講し、授業の中でどのような部分に困難さを感じ、どのような成果を達成できたかをインタビューを通して検証した。そして、この実践授業が将来の教師トレーニングの一環としてどのように位置づけられるかを考察した。

キーワード　反転授業／動画コンテンツ／教師トレーニング／教材作成

1.　実践の概要

　筆者は名古屋大学の日本語教育専攻の大学院の授業で、反転授業を意識した日本語CALL教材の開発のための実践授業を2016年4月より2017年2月まで毎週90分30回行った。また、同様の内容の授業を2017年8月と9月に京都

外国語大学で集中講義として15回の短縮で行った。最近の反転授業の広がり
を受けて日本語教師はオリジナル教材を作成する必要に迫られており、反転
授業に利用できるCALL日本語教材を作成することを授業の最終目的とした。

2.　反転授業とは

　反転授業とは、授業と宿題の役割を「反転」させ、授業時間外にデジタル
教材等により知識習得を済ませ、教室では知識確認や問題解決学習を行う授
業形態のことである。こうした反転授業を導入することによって次の3つの
利点が考えられる。①授業に先立ちビデオ教材などの学習を課すことによ
り、授業時間外の学習を促し、学生の学習時間を実質的に増加させる、②講
義のために費やされていた授業時間の多くを、学んだ知識の確認や協同学習
に充てることが可能、③授業内の学習活動と同時にオンライン学習を促すこ
とにより、短期間で同じ効果をあげられ、学習の進度を早めることが可能 (重
田2013: 681–682)。一方、課題として十分な質と量のオンライン教材の整備がさ
れていないという現状がある。英語圏においては様々なオープン教材が提供
されているものの、日本語のオープン教材はまだ限られている。したがって
教師が作成したオープン教材を教師の間で容易に共有し検索できるような、
オープン教材向けリポジトリの整備が問われている (重田2013: 682)。

3.　反転授業を意識した日本語CALL教材開発の授業

　上記の反転授業の課題を受け、筆者は日本語のオープン教材を充実させる
ためにはICT (情報通信技術) を用いた教材を作成することができる人材を養成
する必要があると考えた。そこで、名古屋大学の日本語教育専攻の大学院の
授業科目として反転授業を意識した日本語CALL教材の開発を取り入れるこ
とにした。古川・手塚 (2016) の行った実践結果から反転授業は講義動画に練
習問題を加えた教材で予習をさせるのが効果的だということを踏まえ、動画
コンテンツ＋練習問題という形のCALL教材の開発を最終目的として授業を
進めた。

3.1. 授業の目的

　30回の授業を通して受講者は動画撮影と編集、およびデジタル教材作成の方法を学び、その知識を駆使してコンピュータ支援日本語学習教材の開発を行う。どのような場合にどのような媒体をどのように利用すれば効果的な教材を開発することができるかを見極める能力と開発技術を得ることが目的である。

3.2. 授業の内容

　このコースは前期と後期に分かれており、それぞれ90分授業を15回行った。前期・後期ともに受講に必要な知識とスキルはWordとExcelの操作だけである。プログラミング技術がなくても教材開発ができるように授業が構成されているので、コンピュータ操作が苦手な学生でも受講可能である。また、各受講者にコンピュータ1台ずつを準備し、実際に教材を作成するというハンズオンセッションの形態で行った。

　前期では動画の撮影、編集を主に行い、後期ではhtml[1]とPowerPoint（以下、PPTとする）を中心に教材開発を行った。15回の集中講義では動画の撮影、編集を簡易なものにし、教材開発を中心に授業を行った。

3.2.1. 前期の授業内容

　前期では日本語コンピュータ教材がどういうものかという説明に続いて、主に動画のコンテンツを制作した。内容としては、①カメラ、編集ソフト（Adobe Premiere）の使い方をそれぞれ90分のハンズオンセッションで学内のメディアセンターで受講、②動画コンテンツ内容および構成を考える、③撮影、④編集、⑤発表の流れで進めた。動画の撮影は1人ですることは困難なので2人から3人のグループで2つから3つの5分程度の動画コンテンツを制作した。

　上記の内容に加え、語学教材としての動画の撮影と編集の留意点を知っておく必要があるので、撮影と編集をする前に次のような指導を行った。撮影時には①ジェスチャーや口の動きを明確にするために人物はミディアム

ショット[2]もしくはアップショット[3]を使用する、②ミディアムやアップショットを多く取り入れると手ブレが目立つので必ず三脚を利用し、手ブレが起こらないようにする。また、手ブレの起こりやすいパン[4]やズーム機能をなるべく使わない。編集時に関しては①トランジション[5]の乱用に気をつける。必要以上にトランジションを使用すると視聴者を混乱させてしまうので、トランジションは基本、時間の経過を表すフェードアウトもしくはフェードインの使用のみに留めておいたほうがよい、②学習者の目に今まで触れたことのない物（例えば、ういろ、お守りなど文化的な背景のある物）は大きく取り上げるようにする、など気を付ける必要がある。

　また、反転授業の動画コンテンツは理想5分まで、長くても10分（井上2014: 32、古川・手塚2016）とされていることから、多くのインフォメーションをいかにわかりやすく短くまとめるかを考慮しながらコンテンツを制作することが重要ということも実践を通して学ぶ。

[表1] 前期のスケジュール

週	学習項目	授業の内容
1	授業の説明	今までの動画教材の紹介
2	htmlを利用した授業1	NIHONGO e な（http://nihongo-e-na.com/jpn/）で公開されている教材を選んで教案を書く
3	htmlを利用した授業2	上記の教案に基づいて授業を行う
4	動画の内容についてディスカッション	今学期制作する動画をグループに分かれて相談し、決定する
5	動画のスクリプトの作成1	グループで5分以内のスクリプトを考える
6	動画のスクリプトの作成2	出演者、カメラマン、必要な道具などを決める
7	動画編集ライセンスの取得	カメラおよび編集ソフトの使い方を習得
8	動画の絵コンテの制作	セリフごとに絵コンテを制作
9	動画の撮影1	1グループずつ撮影
10	動画の撮影2	1グループずつ撮影
11	動画編集1（動画撮影の予備）	ビデオカメラからコンピュータに動画を取り込む
12	動画編集2	動画の切り貼り
13	動画編集3	動画の切り貼り
14	動画編集4	音楽を入れる、色の修正
15	動画教材の発表・評価	発表と評価

これまで授業で制作した動画は「反転授業のためのビデオ（https://meidainihongo. wixsite.com/hantenvideo）で視聴可能である。

表1は1週間ごとの前期のスケジュールである。宿題は特に設けていないが、動画編集は時間がかかるので授業時間外でも発表の期日に間に合わせるため行った。

3.2.2. 後期の授業内容

後期は3つの教材作成プロジェクト（プロジェクトA-C）に取り組んだ。詳細は表2の通りである。

前半はhtml、PPTを利用した教材作成をするかたわら問題を作成するツール Quiz Generator（https://quizgenerator.net）や音声編集ソフト Audacity（http://www. audacityteam.org）などの使用方法を学んだ。無料ツールで手軽に教材を作成するということを心がけているので、授業では動画編集ソフト以外は全て無料で

[表2] 後期のスケジュール

週	学習項目	授業の内容
1	授業の説明	日本語 CALL 教材の紹介
2	html による教材作成 1	マニュアルよる html ページの作成（html タグの説明）
3	html による教材作成 2	ソフトを利用した html ページの作成
4	html による教材作成 3	プロジェクト A（読解のオリジナル教材作成）
5	html による教材作成 4	プロジェクト A の発表と評価
6	PPT による教材作成 1	アニメーション機能の説明
7	PPT による教材作成 2	アニメーション機能を応用した問題作成
8	PPT による教材作成 3	プロジェクト B（文法のオリジナル教材作成）
9	PPT による教材作成 4	プロジェクト B の発表と評価
10	最終プロジェクト 1	反転授業の説明、プロジェクトのテーマ、教材全体の構成および動画の構成を考える
11	最終プロジェクト 2	動画の撮影および編集
12	最終プロジェクト 3	動画の撮影および編集
13	最終プロジェクト 4	プロジェクト C（反転授業を意識した日本語 CALL 教材の作成）
14	最終プロジェクト 5	プロジェクト C 続き
15	最終プロジェクト 6	プロジェクト C の発表と評価

ダウンロードできるツールを使用した。後半は前半で扱ったツールから自分が選択したテーマに適切だと思うものを選んで最終プロジェクトに臨んだ。ここで反転授業について説明し、反転授業を意識した日本語CALL教材を作成した。言わば、前期と後期で習得した知識と技術を活かす集大成の場となった。

3.3.　完成した教材の例

　プロジェクトAとプロジェクトBは反転授業を意識せずにhtml教材とPPT教材の開発の技術を習得することと、実際に教材を作成してどのような内容にどのような媒体をどのように利用すればよいかを考えることを中心に行った。プロジェクトCでは授業で得た技術と知識を駆使して反転授業に効果的とされる動画コンテンツ＋練習問題の教材を作成した。

　プロジェクトAはhtmlによる読解教材を作成した。到達目標としては①htmlソフトを利用して読解の文章と写真および画像を効率よく学習できるように文字の大きさや画面のバランス、画像などの配置を考えながら作成すること、②ソフトを利用して選択、穴埋め、並び替え、drag & dropなどの問題を作成することである。ネット上でhtml編集ソフトを検索すると様々な編集ソフトが見受けられるが、大半のソフトは商業用のものでアカデミックなコンテンツには利用しにくい上、デザイン重視なので自由度が少なくなってしまう。筆者が数多くある中から選択し、授業で利用しているのはMicrosoft Expression Web 4 (https://www.microsoft.com/en-us/download/details.aspx?id=36179) である。これはワードの要領で簡単に操作でき、白紙からスタートして自由にコンテンツを作っていくことが可能なので、学習教材の作成には最適である。htmlの画面はPPTに比べ、 1画面に多くの情報を入れることが可能であり、また、Quiz Generatorなどの問題作成ツールを利用して問題を作成すれば、自動採点ができるという利点がある。下の図1は受講者が実際に作成したプロジェクトAの例である。左は読解本文で、右はQuiz Generatorを利用した練習問題である。

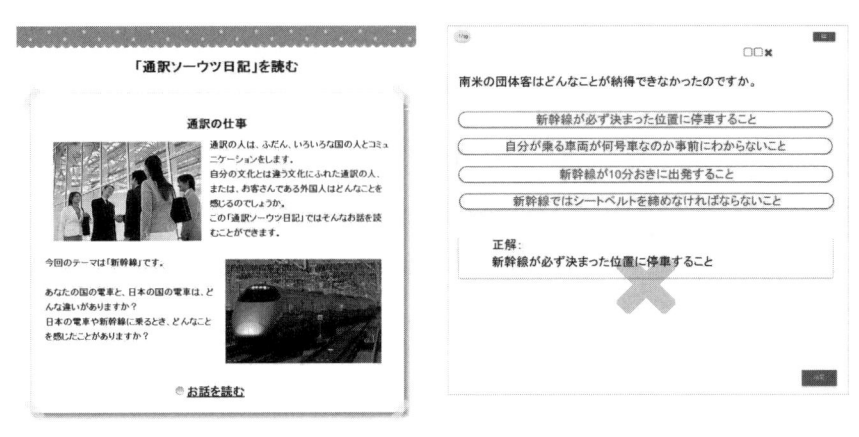

[図1] プロジェクトA

　プロジェクトBはPPTによる文法教材を作成した。文法項目を1つ選びその説明と問題を作成するというものである。到達目標はプロジェクトAとほぼ同じだが、問題作成はPPTのアニメーションを利用し、正誤、選択、マッチング、穴埋めなどを作成する。PPTの特徴はアニメーション機能で文字や図等を順次に表示できることと、音声や動画を容易に挿入できる点である。

　プロジェクトCでは、反転授業を意識した教材を作成した。使用ソフトもコンテンツの選択も学生に任せると、PPTを使った文法の教材作成を選択する学生が多くみられた。これは動画を扱う反転授業の教材はPPTの方が操作が簡単で、また、文法は問題が作成しやすいからではないかと思われる。図2は受講者のプロジェクトCの一部分である。

　どちらの教材も初級の文法を扱っており、動画を見て答える仕組みになっている。この前後のスライドに文法の説明が入っており、動画入りの全部のスライドを学習すると10分前後になる。

4.　インタビューによる検証

　2016年度の受講生は8人で学期終了後1人ずつ約30分のインタビューをし、どのような目的をもって教材開発の授業を受講し、授業の中でどのよう

動画③の説明

（下の[a.]と[b.]はどちらが正しいですか。）

動画②は、
本当に〔×a.落ちました。〕
　　　〔◎b.落ちませんでした。〕
動画③は、
本当に〔a.落ちました。〕
　　　〔b.落ちませんでした。〕

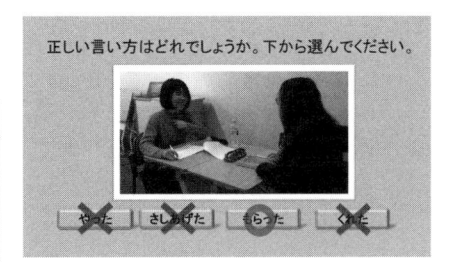

[図2] プロジェクトC

な部分に困難さを感じ、授業を通してどのような成果が達成できたかを検証した。さらに2017年夏に京都外国語大学の集中講座で同様の授業を15回に短縮して行った3名の結果も合わせて11名で検証した。

4.1.　受講目的

11名中10名がコンピュータ教材の開発に興味があり、教材を実際に作成してみたかったと回答した。1人が教材開発なら紙媒体でも何でもよかったと回答した。コンピュータ経験としては全員がWord、ExcelおよびPowerPointの簡単なアニメーションを利用したことがあり、そのうち3人がhtmlを学習したが覚えていないと回答した。また、集中講義の3人は全員、日本語学校でPPTを利用して授業を行っており、この授業で自身のコンピュータ教材作成のスキルの向上を目的としていると答えた。

4.2.　困難さを感じた点とよかった点

受講者が授業で扱った内容は未習のものであったにもかかわらず、全員が特に困難さを感じたところはなかったと回答した。あえて言うなら、動画の編集が難しかったと答えた受講者が2人、htmlの編集技術とオリジナルの教材のテーマを決めることが難しかったと答えた受講者が1人ずついた。よかった点としては1人ずつにコンピュータが与えられ、教師ともう1人のTAが質

問にいつでも答えられる授業体制という回答が多かった。集中講義の方は今回は3人と受講数が少なかったため、ひとりひとりに十分なケアがされていたと全員が回答していた。このことから、受講生の多くが動画編集の経験がなくても、反転授業の教材作成に関して特に困難さを感じていなかったことがわかった。

4.3. 役に立った点

　名古屋大学の受講者全員が教師としての経験がないので、授業で学習したことがすぐに役に立つがどうかはわからないが、コンピュータを操作する不安がなくなり、CALL教材作成に自信がもてるようになったと全員が回答した。京都の集中講義の受講者はPPTのアニメーションをはじめ今まで知らなかった機能や、オンライン問題作成ツールなどの便利なツールの紹介が大変役に立ったと回答した。やはりPPTを普段から使用して日本語を実際教えているということからコンピュータに対する不安や自信というよりも実践的な観点からみていることがわかった。また、両方の受講者ともに反転授業については殆ど知識がなく反転授業に興味をもったという感想が多くみられた。

5.　課題

　バーグマン (2014:11) は教員のテクノロジーを活用したオンラインの学習支援に加えて、知識の定着や応用力の育成を重視したインタラクティブな教授法を学ぶ必要があり、教員養成や研修等の組織的な取り組みが求められるようになるだろうとは指摘している。今回の実践で、最終プロジェクトである反転授業に利用できる教材を受講者全員が完成させたわけだが、それをどのように活用するかまでは追求できていない。教材を作成するだけではなく、教材の活用法も学び、それが再び教材に反映されるようなトレーニングが必要である。従って、これからの授業にそのような要素も取り入れていきたいと考える。

6. 実践を振り返ってみて

この実践授業を通して、プログラミングができなくてもPPTの様な身近なソフトやダウンロード可能な無料のソフトで反転授業のためのオリジナル教材が手軽にできるという自信は、これから積極的に教材を開発していくための大きなきっかけとなると確信した。受講者には引き続き質のよい教材を多く開発し、是非、オープン教材向けリポジトリの整備に貢献して欲しいと願っている。

ICTは高度化・多様化しており、これに対応した専門的な知識および技能を有する日本語教師が求められている。今後は、筆者が行っている授業を教師トレーニングの一環として学内の授業だけではなくハンズオンワークショップ等の形で開催し、学外でも行っていきたい。動画の撮影や編集などを含む教材開発ができる人材の育成をすることにより、日本語CALL教材のコンテンツの充実にも繋がっていくと強く思う。

●注
1　hypertext markup language の略。インターネットのwwwのホームページを作成するための言語。
2　ミディアムショットは人物に対して頭の先から腰、太腿あたりにかけて写すフレーミング。
3　アップショットは頭の先から肩のあたりにかけて写すフレーミング。
4　パン（pan）は、映像の撮影技法の1つで、カメラを固定したまま、フレーミングを水平方向、または垂直方向に移動させる技術。
5　ビデオ編集する際に、カットとカットの間に挿入する切り替え効果のこと。フェードイン、フェードアウト、ワイプ、オーバーラップなど、様々な効果がある。

●関連図書・関連論文の紹介
森朋子・溝上慎一（2017）『アクティブラーニング型授業としての反転授業』ナカニシヤ出版
　反転授業に取り組んだ実践者のプロセスの記録である。実践を通してしかわからない試行錯誤、様々な気付きや問題が大変わかりやすく書かれており、反転授業の導入を考えている教師には是非とも読んでいただきたい1冊である。

●参考文献

バーグマン，ジョナサン、アーロン・サムズ（著）、山内祐平・大浦弘樹（監修）、上原裕美子（翻訳）(2014)『反転授業』オデッセイコミュニュケーョンズ

古川智樹・手塚まゆ子 (2016)「日本語教育における反転授業実践―上級学習者対象の文法教育において」『日本語教育』164: pp. 126–141.

井上博樹 (2014)『反転授業実践マニュアル』海文堂出版

小川勤 (2015)「反転授業の有効性と課題に関する研究―大学における反転授業の可能性と課題」『大学教育』12: pp. 1–9.

重田勝介 (2013)「反転授業　ICTによる教育改革の進展」『情報管理』56 (10): pp. 677–684.

8 インターネットを活用した異文化間コミュニケーション能力育成をめざした日本語学習活動

ショー出口香

要旨

　本稿は、インターネットと既存ツールの活用により、大学での各レベルの日本語コースにおいて、異文化間コミュニケーション能力育成をめざした活動が、いかに異なる形態で可能となるかを提案する。異文化間コミュニケーション能力育成とは、ACTFL (American Council of the Teachers of Foreign Language) の *World-Readiness Standards for Learning Languages* (2015) によれば、学習者が、学習言語を用いて文化に関する調査と説明を行い、学習対象の文化と自己の文化との比較を通して、異文化理解と考察を深めていくことを目標としている。この能力は、特定の段階に従って一律に向上していくものではない。むしろ、個々の学習者が異なる変化を続ける、多様なプロセスとして捉えられる。本稿は、以上の考えに基づいて開発した「調査」「説明」「考察」活動例を、大学の3つコースでどのように実践したかを報告する。

キーワード　異文化間コミュニケーション能力／インターネット／既存のツール／学習言語能力別

1.　実践の概要

　本稿は、インターネットと既存のツールを効果的に活用することで、異文化間コミュニケーション能力育成をめざした学習活動が、異なるレベルの日本語クラスのカリキュラムに、どのように組み入れられるかを報告する。特に、財政面、人材面、ICT利用とそのサポート面、そして日本人との交流機

会に限界のある日本語教育現場を想定している。

　ここで報告する活動例は、アメリカにある文科系カレッジの日本語プログラムにおいて、2015年以来実施されている。当校の教育目標の1つは、他者（異文化圏の人々）と交流できる知識と能力をもった人材の育成（*Graduate will be able to demonstrate intercultural knowledge and competence in interactions with others*）である。4学期目の外国語コースが、この目標達成に必須のコースと見なされている。しかし、当校が位置する市近郊には日系企業が少なく、地域の日本人コミュニティーも小さい。また、日本からの留学生も、毎年1人いるかいないか程度である。さらに、当校の日本語プログラムは、常勤教員1人が全ての日本語コースを担当している。よって、日本語を勉強している学生が、キャンパス内外で、実際に日本人と交流をもつ機会は非常に限られている。このような学習環境で、日本語1年目（初級）、2年目（中級）、4年目（上級）の各日本語クラスの学生が、インターネットと既存のツールを利用して、日本文化および日本人との意味のある交流（meaningful engagement）にどのように取り組んだかを紹介する。

1.1.　異文化間コミュニケーション能力

　近年、外国語教育では、言語の4技能習得と、対象言語を適切に用いて対話が行える能力の育成に加えて、異なる価値観をもった人々とも、積極的かつ建設的に対話を続けようとする意欲と寛容さを培うことも重要だ、と考えられてきている。この異文化圏の人々との共生に積極的に参与できる人材育成に関しては、異文化比較やコミュニケーションなど様々な研究分野で、異なる用語やモデルが提唱されている。本稿で報告する学習活動は、Byram（1997, 2009）が提案した異文化間コミュニケーション能力（Intercultural Communicative Competence）の理論を基に考案した。Byram（1997）が図式化したモデルの中心に据えられているのは、「批判的文化アウェアネス」と呼ばれる技能である。松浦・宮崎・福島（2012）は、この技能を、ハンガリーでの新しい日本語教材開発の指針として採用し、「自他のイデオロギー間の潜在的な対立に気付き、文書や出来事の共通の評価を確立することができる。価値観や信念の不一致ですまさず、対立や違いを受け入れる調整ができる」（松浦・宮崎・福島2012: 94）能力であると説明している。

本稿では、この能力の第1段階として、「自他文化の生産物／実践について、明示的／暗示的価値の特定と解釈を行う能力」の育成を学習目標 (learning outcome) に設定した活動を開発し、その実践報告を行う。なぜなら、この第1段階こそ、ACTFL の *World-Readiness Standards for Learning Languages* (2015) に表記されている "*Learners use the language to investigate, explain, and reflect on the relationship between the products or the practices and perspectives of the cultures studied*" と対応するものと考えるからである。

1.2. インターネットと既存のツール

異文化間コミュニケーション能力をめざした学習活動開発の指針を、Moeller and Faltin Osborn (2014) が5つ提案している。第1は、異文化間コミュニケーション能力の習得は常に変化を続けるプロセスとして捉えること。第2は、生教材 (authentic materials) を使用すること。第3は、学生主体 (student-centered) の活動であること。第4は、学習者が異なる文化圏に身を置き、物事の意味について意見交換 (交渉) を行い交流がもてる場 (intercultural third place) を提供すること。第5は、自分自身がどのように世界を捉え理解しているのかを、意識的に探求する場を与えることである。

日本人と直接交流できる機会が限られた日本国外での日本語教育機関においては、上記の指針2と4にかなう学習活動を行うには、インターネットが欠かせない。インターネットは、学習対象となる文化の生産物や実践を、生教材 (authentic materials) として提供してくれる場となる。さらには、Facebook や Skype 等既存のツールを通して、日本語母語話者や他の学習者との交流の場 (intercultural third place) ともなる。指針1によれば、異文化間コミュニケーション能力という技能は、知識と練習を積み重ねていくことで能力が特定の段階に従って一律に向上していくものではない。よって、能力向上のどの段階においても、自他文化の生産物や実践を意識的に認識し、それぞれの文化における基準あるいは価値観と結びつけ、共通点と相違点を見出し、その理由を考察してみるという活動を、学習言語能力に合わせて繰り返していくことが必要だと考える。この学習言語能力に合わせた異なるタイプの異文化交流活動は、インターネットと既存のツールの活用により、どんな環境の日本語教育

プログラムでも提供することが可能となる。

　本稿では、「批判的文化アウェアネス」育成をめざした活動を、既存の日本語カリキュラムの中に、初級から上級まで一貫して組み入れていく試みを報告する。以下、初級、中級、上級、それぞれのレベルのクラスでの実践例を順に提示する。表1は、本稿で報告を行う活動内容例を、レベル別にまとめたものである。ACTFLの *World-Readiness Standards for Learning Languages*（2015）の表記に従い、各レベルでの活動において、対象となる生産物や実践または習慣に関して、調査（to investigate）、説明（to explain）、考察（to reflect on）をどのように学生が行ったのかを示している。

[表1] レベル別の異文化間コミュニケーション活動例

日本語 レベル	調査 Investigate	説明 Explain	考察 Reflect
初級	Product：オンラインのレストランメニュー Practice：表記タイプ Perspective：なぜ表記が異なるか。	教室での口頭発表 「～は～円です」	チャプターテストの一部として英語で、値段の比較と表記について考察する。
中級	Product： Practice：年中行事 Perspective：なぜ大事か。	日本語での作文をブログに載せる。 日本人とブログでコメント交換する。	チャプターテストの一部として、英語で、年中行事の習慣の相違について考察する。
上級	Product：学生が選択 Practice：学生が選択 Perspective：学生が選択	Skypeで、日本人と継続的に交流をもつ。	クラスディスカッションとまとめの作文を日本語で行う。

2.　実践1：初級レベル

　初級での実践例は、日本語学習の1学期目に、ひらがな、カタカナ、数字、値段の表現、数字の漢字表記を学習した後に行うことのできる活動である。学生は、最低限2種類の異なるレストランのメニューをインターネット

上で調べ、使用されている表記と値段を比較する。調査結果の発表は、日本語で値段を報告した。また、英語で、メニューや値段が主にひらがな、カタカナ、漢字のどれで表記されているか、どうして表記に違いが現れたと思うかを報告した。考察は、チャプターテストの1項目として、日本のレストランのメニュー表記についてインターネットで調べて気付いたこと、自分の母語でのメニュー表記の特徴とどのような点が異なるか、または似ていると感じたか等を英語で書いた。調査対象となる日本のレストランのメニューサイトは、いくつか教師が準備をしておいてもいいし、学生たちにグループ別に探させてもいいだろう。

応用活動として、メニューのような静態的な視覚情報だけでなく、外国人対象に東京紹介を行っているドキュメンタリーフィルムをインターネット上で探し、生活費の簡単な比較をさせることも可能である。クラスサイズや授業時間の制約に合わせて、インターネット上での調査の部分は、クラスで例を見せた後、個人課題として各学生に教室外で行わせ、次のクラスで簡単な発表を行わせる。将来IT環境が整えば、異なるメニューをグループで探させ、各グループ別のスクリーンに探してきたメニューを同時に提示してもらい、比較考察を行わせたい。このようなグループ活動は、学習者の好奇心を刺激でき、学習意欲向上にもつながるのではないか。

以上、初級レベルでの活動の意図は、インターネット上の生教材から何かを自力で調査発見し、その結果を既習の日本語文型を使ってお互いに交換したという達成感を、学習者に与えることである。しかし、結果に対する考察は、英語で行わざるを得ないであろう。

3.　実践2：中級レベル

次に、初級後半から中級前半のクラス（大学では3、4学期目の2コース）で実践した例を報告する。2年目のクラスでは、自分の文化を特定の日本人を対象に日本語で説明する練習を行うことを、学習目標に設定した。トピックは、教科書に準じて、年中行事、アルバイト、バレンタインデー、好きな場所、ヒーロー、有名人、身近な慣習（practice）などに関するものである。本稿では、年中行事の例を報告する。

学生は、自分の文化の年中行事から特に日本人に伝えたいと思うものを1つ選んで作文を書き、写真を添えて、コースマネージメントシステムMoodle上のブログに載せた。2年目の日本語クラスは、日本の高校の英語のクラスとパートナーを組んでおり、相手の高校生に、各作文に対して自由にコメントや質問をブログに書き込んでもらった。そして、何らかのコメントをもらった場合は、必ず返事を書き込むように指導した。

　このコメント交換を通して、お互いの文化について、情報交換（調査）を行った例がみられた。アメリカ人学生が書いたクリスマスの作文に対して、日本人高校生が「私もクリスマス大好きです！日本ではクリスマスの日にクリスマスケーキを食べたりします」とコメントした。これに対しアメリカ人学生が、「クリスマスケーキって初めて聞きました。どんな味がありますか」という質問を返し、さらに「アメリカでは、ジンジャーブレッドやホットチョコレートを食べるんです」と説明した。クリスマスには、日本ではケーキを買って食べるのが一般的であるが、アメリカにはクッキーを自宅で焼いて食べるという習慣がある。この非常に短いやりとりを通して、お互いの文化のクリスマスに関する習慣の違いを学習し合うことができた。また、自分にとっては当たり前だと思っている習慣が、相手にとってはそうではないことに気付くことができた。このブログ上での交流は、実際の会話と違い同時進行ではないため、どちらの学生にとっても精神的なプレッシャーが少なく、特に初級後半から中級前半の学習者には適している。

　作文の課題では、特定の読者を念頭に置かせ、その読者からコメントを受け取る可能性を意識させることにより、動機付けが明確となった。作文という課題が、既習文型を使う練習にとどまらず、自分の文化を相手に説明し、さらには、その相手の文化について学ぶ機会ともなりえるのだという認識を、学習者がもてたことを指摘したい。また、日本語学習2年目であっても、自分の文化の説明と、ブログ交流を通しての文化調査を、学習言語の日本語で行うことが可能となった。

　さらに、学期中に1度ずつ、パートナーの高校生の授業時間に合わせてSkypeセッションを教室でもち、交流を深めた。自分の作文を読んでコメントを書き込んでくれた相手と、実際にSkypeを通して顔を合わせて会話できたのは、双方の学生にとって非常に励みになったようだ。お互いの文化を忌

憚なく伝え合うような交流関係を構築するには、ブログだけでなく、たとえ1度だけでも、Skypeを通して実際に相手の顔を見て会話をすることが、より効果的かつ必要でもあると実感した。考察に関しては、可能な部分は日本語の作文の中で、より高度な考察の部分は、1年目のクラス同様、チャプターテストの1項目として英語で短い段落を書かせた。

　以上、中級レベルでの活動の特徴は、自分の文化の慣習や生産物について日本語を使って日本人に説明をする点である。さらに、ブログとSkypeを通じて、そのトピックに関して日本人と意見や経験を交換し合うことで、偶発的にではあれ、学習対象の文化と意味のある交流（meaningful engagement）をもつことを目標とする点にある。

4.　実践3：上級レベル

　最後に、日本語を専攻・副専攻とする学生のみが在籍する、日本語プログラム最後の2クラスにおける実践例を報告する。各学生は、特定のトピックに関してインターネットで生教材を探し、その教材の内容説明と考察を日本語で書き、クラスで発表した。さらに、Driggers（2008）が行ったタンデム学習を参考に、1学期間に6〜10回、日本の大学生のパートナーと20〜30分のSkypeセッションをもち、自分のトピックと教材について説明を行い、相手に意見や経験を求めるよう奨励した。パートナーとのSkypeセッションの内容については、翌週、クラスで簡単に日本語で報告してもらった。

　上級のクラスには、例年、日本語学習歴、日本語能力、そして日本に対する興味が多様な学生が在籍する。よって、各学生が、自分の日本語能力と関心に合わせて異文化間コミュニケーション能力が伸ばせることを目標とし、学習活動を考案した。つまり、学習活動の個人化を重要視した。また、大学での日本語学習終了後も、各自が自分なりに日本語学習を進めていけるよう、自律学習ストラテジー育成支援も念頭において、学習活動の開発を試みた。各活動のフォーマットは全学生同一だが、教材の内容や難易度、使用する日本語の難易度などは、各学生によって異なった。調査対象となる習慣や価値観は、教科書で扱われている共通のもの（贈り物の習慣や社会における男女の役割に対する考え方）と、学習者各自が選択したトピックがあった。

このように、上級レベルでは、文化についての調査を、インターネットで見つけた生教材を通して、また、日本人大学生や知人との即時的会話を通しても行った。Skype セッションでは、生産物、実践、価値観についての説明と情報交換（調査）を日本語で行った。さらに、学期末に、自分が選んだトピックについてディスカッションリーダーを務めて、クラスメートと意見交換を行った。そして、最終的に、まとめの作文を日本語で書くことにより、価値観や考え方の相違に関する考察過程をも日本語で表現することに挑戦した。実際には、学習者の日本語能力に差があるため、高度な考察を日本語で表現できず、「批判的文化アウェアネス」が実施されていることが作文に表れている例は多くはなかった（ショー 2016）。しかし、日本人との交流の中で、「調査」「説明」を即時的に行う機会がもてたことの意義は大きいと考える。

　以上、上級レベルの活動の特徴は、学習者が自律的に学習材料をインターネットから探し、メールや Skype を使った日本人との継続的交流を通して「説明」「調査」を行うこと、「説明」「調査」「考察」の全ての活動を日本語で行う点である。

5.　3つの実践を振り返ってみて

　本稿では、インターネットと既存のツールを活用した、異文化間コミュニケーション能力育成をめざした学習活動例を、日本語能力レベル別に報告した。初級レベルでの「調査」「発表」は静態的であり、「考察」は母語で行わざるをえない。しかし、重要なのは、文字を読み取るといった静態的な単純活動であったとしても、インターネット上の生の情報を対象に文化「調査」を学習言語で行わせる工夫をすることであろう。初級レベルでインターネットを効果的なフィールドワークの場とするためには、適切な生教材の収集が必須である。既習の言語情報と能力を使ってある程度理解可能な日本語ウェブサイトを、初級レベルで適切なトピック別に集めておく必要がある。教師間でアイディア交換を行う場を設けたり、学生自身にウェブサイトを見つけ出す課題を与え、毎学期リストに足していくことも可能だろう。

　中級からは、日本語能力の向上に合わせて、「説明」「考察」をも日本語で行えるよう、工夫を加える必要がある。ブログでの交流は、即時的ではないに

しろ、「調査」「説明」を日本人との交流を通して実践することが可能となる。ブログを通しての調査は偶発的なもので、参加した学生全員が同じ経験ができるものではない。この偶発的学習を奨励するためには、作文という形で自分の文化を説明する際に、読み手の意見や経験を求めるような質問を作文に含ませるように指導することが考えられる。また、中級では、「考察」の部分もある程度は日本語でも行えるが、より高度な考察は、依然英語で別個に書かせる必要があろう。

　日本語能力がかなり高まる中級後半から上級にかけては、「調査」「説明」「考察」全てを日本語で行わせるべきである。インターネットから、生教材を各学生に選ばせるのはもちろん当然だが、理想的な「調査」「説明」は、やはり、直接日本人との対話を通して行うことであろう。初級では、1学期に1度、手紙を交換した。中・上級では、Skypeセッションを継続的に行うことが理想であるが、たとえわずか数回のみであっても、可能な限り取り入れるべきだ。本実践報告では、中級では、Skypeセッションを1学期に1度だけ、相手のクラスと時間を合わせてクラス全体で行った。上級では、頻度を増やして、各学生が個別にSkypeセッションをもつように努めた。Skype利用が困難な場合は、ブログやメール交換と組み合わせることも試みた。電話やメールでのインタビュー、あるいはFacebookにアンケートを載せて回答を集める活動など、日本人や他の日本語学習者との交流がもてる可能性に応じて、柔軟に活動を変化させる必要がある。中級から上級で大切なことは、日本人との継続的な交流をいかに実現するかであろう。

　実際の日本人・日本文化に触れる機会が限られた環境での日本語教育現場において、インターネットは、「調査」の対象となる文化情報を提供する場となるだけでなく、日本人との交流 (ブログ・Skype) を通して「調査」「説明」を行うフィールドワークの場ともなる。このように、異文化間コミュニケーション能力育成を目的とした学習活動において、インターネットは欠かせないものである。本稿が、インターネットと既存ツールをより効果的に活用した学習活動に関するアイディアや意見交換の材料を提供し、今後の開発に寄与できれば幸いである。

―――――
●関連図書・関連論文の紹介
Garrett-Rucks, Paula. (2016) *Intercultural Competence in Instructed Language Learning: Bridging Theory and Practice*. Charlotte: Information Age Publishing.

> 異文化間能力（Intercultural Competence）育成が、ACTFL が提唱する Standards-Based Instruction を基盤とする外国語教育の場でどのように達成されうるか、具体的な実践例を挙げて示している。また、異文化間能力が向上していくプロセスを、学習者から収集したデータを用いて解説を試みている。

●参考文献
American Council on the Teaching of Foreign Languages. (2015) *World-Readiness Standards for Learning Languages*. Retrieved from www.actfl.org/publications/all/national-standards-forieign-language-education.

Byram, Michael. (1997) *Teaching and Assessing Intercultural Communicative Competence*. Clevedon: Multilingual Matters LTD.

Byram, Michael. (2009) Intercultural Competence in Foreign Languages: The intercultural speaker and the pedagogy of foreign language education. In Darla K. Deardorff (ed.), *The SAGE handbook of intercultural competence*, pp. 321–332. London: SAGE Publications.

Driggers, Anna. (2008) *Opportunities for language learning and cultural awareness raising during participation in a tandem language exchange program*. (Doctoral dissertation, Michigan State University)

松浦依子・宮崎玲子・福島青史（2012）「異文化間コミュニケーション能力のための教育とその教材化について―ハンガリーの日本語教育教科書『できる』作成を例として」『日本語教育紀要　第 8 号』pp. 87–101．国際交流基金

Moeller, Aleidine. J. and Faltin Osborn, Sarah R. (2014) A pragmatist perspective on building intercultural communicative competency: From theory to classroom practice. *Foreign Language Annals*, 47: pp. 669–683.

ショー出口香（2016）「オンライン会話パートナー活動の実践報告―異文化間コミュニケーション能力育成の視点から検討した問題点と今後の方向性」『Proceedings of the 26th Central Association of Teachers of Japanese Conference』pp. 156–177. Ann Arbor: University of Michigan.

9 デジタル・ストーリーテリング (DST)を用いた活動の可能性
多様な日本語教育の現場から

半沢千絵美・矢部まゆみ・樋口万喜子・
加藤真帆子・池田恵子・須摩修一

要旨

　本章では、3つのデジタル・ストーリーテリング (以下DST) プロジェクトの実践例を報告し、日本語教育現場でのDSTの効果について考える。DSTとは広義には「動画編集ソフトを用い、ナレーションに音楽、イメージ、動画、字幕、特殊効果などを加えて制作された短編の動画作品」(西岡 2014: 13) のことであるが、本章で扱う実践においては作品の完成までの活動と編集作業、そして完成後に作品を共有するまでの一連の活動をDSTとする。3つの実践はいずれも日本語教育の現場でのDSTの活用例であるが、それぞれ留学生を対象とした大学の日本語の授業、外国人集住地域にある中学校、そして地域日本語学習支援事業が実践の場となっている。これら3つの異なる日本語教育現場での実践例から、DSTが学習者に日本語学習の機会をもたらすだけではなく、自己表現や相互理解の観点からも効果的なツールとなる可能性を検討する。

キーワード　デジタル・ストーリーテリング(DST)／対話／自己表現／相互理解／メディアリテラシー

1.　実践の概要

　DSTは1990年代半ばアメリカで市民のメディア実践活動として始まったが (Lambert 2013)、現在は社会的弱者支援、コミュニティ形成、教育活動と

いった様々な目的で活用されており、日本語教育を含む言語教育においても実践や研究が広がっている（西岡2014）。

　本章で扱う3つの実践は、Center for Digital Storytelling（2015年「Story Center」に改称）が提唱するワークショップ型のアプローチを取っており、作品を完成させることだけではなく、作り上げるまでの協働作業や作品を共有した後の対話までをDSTとして位置付けている。このアプローチでは、自身に関する話題を選び、他者との対話を通して自分の物語を表現していくことから始まる。そして、自分の声によるナレーションと写真を動画編集ソフトを用いてフォトムービー形式[1]にし、2分程度の短編動画作品を作るという流れであるが、作品を制作した後に上映会を実施して参加者同士の語りの場を提供していることも特徴となっている。

　以上のようにDSTの活動の軸は、自らの声のナレーションに写真等を組み合わせて自分の物語を表現し、完成した作品を共有するということにあるが、自身の物語をどのように言語化して作品を作り上げていくのか、そして、DST作品を上映し共有した後にどのような形で対話を生み出すのかは、プロジェクトの参加者や目的によって異なっている。実践1では自身の在り方の省察・再構築と連動した言語獲得を促すため、実践2では日本語力が十分ではない等の理由で積極性を見せることが少なかった外国につながる生徒に自信をもたせるため、そして実践3では、地域日本語学習支援事業に参加した日本語学習者が自己表現をし、その声を地域に発信するためにDSTを活用することにした。実践1と実践2では、Center for Digital Storytellingのアプローチに加えて、小川（2016）のワークショップ構成も参考にし、大学生や中学生の物語を引き出す工夫を試みた。

　本章で紹介する3つの現場で行われた実践例から、それぞれDST作品の制作と共有の方法に違いはあるものの、いずれの活動も日本語学習だけではなく、自己表現および相互理解の観点からも有用であったことが示唆された。なお、実践1は矢部、実践2は樋口・半沢、実践3は加藤・池田による報告である。

2. 実践1：留学生対象日本語クラスでの実践

2.1. 実践1の背景と概要

　日本語教育の核心は〈対話力〉を涵養していくことだと、筆者は考えている。フレイレやバフチンの対話についての論考を読み解きながら、矢部 (2007) では、〈対話〉を〈自身の「声」(視点) を発する〉〈他者の「声」(視点) と向き合う〉〈新たな意味を編成する (新たな視点を獲得する)〉というプロセスを含んだものと捉えた[2]。

　例えば、「○○と私」というレポートを、クラスメートやクラス外の他者とディスカッションを重ねながら執筆する活動[3]においても、この対話のプロセスを実現することが可能であった (前掲書)。だが「レポート」を産出物とする活動は文字情報に頼る比重が大きいため、クラスの学生の日本語力にレベル差がある場合には、クラス内で内容を十分に共有することが難しいこともある。そのような中で、DSTの作品制作と上映会の一連の活動が上述の対話のプロセスを内包することに加えて、視覚イメージや音声との組み合わせにより対話をより豊かに活性化する装置となりうることに注目し、2015年より筆者が大学で担当する留学生対象日本語科目のクラスにおいて「自分の文化」について語り表現する活動にDSTの手法を取り入れ始めた。本節では2016年度の取り組みについて報告する。授業の設定は表1の通りである。

　ここでの「自分の文化」とは、国を境界として切り取ったものではなく、これまで身を置いた環境や関わりをもった人々から影響を受けてきたことが、一人ひとりの個人の考えや生き方に統合され現出する複合的・動態的な「文

[表1] 実践1の設定

実施場所	横浜市立大学	科目名・授業時間	「日本語Ⅰ」週1コマ（90分）×15回
制作者	留学生（日本語中級・上級混合）。交換留学生11名＋研究生1名（国籍-イタリア3／オーストラリア2／フランス2／中国2／韓国2／ベトナム1）		
授業の目標	「自分の文化」について語り、表現する対話的・協働的プロジェクト活動を通して、総合的な日本語力を身につける（シラバスに記載した「到達目標」）。		

化」を意味する。15回の授業は活動1〜3の3部構成とした。フォトムービー形式でのDST作品作りと上映会を行ったのは活動3であったが、その準備として活動1 (第1〜3回) で自己紹介を兼ねてそれぞれの「ホームタウン」を写真で示しながら口頭で説明したり、活動2 (第4〜8回) で「日本の生活の中で見つけたおもしろいもの」の写真と自分のナレーションを録音したものをPowerPointに貼り付けて発表をしたりすることにより、段階的に「文化」に対する気付きを掘り起こして日本語で表現する実践を重ねながら、デジタル画像と音声データの編集にも慣れていくようにした。活動3 (第9〜15回) では、各受講生が最も「言いたいこと・表現したいこと」を選び、「私」自身と関わりを考えながら「○○と私」というDST作品作りに取り組んだ。DST制作と上映会は、表2の手順で進めた。

[表2] 活動3「○○と私」DST作品の制作と上映会の手順（授業第9〜15回）

回	概要（時間数）	活動内容
9	イメージ形成 （1.5時間＋宿題）	作品例に触れてイメージを広げる。Web上に公開されている様々なDST作品サンプルを閲覧して、気に入った作品をクラスメートに紹介する。
10	ストーリーマップ作り （1.5時間）	相互インタビュー→キーワードを書き出してマップ作成→自分が語りたいこと・伝えたいことを確認する。
	台本作成（宿題）	ナレーション台本を書く。
11	台本検討 （2.5時間＋宿題）	台本をクラスメートと読み合ってコメントし合う（表現と内容について）。
		教師から、ことばや表現についての助言を得る。
12	写真選び（宿題）	写真を集める・選ぶ。
	ナレーション録音 （0.5時間＋宿題）	ナレーションの練習・録音をする。
13	画像・音声の編集 （1時間＋宿題）	Windows Movie Maker[4]、iMovie等の編集ソフトを使用して編集する。
	作品の共有 （2時間＋宿題）	作品をクラスメート同士で視聴し、コメントしあう。
14		公開上映会で、クラス外の人たちにも作品を視聴してもらい、対話する。
15	振り返り （1.5時間＋宿題）	DST制作のプロセスと、その中での学びを振り返り意識化する。

2.2. 参加者の反応

受講者12名のDST作品は、大切な人・存在（家族や友人等）、打ち込んでいること（柔道、美術、古典文学等）、異文化（交流、視野の広がり）、葛藤（研究、夢の模索）といったテーマに関わるものであった。授業最終日に提出した「ふりかえりシート」には次のような記述があった（抜粋：枠内は筆者注以外原文のまま引用）。

> クラスメートたちと一緒に、最初にストーリーマップを作っていたときは、いろいろな話題を考えて、『一体どのテーマがいいのか』と考え込みました。様々な例を上げては変えて、その時すごく大変でした。自分にとしても特別なビデオを作る上に、完璧な作品を完成したいという気持ちをもっていることで、ストーリーマップも何回も繰り返しました。

> 前は、私が自分のやりたいことを全然知りませんが（筆者注：自分の将来の夢について作品を作った受講者。「以前は自分が将来何をしたいかがわからなかった」という意味と推察される）、ビデオを見たクラスメートと先生たちからたくさんのことを教えてもらって今少しだけ次のするべきことが決められます。それに、日本人の考え方と問題を解決方を観察して理解できます。異文化を受け取り、そして時自分の文化と合わせて新しい私が生まれるかもしれません。

> DSTとは自分と他人をつなぐ橋だと思う。 DSTのテーマは個人的なものなので、DSTには自分の内面の話がこもっている。 他の人のDSTを見ながら、私はその人の価値観や興味について知ることができた。たぶん、他人も私のDSTを見た後、そのように感じられたと思う。

ストーリーマップ作り等制作途中の段階と、上映会で完成した作品を鑑賞し合う段階の両方で、対話の中から自分の声を形にし、新しい視点を発見していたことがうかがえる。このほか、日本語習得の面で「新しい語句・表現を知り使うことができた」「既知の語句・表現について、より適切な使い方を知り、実際に使うことができた」「録音のために台本を読む練習を繰り返すこ

とにより、自分を表現するための語句や表現を覚えたり、滑らかに発音したりできるようになった」といった記述も複数あった。

2.3. 実践1を振り返ってみて

文字情報に頼るところの多い「レポート執筆」の活動と比べて、DSTで画像や音声を組み合わせて活用する効果として「表現意欲の高まり」「ナレーション録音のために練習を繰り返すことによる口頭表現能力の向上、ことばの体得」「内容の共有のしやすさによる相互理解の深まり」等が期待できる。そして「自身の在り方の省察・再構築と連動した言語獲得」を促す可能性がある。今後の課題として、①台本の推敲・校正作業の時間の確保（学習者の主体性を尊重しながらことばを紡いでいくことを重視しながら）、②公開上映会での対話を活性化し、相互理解をさらに深めるための工夫、③成績評価における基準の設定のしかた、について検討を深めていきたい。

3. 実践2：外国人集住地域内のY中学校での実践

3.1. 実践2の背景と概要

横浜国立大学において、外国人の支援と地域的連携の推進プロジェクトが立ち上げられ、その一環として外国人への日本語教育を通じ地域支援を行う「Y中学校DSTプロジェクト」を実施した。プロジェクトの設定は表3の通りである。

[表3] 実践2の設定

実施場所	横浜国立大学（プレセミナー） 横浜市立Y中学校	時間	計11時間 （大学でのプレセミナー・Y中学校での活動）
制作者	Y中学校の外国につながる生徒（中国語母語9名、タガログ語母語1名）		
プロジェクトの目標	・外国につながる中学生が日本語で日々の生活や思いを自己表現するDST活動を通して、日本語学習や学校生活に自信をもって取り組んでいけるようエンパワメントの促進をする。 ・横浜国立大学の学生がサポーターとして外国につながる中学生のDST作成を支援する活動を通し、地域社会に貢献しながら学びを深める機会を創出する。		

横浜市立Y中学校は外国人集住地域に位置しており、外国につながる生徒が約半数在学し、うち約7割が中国語を母語としている。毎年20名を超える海外からの編入生徒と、日本育ちであっても日本語が不十分な生徒のために設けられている国際教室では、半年から1年日本語指導を実施しているが、指導時間に制限があり日本語力および学力の向上が課題となっている。生徒達は国際教室終了後、教科学習に挑んでいくが、外国につながる生徒が多いがゆえに日本語を話さなくとも生活が可能な環境が生まれ、その結果、学習活動に参加するための日本語、特に話す力や聞く力に自信をつけられずにいる生徒が少なくない。

　そのような状況に置かれている生徒たちに日本語による自己表現の機会を与えることが彼らのエンパワメントにつながるのではと考えたのがDSTを提案した理由である。さらに、その活動に留学生を含む大学生や大学院生が関わることは、彼らが地域の外国につながる生徒の現状を理解し、社会貢献をすることになると考えた。

　DST作品を制作したのは、Y中学校の2年生10名で、日本語指導を担当する国際教室担当教員によって「普段はなかなか自分を出すことや、力を発揮できず自信をもてないでいる生徒」が中心に推薦された。横浜国立大学の学生16名が中学生のDST制作を支援するサポーターとなり、さらに大学教員7名がサポーターを支援し、DST専門家1名がアドバイザーとして加わった。また、国際教室担当教員が生徒や保護者への諸連絡や学校側との調整を行った。プロジェクトは表4の手順で実施した。

3.2.　参加者の反応

　DSTを制作した中学生からは、「日本語の勉強は嫌い。でも大学生と日本語で話すことができたのでよかった。また、DST を作りたい。」「パソコンを使えて面白かった。」等簡単で短いものであったが、大学生と交流することや、パソコンやiPadを使った活動に好意的な反応がみられた。実際、普段は日本語をほとんど口にしていなかったという中国語母語の生徒が、韓国人留学生とKポップを話題に日本語で会話をしており、制作過程で交流が生まれていた。

[表4] 実践2の手順

回	概要（時間数）	活動内容
1	プレセミナー（3時間）	サポーターにプロジェクトの趣旨・概要を説明し、Y中学校の状況について紹介する。サポーターは、DST作品のサンプルを視聴し、自らもDST制作を体験する。
2	DST紹介、中学生とサポーターの関係作り（2.5時間）	簡単な自己紹介をする。その後、中学生とサポーターとでアイスブレイク活動を行う。サポーターのDST作品を上映し、中学生に今後の活動をイメージしてもらう。「好きなこと」「家族」「昨日の晩ご飯」等の題から好きなものを選びグループ内で話す。サポーターは質問やコメントをして話を引き出し、付箋にメモする。準備してあった絵や写真を利用したり、イラストを描いたりして、メモした付箋と組み合わせてストーリーの原型を作る。それをグループ内で発表し、コメントや質問を受ける。
3	絵コンテ作り（2.5時間）	生徒が持ち寄った写真や新たに見つけたイラストや写真を並べて、物語の絵コンテを作る。ナレーションを作文していく過程でサポーターが支援する。読む練習をしてからナレーションを録音する。
4	編集と上映会（3時間）	Windows Movie MakerまたはiMovieを使って、写真・イラスト、ナレーションを組み合わせ2分程度の映像作品に編集する。校長・担任等の教員および生徒の保護者と一緒に、作品を鑑賞する。その後、感想を述べ合う。

　一方、サポーターからは「日本で小中学校を過ごしていたら、普通に日本語が話せるようになると思っていたが、その習得に苦労していることがわかった。そんな中学生の役に立つことができて嬉しかった。」「(生徒は) 初めは恥ずかしがってばかりいたが、録音するときには何度も取り直して最後まで集中して取り組んでいた。その熱心さに驚いた。」等と中学生に対する理解や意識の変化、さらには彼らとの交流を通して得た気付きが寄せられた。

　また、Y中学校の国際教室担当教員からは、「表現が苦手な生徒や力はあるのに自信がもてず発話がない生徒達が、サポーターの支援や生徒同士の相互的な働きかけで、全員が作品を作り終えたことは彼らの自信となった。身近にロールモデルを見出せず、将来に見通しをもつことが難しい生徒たちであったが、DST作品の制作過程でルーツを共有する大学生と出会って交流したことで目をみはる成長をとげた。」とあり、日々の中学校生活の中で彼らと接する教員の立場から参加者の反応と変化を観察していた。

3.3. 実践2を振り返ってみて

　サポーターと一緒に完成させたナレーションを自分の声で録音し、身近なIT機器を使ってDSTを編集する活動は日本語力に自信がない生徒にとってもそれほど困難ではなかったようである。外国につながる生徒にとっては、在籍学級で教科学習していくことは大きな課題であるが、DST活動はこの課題に挑むエンパワメントにつながる可能性を示唆するものであった。

　そして、これが可能となったのは、サポーターが一人ひとりの中学生に向き合ったからだと考える。小川 (2015: 96) は、社会的に「周縁化された人びとにとって、個人で自らの物語を立ち上げ、映像化していく過程は2つの意味で困難を孕む」と指摘し、自分一人で物語を構成していくことの難しさ、そして何を語るべきかわかっていない場合が多いことを困難点として挙げているが、これらはY中学校の外国につながる生徒にもいえることである。これら2つの困難をサポーターとの対話を通した協働作業によって乗り越えることができたのではないだろうか。

　今回のプロジェクトを通して、DSTは言語や文化背景が異なる子どもたちにとっても自己表現の有効な手法となりえ、サポーターや教員等の参加者にとっても他者理解を促す可能性をもつことがわかった。

　一方、どのようにして上映会の場を中学生や大学生、そして保護者や教員の対話を深める場とできるかという課題が残ることも明らかになった。外国につながる中学生やその保護者にとって、DSTを制作・視聴した感想を自分のことばで述べることは想定していたよりも難しいということを実感したからである。

　今後も外国人集住地域におけるエンパワメントの促進および多文化教育の一環としてDSTの活用の可能性を広げていきたいと考える。

4.　実践3：地域日本語学習支援事業における実践

4.1.　実践3の背景と概要

　川崎市の日本語教室では、日本語学習者 (以下「学習者」) が生活地域で自ら判

断し人間らしく生きていくために日本語を習得することが必要だという考え
に基づき、識字・日本語学習活動を行っている。しかし、週1回程度の学習
は多様な学習者が対象であるため支援者主導の会話練習中心で進められてい
る。筆者らは読み書きも含めた活動かつ、学習者の主体的な学びや意欲を喚
起するような自己表現活動で、さらに地域住民にその声を届けて相互理解を
深めることのできる活動を模索していたところDSTに出会った。「ともに学
ぶ日本語事業」実践グループは、NPO[5]と地域日本語教育コーディネーター
が近隣地域で支援活動をしている日本語教育専門家、DST専門家とともに活
動内容を企画し、学習者および日本語サポーター（以下「サポーター」）を募集
し、川崎市で2014〜2016年に4回のDSTを実践している。事業の設定は表5
の通り、その手順は表6の通りである。

4.2.　参加者の反応とその広がり

　学習者の反応については、自らを語るのに必要な日本語の表現の定着、録
音や作文から自分の能力を客観的にみられたことによって自信を得たり、学
習意欲が向上したりしたこと、制作過程での対話等を通して自己理解が深
まったこと、社会に目が向くといった変化が挙げられる[6]。複数回参加した学
習者の中には、よりメッセージ性のある作品を制作する傾向がみられた。
テーマは、2014年度の第1回は「私のふるさと」、第2回は「教育」、2015年
度と2016年度は「心に残る出来事・人との出会い」であったが、Aさんは、
1、2作目では、かつての自分と日本で育ったわが子との違いを語る一方、3
作目では、日本での子育てで大変だった時に出会った仲間の力について説
き、外国人日本人問わず、支えあう仲間がいることの大切さを語った。作品
の制作における視点が、わが子から自分をとりまく社会へと変化している。
そして、この3作目の上映会後の対話会では、一般参加の外国籍の保護者が
娘のことで悩んでいることを涙ながらに語り、それに対し学校の先生や元校
長、そしてAさんが励まし、助言する場面もあった。まさにこの対話は、フ
レイレ（2011: 121）が「言葉を発して世界を「引き受け」、世界を変革するので
あるならば、対話は人間が人間として意味をもつための道そのものであると
いえるだろう」と説くように、Aさんがメッセージを社会に発し、その返し

を引き受けたといえる。その後、Aさんは2016年度にはサポーターとして参加したことから、彼女の中で地域における役割といったものが意識されたの

[表5] 実践3の設定（例として2015年度のもの）

実施場所	幸市民館	時間	週1回（3h）×11回（週末）＋サポーター育成事業 (3h×5回)
制作者			8名、国籍（6ヵ国）、年齢（10代〜80代）、在日期間（1年半〜30年以上）、日本語能力（初級〜上級）、来日の理由や日本語学習歴等多様
事業の目標			学習者は自己表現するプロセスで日本語を学び、自分の思いを地域住民に伝える。支援者や視聴者は対話型の活動を通して学習者の思いを理解し共に学びあう。

[表6] 実践3の手順（例として2015年度のもの）

回	概要（時間数）	活動内容
	サポーター育成事業（15時間）	多文化共生と日本語教育について学ぶ。プロジェクトの趣旨・概要の説明を受けた後、学習者と同様の流れでDST作成、上映会等を体験する。
1	オリエンテーション（3時間）	活動の概要、最終的には上映会があること等を説明後、自己紹介する。DST作品のサンプルを上映する。サポーターも含め互いのことを知り対話を促す。
2	ストーリーサークル（3時間）	テーマ（4.2.参照）を意識化し、ファシリテーターの進行で、思いつくまま時系列に語る。他の学習者とサポーターは傾聴した後、感想や質問を述べる。
3	マインドマップ・共有（3時間）	ペアで対話をし、話を広げ、深める。キーワードをマインドマップ（以下、MM）上に書き、学習者は思いを語る。誰に伝えたいかを考える。小グループで対話した内容を共有する。
4 5 6	構成検討・作文・推敲・共有（9時間）	伝えたいエピソードをMMより1〜2つ選び、付箋に文を書く。「はじめ、中、終わり」で構成を考え、サポーターと対話しつつ文章化する。グループで音読し、感想、質問、日本語教育専門家等のアドバイスを元に加筆修正する。
7 8	録音・映像編集（6時間）	意味が伝わるようサポーターと読む練習をした後、録音する。パソコンやスマートフォンの映像編集ソフトで、写真等を録音した音声にあわせ編集する。
9	試写会（3時間）	学習者とサポーターで視聴し、感想や質問をし合う。
10	上映会・対話会（3時間）	地域住民、家族、友人、教育・行政関係者等に広く呼び掛け、作品を上映し、その後、学習者を交えてグループで対話会をする。DST作品や対話を通して見えてくる課題の共有をめざす。
11	振り返り（3時間）	サポーターと対話しながら、これまでの制作過程や自分の変化について振り返りシートに書き、全体で感想を述べ合う。

ではないかと推察される。

　サポーターからは、「外国人の方々と同じような経験、体験をしていることがわかりました」等、学習者に共感したという声がある一方、制作過程での対話の中で学習者の個人的なことをどこまで聞き、それをどう表現するかを迷うという声があがった。サポーター育成事業に出られない人が多かった中、そのような迷いをなくすため、2016年度からは、サポーターの心構えや手法の説明会を1回（2.5時間）にしぼったが、毎回活動後に気付いたことや課題を共有した。

　上映会の視聴者については、同じ地域に住む外国人等市民はもちろん日本人も、学習者や参加者の話に共感したり、自分のことを振り返って発言したりして、自分に近づけた問題として捉えるきっかけになっていた。しかし、初級の学習者にとってその発言を理解するのが難しい場面もあった。

4.3.　実践3を振り返ってみて

　実践を通して、学習者が構成や表現を吟味してDSTを作成し、参加者とともに相互理解することをめざしている。そのため、今後の課題として、第1に、制作過程での対話を通して、学習者が自分の思いに気付き、それにあったものへ言語化していく聞き方を意識し、学習者が納得できるものを協働で考えていけるようなサポーターを育成することである。第2に、作品を共有する際の対話会では、初級の学習者ともお互いの体験や考えも語り合える必要があり、通訳の活用を検討している。今後も、学習者が自分の思いを発信し、社会へ目を向ける機会を増やすためにも、上映会と対話会を様々な機会に実施し、DSTを広めつつ、DSTの在り方を学習者と共に模索したい。

5.　3つの実践からみえてきたこと

　3つの実践例は実践の場だけではなく、参加者、活動に要した時間、編集に至るまでの活動および共有活動がどれも多様である。この多様性は、DST制作者である学習者の背景とDST活動の目的を反映しているものであり、DSTが様々な日本語教育現場で柔軟に活用できることのあらわれである。

従来の日本語教育活動にも作文やスピーチ等多様な日本語教育現場で活用できるものは多くあるが、学習者の自己を表す映像の力および自身の声の力がDST作品の特徴である。自らの声によるナレーションに自身と深い関わりのある写真やイラストを組み合わせることで、学習者の表現したい思いが伝わりやすくなり、他者に理解してもらいたいという意欲を高めることができるのではないだろうか。

　さらには、3つの実践が重要視した「対話」と「作品の共有」もDSTが日本語教育現場で有効活用できる理由である。学習者はDST作品を作りあげるまでの対話活動を通し自身と向き合い、自分の経験や思いを他者に伝えるための表現方法を獲得することができる。また、作品を共有することで生まれる対話は、異文化、世代差等を超えた他者を理解する上で重要な働きをもち、学習者自身も自分の作品を他者の目で視聴し、対話に参加する経験を経て、自己理解をより深いものにすることができるのではないだろうか。それに、DST作品は活動が終わった後も何度でも他者との共有が可能であり、それはDSTが他者理解や相互理解を促進するツールとして強力な力をもっていることを示唆している。

　今後の課題としては、まずはDST作品が完成した後、どのように制作者である学習者と視聴者により深い対話を促すことができるか議論が必要である。上映会等で対話を生み出すには何らかの仕掛けが必要であり、その方法は学習者や視聴者がだれかによって異なる。学習者が自信をもって取り組んだ作品を周りに認めてもらい、かつ、作品の視聴者にとっても、意義のある対話を生み出すことができるよう配慮が必要である。

　次に、作品を作る過程で、学習者が語れなくなったり、話すことを迷ったりした際にどう対応すべきか倫理上の対応を企画者および支援者があらかじめ考えておくことも重要である。中には自身の作品の公開を躊躇する学習者もいるが、そのような時にどのような配慮をすべきかにも留意が必要である。

　最後に、映像作品を作る上で著作権への配慮が必要であることを参加者に十分意識させることは極めて重要である。著作権フリーの素材を使う等具体的な指示だけではなく、なぜ著作権について留意しなければならないのか等メディアリテラシーをDST活動の中で学ぶことは意義のあることである。そのためには、DSTを企画・実行する実践者が、最新の情報を把握しながら画

像や映像を扱う必要がある。

　どの実践も今後の発展が可能である。今後活動を続けていく上で、現場の中で何を目的とするかを明確にした上で、DSTがもつ力をどのように活用していけるかさらに可能性を探りたい。

●注
1　DST作品には写真やイラスト等の静止画とナレーションだけではなく、動画や音楽等を使用することも可能であるが、本章の実践例はいずれも静止画のみの使用であったため、フォトムービー形式という用語を用いることとした。
2　バフチン（桑野訳1989）、フレイレ（小沢他訳1979）等の諸論考に基づき考察した。
3　この実践は「総合型日本語教育活動」（細川2003）の枠組みで行われた。
4　Windows Movie Maker は2017年1月10日に配布とサポートが終了した。
5　この事業は、認定NPO法人教育活動総合サポートセンターが受託団体とする「文化庁「生活者としての外国人」のための日本語教育事業委託」の1つである。
6　分析等の詳細は、樋口・池田・富谷（2016）参照。

●関連図書・関連論文の紹介
池田佳代（2012）「人の成長を促す参加型教育の方法論—デジタル・ストーリーテリングのワークショップ分析」『龍谷大学大学院政策学研究』1: pp.1–19.　龍谷大学
　　Center for Digital Storytelling（CDS）の理念をふまえ、筆者が日本とグアテマラにおいて実施したワークショップ2例について、人の成長が促される変化の過程およびDSTの効果が分析されている。ワークショップの実際の展開が詳細に記されており、日本語学習者を対象としたDST実践にも参考になる。

●参考文献
バフチン，ミハイル　桑野隆訳（1989）『マルクス主義と言語哲学—言語学における社会学的方法の基本的問題（改訳版）』未來社 (Bakhtin, Mikhail M. (1930) *Марксизм и философия языка : основные проблемы социологического метода в науке о языке.*)
フレイレ，パウロ　小沢有作・楠原彰・柿沼秀雄・伊藤周訳（1979）『被抑圧者の教育学』亜紀書房 (Freire, Paulo. (1970) *Pedagogia do Oprimido.* Rio de Janeiro: Paz e Terra.)
フレイレ，パウロ　三砂ちづる訳（2011）『新訳　被抑圧者の教育学』亜紀書房 (Freire, Paulo. (1970) *Padagogia do Oprimido.* Rio de Janeiro: Paz e Terra, 46 ed., 2005)
樋口万喜子・池田恵子・富谷玲子（2016）「地域日本語教育におけるデジタル・ストーリーテリングの可能性」『2016年度日本語教育学会秋季大会予稿集』pp. 275–276.　日本語教育学会
細川英雄（2003）「個の表現をめざして—レポート作成「○○と私」」早稲田大学日本語研究教育センター「総合」研究会編『「総合」の考え方と方法』早稲田大学日本語研究教育センター
Lambert, Joe. (2013) *Digital Storytelling: Capturing Lives, Creating Community 4th edition.* New York: Poutledge.
西岡裕美（2014）『教育に生かすデジタルストーリーテリング』東京図書

小川明子（2015）「対話的・協働的デジタル・ストーリーテリングの提案」『メディアと社会』7: pp. 95–102. 名古屋大学大学院国際言語文化研究科

小川明子（2016）『デジタル・ストーリーテリング　声なき想いに物語を』リベルタ出版

矢部まゆみ（2007）「日本語学習者はどのように〈第三の場所〉を実現するか―〈声〉を発し響き合わせる〈対話〉の中で」小川貴士編著『日本語教育のフロンティア―学習者主体と協働』くろしお出版

10 To combine knowledge and the real world
拡張現実を利用した日本語学習の試み

米本和弘

要旨

　拡張現実（AR）とは、現実の世界に存在している事物に対して、情報技術を用い、情報を付加することで生み出される環境のことを指す。近年では、言語教育にも利用されるなど、活用の幅が広がってきている。本稿では、大学院留学生を主な対象とした日本語初級コースで行った1）博物館見学、2）研修旅行という2つの実践を取り上げ、その中でARを用いた目的と授業実践の具体的な流れを報告する。その後、実践中の筆者のフィールドノート、および実践後の学習者へのアンケートデータをもとに、1）言語学習におけるARの使用についての学習者の印象と学びへの貢献、2）ARを言語学習において使用する際の課題と可能な対策について示唆を提示する。

キーワード　拡張現実(AR)／ARIS／課外活動／初級レベル

1.　実践の概要

　拡張現実（Augmented Reality: AR）とは、現実の世界に存在している事物に対して、情報技術を用い、情報を付加することで生み出される環境のことである。Pokémon GOで用いられた技術だと聞けばイメージがしやすいのではないだろうか。AR技術の学習への応用として、博物館での使用を例に挙げると、展示されている骨格標本などを専用の機器を通して見ることで、生きていたときの姿を再現したり、動く様子などを映し出したりすることができ、

既存の展示を基に学びを広げられる可能性があると考えられている。

　本稿では、筆者が行ったARを用いた実践を取り上げ、言語教育における AR活用の方法を提示する。実践は大学院留学生対象の16週間の初級集中日 本語コースで行い、コース序盤の博物館見学と終盤の研修旅行でARを用い た。その目的は、従来から行ってきたこれらの2つの課外活動の改善であ る。どちらもグループ単位での活動で、訪れる場所でARを用いた異なるタ スクを課すという形で実施した。

2.　拡張現実(AR)技術の言語教育への応用

　下浦・田代・畑佐 (2015) ではAR技術の日本語教育への利点として、位置 情報を使い教室外でも楽しみながら語学学習ができる点を挙げている。また サイクス (2012) は、状況にあった言語活動や言語形式を学習者が自律的に選 択する能力を育成できた点を暫定的な結論として述べている。下浦・田代・ 畑佐 (2015) が特に外国語環境下でのタスク遂行やコミュニケーション促進に 焦点を当てているのに対し、サイクス (2012) は第二言語環境を利用した語用 論能力という言語能力の発達に着目している。このように、ARを取り入れる 目的は他のテクノロジーと同様、指導上の目的や学習環境によって異なる (畑 佐 2012)。この他にも、速読の前作業としてARを用いた活動を行い、背景知 識の提供や議論の深化などの効果を指摘する例もある (石川・米本 2017)。現 在、言語学習における使用についての実践や調査研究をもとに、その効果は 示されつつある。今後は、より様々な活用方法を提示、共有することで、言 語教育におけるAR技術の応用可能性を探ることが必要である。

3.　実践の内容

3.1.　実践を行ったコースと概要

　大学院留学生対象の16週間の初級集中日本語コースで実施している博物館 見学と研修旅行においてARを取り入れた。これらの課外活動は日本語学習 の一環として、教室内では触れることの少ない社会や文化、歴史について学

ぶことを目的に、従来から実施されてきたものである。しかし、コースの一部ではあるものの、1）普段の日本語の授業とは切り離されてしまっている印象があること、2）時間的、言語的制約があり、教師からの一方的な説明になってしまいがちな点が問題意識としてあった。その一方で、これらの課外活動は、教室外で様々な体験や学習が可能であり、学習者にとっては満足度の高い活動であった。そこで、場所や日程などを変えずに、現在の形を生かしながら、上記の問題を解決することが可能かを考えた結果、AR を取り入れることとなった。

3.2. 本実践で使用したAR技術

本実践では、ウィスコンシン大学で開発されたゲームエディターである ARIS を使用した (https://fielddaylab.org/make/aris/)。ARIS では位置情報や現実にある事物を利用した AR ゲームを作成することができる (Godwin-Jones 2016、下浦・田代・畑佐 2015)。ゲームの作成はパソコンでのみ可能で、ゲームのプレイはスマートフォンやタブレットなどのモバイル機器で行う。ゲーム作成、管理、プレイには個人のアカウントの作成が必要となるが、全て無料である。博物館見学と研修旅行の前に別のゲームを用い予行演習を行ったが、学習者の様子からは操作も容易であることが窺われた。

3.3. 博物館見学

博物館見学は東京都内の博物館で実施している。博物館見学の目的は、日本語を使いながら、1）日本を含む世界の歴史や自然、科学の発展について学ぶこと、2）日本の博物館の社会における役割について知ることである。博物館見学では、半日をかけ、グループに分かれ見学している。博物館に日本語以外での説明がほとんどないため、従来は展示を見るだけになったり、教師からの一方的な説明になったりしてしまっていた点があり、そのような課題を改善するため AR を取り入れた実践を行った。

博物館見学では、ARIS の機能のうち、現実に存在する事物をモバイル機器のカメラで認識し、それによって事前に設定したクイズやタスクなどを表示

する機能を用い、博物館を自由に見学できるようゲームを作成した。具体的には、博物館内の11の展示を選び、その展示の説明板や展示そのものを撮影すると、簡単な説明とクイズが提示されるという形で行った。図1は学習者の様子とiPhoneでプレイした際のARISのプレイ画面である。

　クイズは看板や説明板などをヒントに、その場で答えが得られるものを作成した。図2にクイズの一例を示した。正解の場合にはポイントが与えられ、不正解の場合には、問題に戻り、正答が出るまで答えられる仕様とした。

　クイズを設定した展示は、ゲームとは別に印刷したハンドアウトを作成し、提示した。学習者は博物館の入口でARISを起動させた後、グループ単位でハンドアウトを見ながら、クイズが設定された展示を探した。

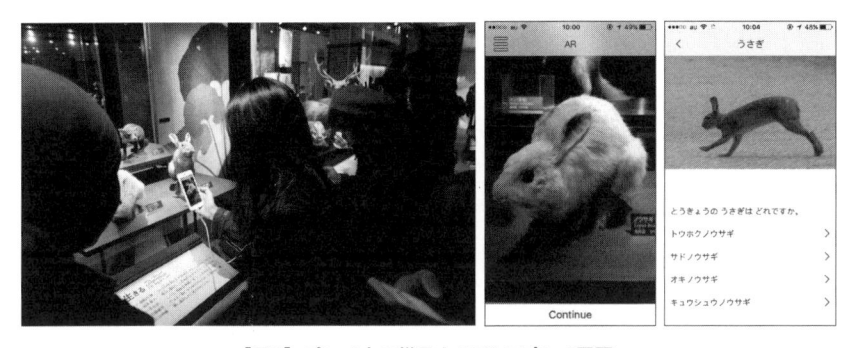

[図1] プレイ中の様子とARISのプレイ画面

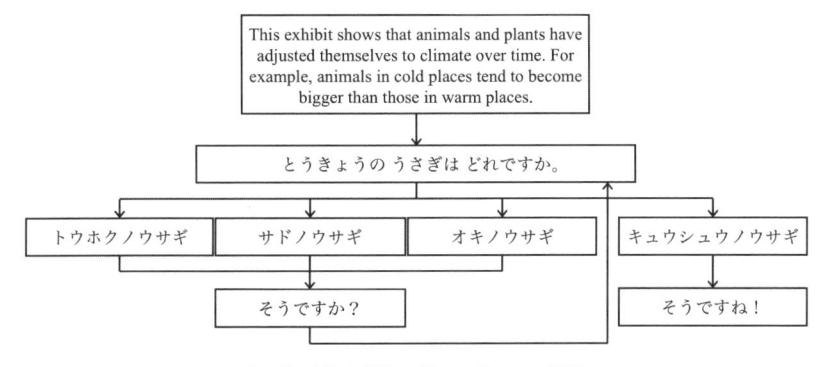

[図2] 生物多様性の展示を使っての活動

博物館見学では、教師が事前に準備したゲームをプレイするだけではなく、グループで1つの展示を選び、次の学期の学習者に同様の説明と問題を準備するという活動も行った。このクイズの問題作成と博物館についてのグループ発表を見学の翌週に教室内で行った。

3.4.　研修旅行

　研修旅行は1泊2日の日程で東京郊外で実施している。研修旅行の目的は、日本語を使いながら、1）日本の自然と歴史を体験し、理解を深めること、2）食や交通などの普段の生活では自発的、意識的な接触が限られる側面に触れることである。研修旅行中は、様々な交通機関を使いながら史跡を訪れたり、食文化の体験活動などを行ったりしている。この活動でも、博物館見学と同様、従来は教師からの一方的な説明となってしまっていた点をARISを用い改善することを目的とした。

[図3] ARISのプレイ画面の流れ

　研修旅行では、GPS機能を通して現在の位置を特定し、各地点で事前に筆者が設定したクイズやタスクなどを課す機能を用い、研修旅行の流れに沿ったゲームを作成した。ゲームは、ゲーム内に案内役のキャラクターを置き、訪れる各箇所で解説をしたり、当該の場所に関するクイズを出したり、その地点にある物の写真を撮るなどのタスクを課したりする形であった。学習者

は各所で案内役とARIS上で文字での会話をし、ゲームを進めた（図3）。

　図4は図3で示した地点における流れを文字で表したものである。クイズは看板や説明板などをヒントに、その場で答えが得られるものを作成した。クイズに正答した場合にはポイントが与えられ、不正解の場合には、正解がフィードバックされる仕様とした。また、いくつかの場所では、活動の最後にARISのノート機能を使用し、写真を撮ることを課題としている。各学習者が撮った写真はゲーム管理者のアカウントから閲覧することができる。

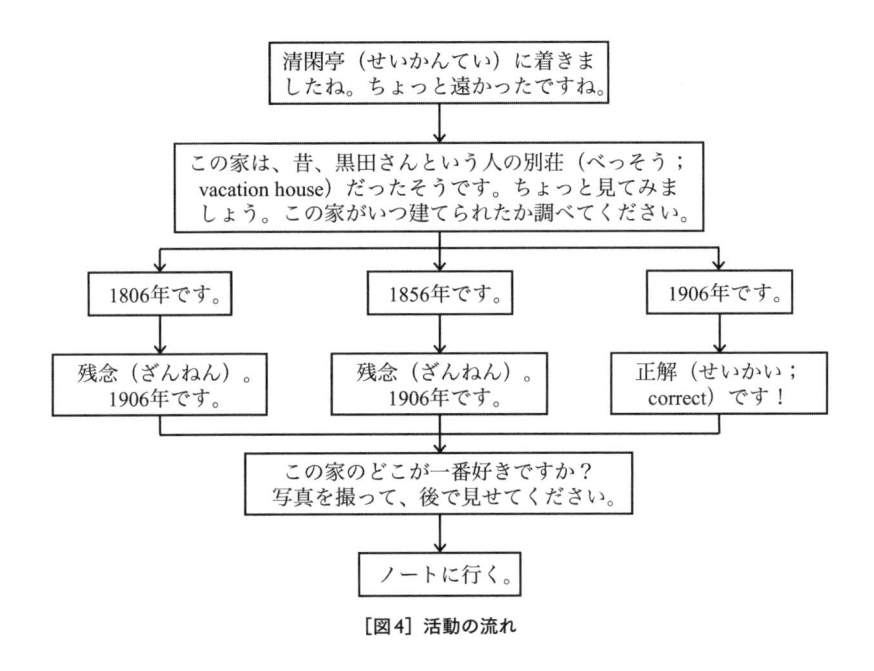

[図4] 活動の流れ

　研修旅行中は基本的には教員が引率し、学習者は全員一緒に移動をするが、各所で自由時間を設け、ARISをプレイした。開始地点でARISを起動するよう指示し、その後は、各地点での案内役との会話の最後に含まれる目的地を確認し、次の目的地へ向かうという流れで実施した。ARISの使用は実施時点では、iOSを搭載した機器に限られたため、iOSを搭載した機器が各1台はあるようにグループ分けをし、グループで活動に取り組むようにした。

4. 実践を振り返ってみて

　データは実践中の筆者のフィールドノートに加え、活動終了直後に学習者に実施した英語の無記名自由記述式のアンケートを通して収集した。そして、コード化およびカテゴリー化した上で統合し、分析を行った。データからの直接引用は「」で示し、筆者の翻訳を（）内に示した。なお、学習者にはアンケート収集時にデータとしての使用の承諾を得ている。

　まず、ARISの使用に対する肯定的な意見としては、どちらの活動においても、楽しさや面白さが大きな割合を占めた。その理由は単一ではなく、「Aside from language improvement, culture, history, and geography is introduced in an exciting manner.（言語的上達以外にも、文化や歴史、地理が楽しめる形で紹介されていた。）」「It was such a joyful, fun time to hang out with friends and had something in common to focus on while travelling.（旅行中に友達と一緒に活動をするのはとても楽しかったし、共通のものに集中できるのもよかった。）」などの回答にみられるように、ARISのゲーム性だけではなく、クイズやタスクの内容、グループワークやフィールドワークなどの実施形態が理由として挙げられた。ただ、これらに共通する点として、言語学習にARを使用することにより、「it's a very good program to combine the knowledge and real world.（知識と現実を結びつけるとてもよいプログラムだ。）」とのコメントにみられるように、教室外の実世界を学習に取り入れることができたという点で大きな役割を果たしたと考えられる。活動中の筆者の観察でも楽しみながら取り組んでいる様子がみられ、特に、その場にある展示物や歴史的な建造物などに対する興味関心から、タスクにも積極的に取り組んでおり、言語そのものではなく、活動に焦点が置かれているように感じられた。

　さらに、当該の地点や展示についてのクイズやタスクを提示することにより、限られた時間内において活動中に何を見るべきかという点が明確になった点も利点として挙げられていた。「It brings your attention to the facts you may otherwise miss and/or gives you a simple take home message.（ともすれば見落としてしまいそうなものに気付かせてくれたり、記憶に残るものが得られたりした。）」との学習者のコメントが聞かれた。また、教師が明確な説明や指示をせずとも、学習者自らが答えを探し、話し合ったり、見学や観察などをし

たりする様子がみられた。

　特に言語の学習という点に絞って考えると、「The questions are very straightforward and simple, making it easy to learn new vocabulary, sentence structure, and/or understand the task. （質問がシンプルでわかりやすく、おかげで新しい単語や文構造を学んだり、タスクを理解したりするのが容易になった。）」というように、新しい単語や表現の学習に言及する声が聞かれた。これも上の点と同様に、具体的なコンテクストの中で活動が行われており、その場で必要となる単語や表現であるため、理解が容易になり、学習意欲が高まったといえる。それと同時に、グループワークであったため、協働して問題などを理解しようとしている様子が観察され、このような活動形態も理解の促進に寄与したと考えられる。ただ、サイクス (2012) の実践のように、言語学習により焦点を当て、Salmon and Nyhan (2013) が指摘するように、どのように効果を評価するのかを検討することも今後必要であると考えられる。

　上記のように、本実践は、概ね学習者からは肯定的な評価が得られたといえる。ただ、本実践において、このような肯定的な評価はARを使わなかった際には得られないのかという疑問が浮かび上がってくる。同じコースの異なる学期の学習者に対して、印刷したタスクシートを使用するフィールドワークも行っており、その様子を見る限りでは、ARを使わない活動であったとしても、ある程度の評価は得られていたと思われる。ただし、ARISのゲーム性や案内役のキャラクターとのインタラクション、各地点の位置情報や題材の使用、その場ですぐにフィードバックを返すことができる即時応答性などが相乗効果を生み、それぞれの活動に対し強い動機づけになっている様子が観察された。

　本実践の問題意識として、課外活動が1) 普段の日本語の授業とは切り離されてしまっている印象があること、2) 時間的、言語的制約があり、教師からの一方的な説明になってしまいがちな点を提示した。ARの使用は、従来の課外活動の形を大幅に変えることなく、教室内で学習したものを学習者の興味を引く形で活動に取り入れ、さらに、次年度の学習者へのタスクを作成することで、再び教室内での学習につなげることができた。また、学習者のコメントにもみられたように、教師から説明されるのではなく、自身での気付きや知りたいと思う姿勢にもつながっていたように感じられた。この点にお

いて、ARは学習活動を促進したり、学習意欲をより高めたりするという役割において、言語学習に貢献できていたのではないかと考えられる。

　学習者のコメントから示唆される改善が必要な点は、使用できない機器があることとゲームの設定の不具合など技術的なものであった。本実践での問題は、実際に現地でGPSがどの範囲で反応するのか、設定した場所に行けば本当にARISの活動が始まるのかを確かめるなど、予行演習を十分に行っていれば避けられた問題もあった。しかし、それと同時に、不測の事態に対応するための綿密な計画も必要である。この点で、専門的知識がない者にとって使いやすいツールであっても、AR技術を使う際には、どのような問題が起こりうるかなど、ツールそのものをよく理解しておく必要がある。

　また、活動の目的に鑑みて、どのように取り入れることで、活動の効果がよりよいものになるのか、もしくは取り入れるべきかどうかということも考えておく必要がある (畑佐 2012)。例えば、博物館見学の実践では「It a little bit limited my interest on other things because we focused on finding the things that were indicated.（指示された展示を見つけることに集中してしまったので、他の展示への興味関心が少し削がれた。）」という学習者のコメントがあった。これに関しては、事前に予想ができたため、他の展示も観察するよう、来学期の学習者のためにクイズを準備するという活動も並行して行った。そのため、ゲームにだけ集中してしまう学習者は減ったと思われるが、例えば、問題を設置する展示を増やしたり、グループ活動ではなく、個人行動で行ったりするといった対策を講じることで、さらなる改善が期待できる。その他にも、ゲームの形式やARISの機能に関して改善を指摘するコメントもみられたが、上記のものを含むこれらの課題は、ARを使用することで得られる効果や取り入れる現場での種々の制約などを考慮した上で、対策を検討することが必要であるといえる。

　ARISはあくまでもアプリケーションの1つであり、将来、さらに様々な技術が言語学習に応用できるようになると考えられる。ただ、どのような技術であれ、学習への応用をよりよいものにするのに必要なのは、実践の積み重ねと共有である。この点において、今後も新たな実践とそこから得られた知見の共有、そして、実践の改善を行っていくことが必要であるといえる。

─────────

●関連図書・関連論文の紹介

畑佐一味・畑佐由紀子・百済正和・清水崇文編（2012）『第二言語習得研究と言語教育』くろしお出版

第5部の「総論」(畑佐) では、第二言語教育におけるテクノロジー利用の変遷および先行研究で明らかにされている第二言語習得とテクノロジーとの関係を概観することができる。また、「デジタルゲームと第二言語語用的能力」(サイクス) では、語用論的能力の発達に焦点を当て、サイクスが作成したARISのゲームについて言及されている。

●参考文献

Godwin-Jones, Robert. (2016) Augmented reality and language learning: From annotated vocabulary to place-based mobile games. *Language Learning & Technology* 20(3): pp. 9–19.

畑佐一味 (2012)「第5部 テクノロジーと習得 総論」畑佐一味・畑佐由紀子・百済正和・清水崇文編『第二言語習得研究と言語教育』pp. 260–274. くろしお出版

石川智・米本和弘 (2017)「Augmented realityを使った効果的な速読の指導」全米日本語教育学会年次大会発表資料. トロント

サイクス, ジュリー (2012)「デジタルゲームと第二言語語用的能力」畑佐一味・畑佐由紀子・百済正和・清水崇文編『第二言語習得研究と言語教育』pp. 275–289. くろしお出版

Salmon, Jessica, and Nyhan, Julianne. (2013) Augmented reality potential and hype: Towards an evaluative framework in foreign language teaching. *The Journal of Language Teaching and Learning* 3(1): pp. 54–68.

下浦伸治・田代優美子・畑佐一味 (2015)「GPSゲーム開発環境『ARIS』を利用した教室外日本語学習」『2015 CAJLE Annual Conference Proceedings』pp. 310–319.

謝辞　本活動の実施にあたり、ARISの使用に関して、パデュー大学の畑佐一味先生よりご指導・ご助言頂きました。また、本稿の準備にあたり、秋田大学の濵田典子氏に有益なコメントをいただきました。感謝申し上げます。

第3部

ツール・
コンテンツ編

11 行動中心アプローチにもとづいたヨーロッパにおける日本語オンラインテストの開発

東伴子・代田智恵子

要旨

　グルノーブル・アルプ大学では、フランス国立研究機関 (ANR) に採択された Innovalangues プロジェクトの一環として2012年からCEFR準拠の多言語オンラインテスト『SELF』(Système d'évaluation en langues à visée formative『形成的言語評価システム』) の開発が進められている。本稿では、SELF の紹介と2015年に開始された日本語のテスト開発の独自性および経過を報告する。特に、欧州言語を基盤とする多言語プロジェクトの枠内で日本語テストはどのように構築できるか、コンピュータベースのテストで行動中心アプローチを踏まえつつ能力判定をするためにはどのような点に留意すべきかという2つの課題について述べる。

キーワード　オンラインテスト／CEFR／行動中心アプローチ／オーセンティシティ

1.　開発の概要

1.1.　背景

　2001年にヨーロッパ言語共通参照枠 (CEFR) が欧州評議会により公表されて以来、ヨーロッパの言語教育の現場ではCEFRの導入が定着しつつある。到達目標や学習指導要綱が6段階の共通参照レベルと例示的能力記述文にもとづいて表示され、学習者を社会で行動するもの (social agent) とみなし、言語

行動の達成を目標とする「行動中心アプローチ」への認識も一般化してきている。このようなCEFRの影響は言語や機関を越えたヨーロッパ共通の言語観・評価基準の共有へと繋がり、学習者の移動や生涯にわたる学習の継続を可能にしている (AJE-CEFR プロジェクト評価基準グループ2016、真嶋 2010)。そのような状況の中、ヨーロッパにおける日本語教育はほとんどの機関で多言語という枠組みの中で行われている。そのため、各国の教育制度・各教育機関で学習言語の1つとして日本語が地位を保持し、発展していくためにはCEFRという枠組みを共有することが求められる。近年、日本語学習者の特質やレベルの多様化と同時に、機関、国を越えた移動の機会が増えたことを考えれば、CEFRという共通基準で、ヨーロッパの日本語学習者の熟達度を評価できるテストの必要性は明らかである。しかしながら、特定の機関のためにプレイスメントテストが作られることはあっても、CEFR準拠の広範性、透明度の高い日本語のオンラインテストは管見の限り存在していなかった。このような状況のもと、CEFR準拠の日本語オンラインテストの開発が多言語テスト『SELF』の一環として2015年に開始された。

1.2.　多言語オンライン言語テストSELF

　『SELF』(Système d'évaluation en langues à visée formative『形成的言語評価システム』) は、フランス、グルノーブル・アルプ大学の Innovalangues プロジェクトのサブ・プロジェクトの1つとして開発中のものである。Innovalangues (2012–2019) は、フランス国立研究機構 (ANR) の革新的教育部門の公募プロジェクト (IDEFI) に採択された「フランスの高等教育における言語教育実践の変革」をめざすプロジェクトである。

　SELFはオンラインの言語テストで、プレイスメントテストとしても熟達度テストとしても利用できる。テスト結果はCEFRの尺度に沿って提示されるが、後からCEFRレベルとのリンク付けがされたのではなく問題自体がCEFRに提示されている各領域の記述文をもとに作られている[1]。また2節で述べるように、言語教育・習得理論とテスト理論に則って構築され、高い妥当性と信頼性を追究している。

　SELF は多言語で開発されており、2017年現在6ヵ国語 (イタリア語、英語、中

国語、日本語、スペイン語、外国語としてのフランス語）をターゲット言語とする。パイロット言語としてイタリア語と英語のテスト開発が2012年にスタート、2015年9月に実用化され、2017年1月の時点でフランス国内外の複数の機関でCEFR A1レベルからC1レベルまで24,000人以上の受験が行われている。テスト使用を希望する場合は、グルノーブル・アルプ大学と該当機関の間で使用協定を結ぶことにより、その機関の学生は無料で受験することができる。日本語は上述のように2015年9月に開発を開始し、2017年7月にA1からB1レベルまで判定できるテストが実用化された。テストのレベルに関しては、他のヨーロッパ言語と異なり、フランスの日本語学習者にはC1レベルが非常に少ないことから、日本語のテストは需要の多いA1からB2レベルまでの判定をめざすことにし、その後もB2レベルを含むテスト作成に向けて開発を続けている。

　以下SELFの多言語共通の特徴について述べる。

①コンピュータベース、自動採点の適応型テスト

　テストは2段階に分かれている。最初のステップである全員共通のミニテストでの正答状況に応じて、2段階目でそれぞれ異なったレベルの問題で構成される3つのステップに振り分けられることにより、各自のレベルが的確に判定できるようになっている。ミニテストは識別力が特に高いアイテムを中心に構成されている。このシステムにより1時間以内でのレベル判定が可

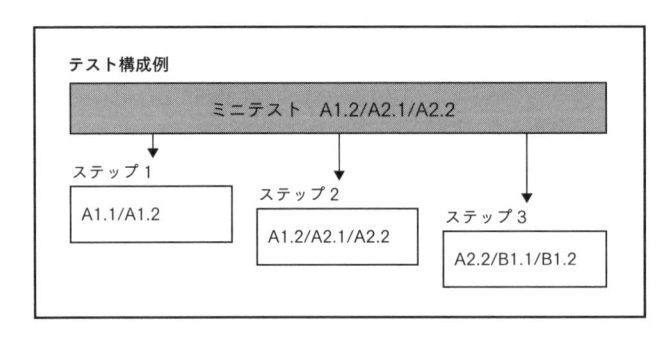

[図1] テスト構成

能になっている。図1はA1からB1まで判定できる日本語テストの実用化初版の構成で、各ステップに含まれるアイテムのレベルが下位レベル（例 A1.1/ A1.2）により示されている。

②コミュニケーション言語能力を測定

SELFの構成概念は「コミュニケーション言語能力」であり、ある課題を達成するために特定領域で行う言語活動において駆使される能力（Conseil de l'Europe 2000）と定義できる。その能力を当テストでは、聞く、読む、書く（文完成）という3つの技能を通して自動採点のテストで測る。各問題は、コミュニケーション言語能力の下位カテゴリーである言語能力、社会言語能力、語用論的能力の1つか複数の要素に焦点が当てられている。しかし、一般的知識、社会文化的知識が関わってくると上記の3技能の測定を妨げる恐れがあるため、作題時にはそこに焦点が当たらないよう留意しなければならない。日本語のように文化的な相違が大きい言語では、オーセンティックな素材を使用する場合（3.2参照）、特に注意が必要となる（Higashi, Shirota, and Nagata 2017）。

③コンピュータベースのテストによる制約の緩和

コンピュータベースのテストであるSELFは、受容能力中心・多肢選択式という評価方法の制約があると同時に、短時間でどこにいても受験できるという広範性・利便性、自動採点による客観性などの有益性をもつ。したがって、SELFでは、コンピュータベースのテストという制約を緩和し、コミュニカティブ、さらには行動中心的な観点から評価する工夫が行われている（Cervini and Jouannaud 2015）。

まず、受験形態に関しては、学習者のオートノミーとタスク達成ストラテジーの促進を重視している。聴解問題の例を挙げると、タスクが表示されると自動的に音声が流れてくるのではなく、画面に表示されるタスクの状況説明、問題文（会話など）、質問、選択肢の中から自分で聞きたいもののアイコンをクリックし、必要に応じて複数回聞くことができる。オーセンティックなコミュニケーション場面でも、自分がわからなかった部分を把握し、聞き返したり、確認するストラテジーが必要だからである。またテストには制限時間がない。このような特徴は、コンピュータテストによるストレスを軽減

し、学習者がテストを受けながらも自らを「実際にコミュニケーションしている者」の場におき、実践を通して学ぶという形成的効果を狙ったものであるといえる。

④レベルの表示

テスト終了時に、CEFRのレベルに準じて各技能ごとに到達レベルが表示される（例「聞く技能：A 2.2、読む技能：A 2.1、書く技能：A 1.2」）。このようなフィードバックにより、各学習者が自分の得意な技能と弱い技能を意識化するという形成的な評価が可能になる。また、CEFRの提唱する複文化・複言語の観点からも能力の不均等性は当然のこととされており、部分的能力を考慮した表示になっている (Conseil de l'Europe 2000)。日本語に関していえば、例えば日本のアニメを見ることが日常的な活動の一部となっている場合、聞く活動は得意だが、読むことは実践のレパートリーに入っていない言語使用者の存在も認める必要があるということである。

また、SELFはプレイスメントテストというニーズ上、部分評価と同時に全体のスコアも算出され、どのレベルのクラスに入ったらよいかというアドバイスが表示される（例「A2.2レベルに向けて習得中」）。受験結果の一覧表は必要に応じて依頼機関にも届けられる。

2. テスト開発プロセスにおける日本語テスト作成

SELFのテスト開発は多言語共通の方法論に則って進められている。図2は欧州言語テスト協会ALTEが提唱する言語テスト開発プロセスをもとに、SELF用に作られたテスト開発のサイクルを表している (ALTE 2011、Cervini 2016)。

以下日本語テストの作成過程をこの多言語共通のサイクルに沿って説明する。

1は事前調査とテスト用のレベル記述表作成のステップである。日本語の場合は、ヨーロッパの学習者を対象にする当テストの作成にそのまま利用できる日本語のCEFR準拠のレベル記述表がなかったため、独自の「参照レベル記述表」をCEFR関係の文献 (Conseil de l'Europe 2000、2005、Van Ek and Trim 1990) にもとづき作成した[2]。また、ヨーロッパの日本語学習者の言語活動に関する

実践研究 (CEFR B1 プロジェクト・チーム 2012) も参考にした。この「参照レベル記述表」は網羅的なシラバスというより、タスク作成・チェック時のガイドラインとしての役割を担い、形式、内容に改善を重ねて、より総括的な記述表の完成をめざしている。作成手順など詳しくは3.1で紹介する。

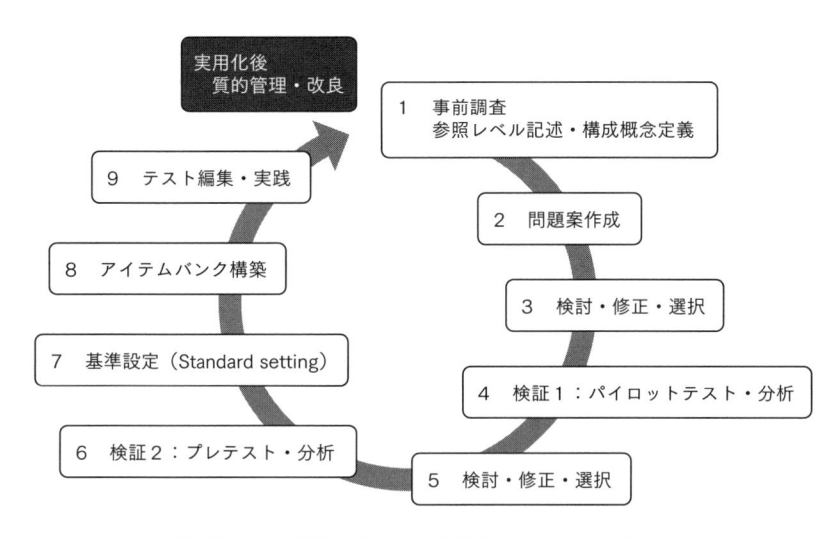

[図2] テスト開発のプロセス（ALTE 2011、Cervini 2016）

2では、1のレベル記述表とSELF全体のために作られた「アイテムライティングの手引き」を参照しながら各レベル、各技能の問題案 (タスク、アイテム) の作成を行う。日本語の場合、基本的には各言語共通のルールに従うが、ヨーロッパ言語より複雑である側面 (文字表記、レジスター) においては、日本語独自の細かいルールが必要になった。具体的な問題の構成 (タスク、アイテム)、作成の詳細については3.2で述べる。

3では、作成された問題案をチームで一つ一つ検討する。タスク・アイテム設定の自然さ、質問のわかりやすさ、レベルの適切さ、測る能力の明確さ、選択肢の妥当さなどを受験者の活動時の認知操作を想定しつつ厳密に見直し、修正する。良質と判断された問題のみ次のステップであるパイロット

テストにかけられる。

　4では、アイテムの質を検証するために、レベルごとに最低50人の受験者を集めてパイロットテストを複数回実施する。例えばA2レベルの問題のパイロットテストは、A2習得中と判定される学生のみを対象に行わなければならない。日本語の場合、A1からB1まで総計365人を対象に、教材や教授法による影響を避けるため、フランスの複数の高等機関でテストを行った。パイロットテストで得た結果は、古典的テスト理論にもとづいた心理統計分析により（SELFでは分析ソフトとして「Tiaplus」を使用）、アイテムの妥当性、難易度、選択肢の有効性などがチェックされる。同時に質的データとして、テストの前には受験者の言語的背景、自己評価などに関するアンケート、テスト時にはそれぞれのタスクについての難易度チェック、テスト後にはテストに関する意見を求めるアンケートが行われる。それに加え、日本語チームでは各レベル2名ずつ思考発話法を使用して受験の様子を録画し、試験中の認知プロセス、予期しない問題点などを調べた。

　5では、上記の心理統計分析結果から、識別力、困難度、選択肢の有効性に問題のあるアイテムを削除したり、修正して次回のパイロットテストへのかけ直しを決定する。また、アイテム作成者も、このようなパイロットテストの統計的分析結果の検討作業を経て、より適切なアイテムが作れるようになっていく。

　6では、2度目の統計的検証であるプレテスト（予備テスト）とその分析を行う。分析はラッシュモデルによる項目応答理論を用い、特性値のよいアイテムのみ難易度順に選出する（SELFでは分析ソフトとして「Winstep」を使用）。このプレテストは、それまでの検証を経て採用された全てのレベルのアイテムを集め、ターゲット受験者層を想定した標本集団を対象に行われる。限られた時間で多くのアイテムを検証するため、テストは2セット準備する。日本語に関しては、A1からB1までの総計428人を対象にプレテストを行ったが、Aレベルの学習者はそのうちの8割強に設定した。

　7の基準設定では、Bookmark methodを使用し、検証2の結果により技能別に難易度順に並べられたアイテムの分割点の協議を行う。この協議は、客観性という観点からチーム外のCEFRに精通した教育専門家によって行われる。日本語の場合は、日本語教育者を8人招聘し、A1とA2、A2とB1の分割

点を定めた。

8では、7までの過程を経たアイテムをアイテムバンクに入れ、各アイテムには「アイデンティティ・カード」と呼ばれるアイテムの特性一覧表が添えられる。

9では、実用化に向け、テスト編集を行う。正答状況とレベルの関係を決定するアルゴリズムは言語によって若干調整される。その後、機能をチェックして実用化となる。実用化後も、受験データ、協定機関（教師、受験した学生）からのフィードバックを綿密に観察、検討し、質の管理とともに、テストの改良が続けられる。

以上のようなプロセスは、一方通行の線的なものではなく、ときには戻り、繰り返しながらサイクルが終了し、一式のテストが作られる。一つ一つのアイテムは、作成時と決定時のチームメンバーの教育的な知識と経験による考察、テスト理論にもとづく2回の統計分析とその後の質的考察、そして外部の複数の言語教育専門家たちの議論による質的判断というように、多角的な検討、検証を経ている。またパイロットテスト時に行ったアンケートによる受験者からのフィードバック、日本語チームが思考発話法で収集したデータも質的考察の資料となっている。

3. CEFR準拠のタスク作成

本節では、SELFの枠組みの中で、日本語テストを作成する際の課題、主に、欧州言語を基盤とするCEFRの適用、問題のオーセンティシティとコンピュータベースのテストにおける行動中心的要素の測定、という観点から、問題作成のガイドラインと留意点について記述する。

3.1. CEFRにもとづいた参照レベル記述表の作成

SELF の他言語、英語やイタリア語などのヨーロッパ言語には、すでに欧州評議会に登録されている RLD（Reference Level Descriptions）という CEFR にもとづいた言語別の参照レベル記述がある。しかし、日本語にはこのような公認の記述表もなく、また前述したように、SELF のテスト開発にそのまま利用可能

なCEFR準拠のレベル記述表もないため、独自に参照レベル記述を作成する必要があった。作成にあたっては、フランス、あるいは、ヨーロッパ圏の日本語学習者を対象とし、非ヨーロッパ言語としての日本語の特性、主に、表記法（ひらがな、カタカナ、漢字という3種類の表記法）とレジスター（言語使用域）の違いをどのように反映させるかが課題となった。

　記述表では、CEFRで用いられている分類法にもとづいて、①コミュニケーションのテーマ（Van Ek and Trim 1990: 59–81）、②CEFRの記述文、③機能的記述（能力記述、Can-Do Statementに該当）、④談話タイプ、⑤テクストタイプ、さらに言語要素として、⑥語彙・漢字、⑦文法・表現というように、学習者の言語活動をより広範な概念的カテゴリーから次第に具体的に言語化できるよう下位項目を設定した。③機能的記述や⑤テクストタイプでは、学習者の実際の日本語使用においてはインターネットが多用されているというCEFR B1プロジェクト・チーム（2012）の調査結果にもとづいて、通信手段として、葉書やメモ、メールの他に、ショートメッセージ、ソーシャル・ネットワーキング・サービス（SNS）などのメディアを使用したものを積極的に取り入れた。

　漢字については、①で設定したテーマ別に、学習者の実際のコミュニケーション活動に必要なもの、そして、実際のタスクに頻出するものという観点から、独自の参照リストを作成し（A1：57字、A2：144字）[3]、リスト内の漢字には問題文中で、基本的にふりがなをつけず、リスト外の漢字は、ひらがな表記またはふりがなをつけて使用するというような表記の基準とした。また、表記方法については、状況設定や媒体（ショートメッセージ、メール、ブログ、新聞記事など）の特性、オーセンティシティとテストとしてのレベル判定の妥当性という条件を満たすよう考慮している（具体的な表記例については、3.2を参照）。

　レジスターに関しては、例えば、A1レベルでは、丁寧体の使用が基本だが、A2では普通体と敬語も導入され、Bレベルでは場面、状況に合わせたレジスターの使い分けが行われる、というように、熟達度が上がるにつれて広がりをもたせるようにした[4]。

　次の表1〜3は、A1、A2、B1の各レベルの記述表のテーマ「9. 買い物」の中で次項3.2に挙げられた問題例（図3〜5）に関連する記述[5]、また、表4は、A1とA2の漢字参照リストから、同じテーマ「買い物」に分類された漢字の抜粋である。各レベルのCEFRの記述文から文脈化、言語化されたコミュニ

ケーション活動が機能的、言語的に変化していることがわかる。

[表1] 参照レベル記述例 A1

コミュニケーションのテーマ	CEFR の記述文	機能的記述	談話タイプ	テクストタイプ	語彙	文法・表現
9. 買い物 9.1. 店 9.2. 食品（→10.1) 9.3. 衣服 9.4. たばこ 9.5. 家庭用品 9.6. 価格	*3.3 表1共通参照レベル：全体的な尺度「具体的な欲求を満足させるための、よく使われる日常的表現と基本的な言い回しは理解し、用いることもできる。」	「短い簡単なショートメッセージを読んで理解し、対応することができる。」 説明 働きかけ	説明 働きかけ	ショートメッセージ	品物（食べ物、飲み物、文房具、服など）の名前、値段（〜円、ユーロ） 何、どこ（の）、いくつ、いくら 売る、買う	N を買ってください。 N を買いましょうか。

[表2] 参照レベル記述例 A2

コミュニケーションのテーマ	CEFR の記述文	機能的記述	談話タイプ	テクストタイプ	語彙	文法・表現
9. 買い物 9.1. 店 9.2. 食品（→10.1) 9.3. 衣服 9.4. たばこ 9.5. 家庭用品 9.6. 価格	*5.2.1 一般的な使用可能言語の範囲「自分自身に関すること、毎日繰り返して行われること、必要なものや要求、情報の請求など、具体的な欲求を満たすために必要な、簡潔な日常的表現が作れる。」	「自分が必要なものや要求ができる。」	説明 働きかけ	ショートメッセージ	コンビニ 日本酒 買っていく／買ってくる	〜たら 〜がいい 〜でもいい

[表3] 参照レベル記述例 B1

コミュニケーションのテーマ	CEFR の記述文	機能的記述	談話タイプ	テクストタイプ	語彙	文法・表現
9. 買い物 9.1. 店 9.2. 食品（→10.1) 9.3. 衣服 9.4. たばこ 9.5. 家庭用品 9.6. 価格	*4.4.3.1 製品やサービスを得るための取引「店や郵便局、銀行で、例えば、気に入らなかった品を返品するなどの、あまり日常では起きない状況に対応することができる。苦情を言うことができる。」	「電話または店で、買った商品に関する問題について説明し、解決することができる（返品、交換、修理など）。」	説明 論議	メール	お客様 ご不快 商品 調子が悪い 困る 返品 修理	〜のに 〜にもかかわらず V れる お/ご〜いただく おります/ございます 〜（さ）せていただきます V ことになっている

[表4] 漢字参照リスト抜粋

テーマ	レベル	漢字
9. 買い物	A1	円、買、売
	A2	店、屋、赤、青、黒、白、高、安

3.2. タスク作成におけるオーセンティシティと行動中心的要素の測定

　SELFは、測定する3技能に対応する聴解 (CO: Compréhension de l'orale)、読解 (CE: Compréhension de l'écrit)、文完成 (EEC: Expression écrite courte) という3種類のタスクから構成されている。各タスクは、図3のように、基本的に、①コンテクスト、②問題文、③アイテム、④質問、⑤選択肢で構成され、③のアイテムは、④質問と⑤選択肢を含む。また、1つのタスクに複数のアイテムが設定される場合もある。

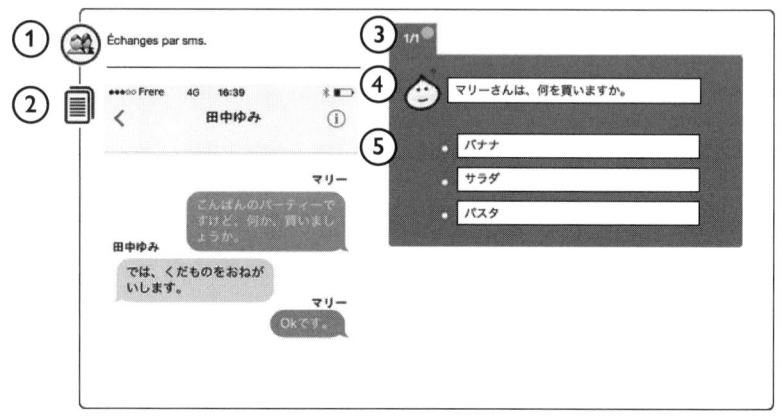

[図3] A1 レベルの読解問題（CE）

　SELFでは、CEFRの行動中心的アプローチという観点から、オーセンティックな問題文からタスクを作成するというのが前提となっている。ただし、Aレベルなど、より低いレベルのタスクでは、レベルに合わせて、オーセンティックな素材を修正して問題文に使用することも可能とされている。これはヨーロッパ言語を対象としたガイドラインであるが、日本語の場合、前項でも述べたように、表記法とレジスターという点でヨーロッパ言語とは異なるため、特にAレベルでは、オーセンティックな素材をそのまま使用すると、レベル判定として妥当なタスクを作るのは非常に困難であることがわ

かった。例えば、CEFRのA1には、「ホテルの宿帳に名前、国籍や住所といった個人のデータを書き込むことができる」(吉島・大橋（編）2004: 28) という記述があるが、日本語の場合、そのようなタスク遂行に求められる「国籍」、「氏名」、「職業」のような語彙はA1レベルで学習・使用する身近な語彙 (国、名前、仕事) と異なる。また、日本のホテルの用紙には、英語が併記されている場合が多いという点から、必ずしもオーセンティックな言語活動とは言えないという問題点もある。一方、Bレベルでは、日本語でもオーセンティックな素材で問題を作成する可能性は広がるが、実際には著作権の取得が困難で、使える素材が非常に限られることがわかった。

　そこで、①状況的オーセンティシティと②対人的オーセンティシティという理論的概念を援用し (ALTE 2011、Cervini and Jouannaud 2015)、可能な限りオーセンティックに近い問題文を作成することにした。状況的オーセンティシティというのは、学習者 (受験者) が日常生活で実際に行うような言語活動を正確に表すものであり、対人的オーセンティシティとは、学習者が言語活動にインタラクティブに参加する (と想定できる) ものである。例えば、状況設定では、ヨーロッパの学習者が日本語を使う場面として、日本人の友人や教師、同僚、日本食レストランの店員との会話、ショートメッセージやブログ、SNSの投稿などが挙げられる (3.1参照)。また、インターアクションという観点からは、ノンネイティブ (受験者) が、聴解では「聞き手」、読解では「読み手」(図3では、マリーがゆみの返事を読んで理解し、図5では、レアがメーカーからの返事を読むという設定)、文完成タスクでは「書き手」(図4では、トマが書き手) になるように設定した。

　この2つのオーセンティシティに関する概念は、上述したように、漢字の表記方法にも反映されている。例えば、上記図3のA1の問題では、「何」「買」はA1のリスト内の漢字、「今晩」の「晩」、「願」は参照リスト外の漢字であるが、個人間のショートメッセージで、ノンネイティブとのやり取りではひらがな表記 (「こんばん」「おねがいします」) もあり得るという設定になっている。一方、図5のB1の問題では、顧客とメーカーのメールのやり取りという社会的、公的場面という設定にもとづき、参照リスト外の漢字でもそのまま漢字で表記した上で、ふりがなを付記する方法で、メールでの表記法 (ひらがな書きはしない) というオーセンティシティを保持しつつ、テストのレベル (B1) に合

わせるというようにしている。さらに、Bレベルでは、新聞記事などのオーセンティックなテクスト（または抜粋）を問題文として使用した場合には、参照リスト外の漢字でもふりがなをつけず、その漢字を含む部分は質問の焦点とはしない、あるいは、質問や選択肢ではふりがなをつけて類推や推測能力を測るというタイプの問題も作成している。

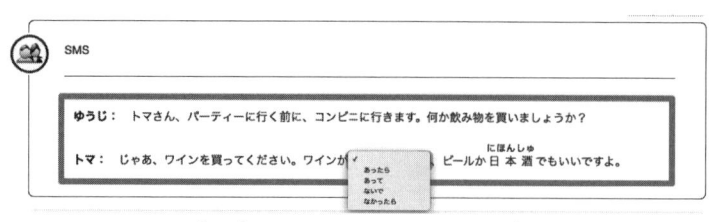

［図4］A2レベルの文完成問題（EEC）[6]

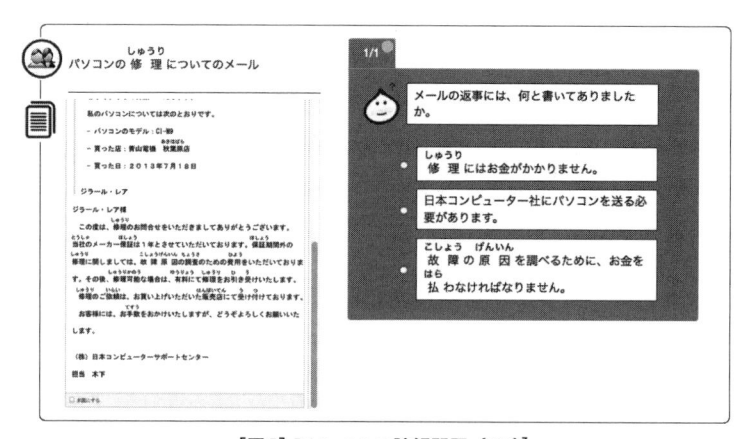

［図5］B1レベルの読解問題（CE）[7]

　また、SELFのように、選択問題が主であるコンピュータベースのテストでは、行動中心的要素、特に、コミュニカティブ、あるいは、インターアクション能力を測定するのは難しいとされている。そこで、SELFでは、聴解や文完成問題では、「このあと、何と言いますか」「このあと、どう書きますか」

というような質問形式による談話完成タスク (discourse completion task : DCT)、聴解や読解の問題では、図3の「何を買いますか」、あるいは「これから、何をしますか。」というような、その後の行動を問う質問を設定することによって、インタラクティブな問題を作成している。

4.　まとめ

　本稿では、フランスで開発中のCEFR準拠のオンライン日本語テストの開発過程を紹介した。特に、多言語環境で普遍性を尊重しつつ特殊性を考慮する必要性、自動採点という制約下でのコミュニカティブなタスク・アイテム作成の留意事項、質的・数量的な複数の検証による信頼性・妥当性の追求などの多角的な独自のアプローチについて述べた。

　SELFは厳密なテストプロセスを踏襲して作成されたものであり、機関を越えヨーロッパ内で広範性をもつテストとして利用されることを目的とするが、いわゆる大規模テストである資格認定試験とは性格、目的が異なる。当プロジェクトInnovalanguesの目的である「言語教育実践の変革」はこのテスト開発、実用化を通してどのように実現できるのであろうか。第1に、CEFRの提案する領域とヨーロッパ学習者の言語活動を中心に考案された当テストを受けることにより、教師、学習者とも、日常的な言語活動を通して言語レベルが測れるという「新たな評価基準」に対する認識が深まると考える。そして、より社会に開かれた教育の実践が想定できる。第2に、日本語のCEFR文脈化が進んでいるとはいえ、現在のところ機関ごとのレベルに関する共通認識が十分にあるとはいいがたいという状況において、このような具体的なCEFR準拠のテストを提供することにより、今後共有へ向けての議論の活発化が期待できる。最後に、テスト開発の展望としては、フィードバックを検討しながら改善を重ね、形成的効果をさらに補強し、診断的評価が出せるテストへと発展させることを考えている。

●注
1 評価基準の共有をめざし多数の大規模検定試験、資格試験が欧州言語テスト協会ALTEが提唱するプロセスを踏んでCEFRレベルとの対応化を行っている（Martyniuk (ed.) 2010、Conseil de l'Europe 2010、杉本2006）。

2 CEFRに準拠した日本語のシラバス、ツールは「JF日本語教育スタンダード」（国際交流基金）、フランス教育省公認の中等教育における日本語指導要綱（Palier 1、Palier 2）などがフランスで利用されている。

3 B1については、現在問題を作成中であるため、漢字参照リストはまだ完成していない。

4 フランスの大学生の間で、普通体を使用した文での言語活動への参加（アニメを見る、日本の友人とSNSでやりとりをするなど）のニーズ、モチベーションが高いことは想定できるが、A1レベルでは現行のほとんど全てのシラバスにおいて丁寧体が使用されているという教育現場の実態を踏まえ、テストにおいても同様の基準を採用した。

5 参照レベル記述はフランス語で作成されているが、表1–3はその一部の日本語訳である。また、SELFの問題は非公開であるため、現在実用化されているテストには使用されていないものを問題例として掲載している。

6 この問題も個人間のショートメッセージではあるが、このように「日本酒」という複合語の中で「酒」のみが参照リスト外という場合には、語彙の意味のまとまりという点から、全体を漢字表記にしてふりがなを付記するという表記法を採用した。

7 問題文が長く、画面に全体が表示されない場合は、スクロール、または、ポップアップして読むことができる。

●関連図書・関連論文の紹介
野口裕之・大隅敦子（2014）『テスティングの基礎理論』研究社
　本稿で言及したテスト開発に関する概念や用語、統計分析の詳しい説明がされている。

●参考文献
AJE-CEFRプロジェクト評価基準グループ (2016)『ヨーロッパの日本語教育における評価基準の共有の可能性と課題―大規模言語試験の分析からの考察』http://www.eaje.eu/media/0/myfiles/cefr/dainibu-full.pdf

ALTE. (2011) *Manual for Language Test Development and Examining*. Council of Europe.

CEFR B1プロジェクト・チーム（2012）『CEFR B1言語活動・能力を考えるプロジェクト2011年度活動報告書』http://japanologie.arts.kuleuven.be/bestanden/B%201%20project.pdf

Cervini, Cristina. (2016) Approcci Integrati nel testing linguistico : esperienze di progettazine et validazione in prospettiva interlinguistica. In *Interdisciplinarità et apprendimento linguistico nel nuovi contesti formative. L'apprendente di lingue tra tradizione et innovazione*. Bologna. Quaderni del CESLic. pp. 64–85.

Cervini, Cristiana and Marie-Pierre Jouannaud. (2015) Ouverture et tensions liées à la conception d'un système d'évaluation en langues, numérique, multilingue et en ligne, dans une perspective communicative et actionnelle. Alsic vol 18. http://alsic.revues.org/2821;DOI : 10.4000/alsic.2821

Conseil de l'Europe. (2000) *Cadre européen commun de référence pour les langues : apprendre, enseigner, évaluer.* Paris : Didier.

Council of Europe. (2005) *Reference level descriptions for national and regional languages (RLD): guide for the production of RLD* version 2. https://www.coe.int/t/dg4/linguistic/source/dnr_guide_en.pdf

Conseil de l'Europe. (2010) *Relier les examens de langues au Cadre européen commun de référence pour les langues*: Apprendre, enseigner, évaluer : un manuel. Division des Politiques Linguistiques, Strasbourg.

Higashi, Tomoko, Chieko Shirota, and Michiko Nagata. (2017) Developing a Japanese Language Test for a Multilingual Online Assessment System: Towards an Action-oriented Approach to Japanese Instruction in Europe. *ALTE 6th International Conference, 3-5 May 2017, Conference Proceedings*, pp. 236–245. http://events.cambridgeenglish.org/alte2017-test/perch/resources/alte-2017-proceedings-final.pdf

真嶋潤子（2010）「CEFRにおける評価とアセスメント」佐藤慎司・熊谷由理（編）『アセスメントと日本語教育―新しい評価の理論と実践』pp. 19–43．くろしお出版

Martyniuk, Waldemar. (ed.) (2010) Aligning tests with the CEFR. Cambridge: Cambridge University Press.

杉本明子（2006）「ヨーロッパの言語テストの共通枠組み　ALTE Framework」国立国語研究所編『世界の言語テスト』pp.25–39．くろしお出版

Van Ek, J.A. and L.J.L.M Trim. (1990) *Threshold 1990*. Cambridge: Cambridge University Press.

吉島茂・大橋理枝（訳・編）(2004)『外国語教育II 外国語の学習、教授、評価のためのヨーロッパ共通参照枠』朝日出版社

謝辞　2005年9月から2007年8月まで日本語チームメンバーとして、レベル記述表・漢字参照リスト作成、アイテム作成、予備テスト実施・結果分析など全ての過程においてテスト開発に携わった永田道子氏に謝意を表する。

12 漢字力診断テストによる日本語力の評価

加納千恵子・魏娜

要旨

　外国人学習者による日本語の漢字の学習上の困難点を明らかにし、それら
を克服するためのフィードバックを提供するという診断的評価を目的とし
て、複数の評価軸からなるWEB版漢字力診断テストを開発した。初級レベ
ル、中級レベル、上級レベルの各段階において、漢字および漢字語彙の意味
理解、読み、書き、文中での用法、音声による処理という5つの評価軸を設
け、12のテスト項目ごとに10問のテスト問題（合計120問）が用意されてい
る。従来、漢字テストといえば、読み書きに限られたテスト形式が定石で
あったが、本テストではそれらに加えて日本語の他の技能、特に聴解力との
組み合わせで漢字語彙力を総合的に評価することを試みている。テスト開発
の経緯、各レベルのテスト内容、およびそれらのテストで測られる言語能力
とフィードバック機能について報告し、漢字力診断テストの利用方法につい
ても述べる。

キーワード　漢字語彙力／診断的評価／聴解力／フィードバック

1.　開発の概要

　漢字力診断テストの理念を最初に具現化したのは、中級漢字教材『漢字
1000PLUS　INTERMEDIATE KANJI BOOK vol.1』（加納（他）1993）である。表
語文字である日本語の漢字は、字形、読み、意味、用法という4つの情報を

担っており、表音文字のように字形と読みの連合を覚えるだけでは適切に運用できるようにならない。そのため、従来のような漢字の読み書きテストでは、学習成果の到達度をみることはできても、学習者の困難点を明らかにし、その後の学習をさらに効果的にするためのフィードバックを提供するという診断的評価としては十分でないことを指摘し、4つの評価軸からなる、紙による漢字力診断テスト（加納（他）1993: 1–15）を作成した。このテストは多くの外国人学習者に利用され、中級レベルの漢字学習を始めようとする学習者の困難点を明らかにすることができた。

　そこで、平成4年度〜6年度JSPS科学研究費補助金一般研究（B）「パーソナルコンピュータを利用した外国人学習者の漢字力テスト（CAT）の開発」（課題番号：04455003）の助成を受け、この紙のテストに漢字語彙の音声処理能力を測る評価項目を加えた中級漢字力診断テストをコンピュータテストとして実現した。

　その後、スタンドアロンのコンピュータテストの時代からインターネット上のeテスティングの時代へと移行するのに伴い、平成12年度〜15年度JSPS科学研究費補助金基盤研究（B）(2)「非漢字圏外国人学習者の漢字語彙力測定のための標準テストの開発」（課題番号：12480059）の助成を受け、初級レベル、特に非漢字圏学習者を対象とした漢字語彙力測定のためのテスト開発を行った（加納・酒井 2003）。そして、平成17年度〜20年度JSPS科学研究費補助金基盤研究（B）「外国人学習者の漢字語彙処理能力測定システムの開発および利用に関する研究」（課題番号：17320076）の助成により、初級および中級のWEB版漢字力診断テストの改定を行った（加納 2008）。筑波大学の留学生センター（現在のグローバルコミュニケーション教育センター：CEGLOC）の「筑波日本語テスト集（Tsukuba Test-Battery of Japanese: TTBJ、URL:ttbj-tsukuba.org）」のシステムに格納する形で完成し、2014年6月から一般に公開している（加納・魏 2014、酒井・加納・小林 2015）。

　さらに、平成23年度〜26年度JSPS科学研究費補助金基盤研究(B)「日本語教育スタンダードにおける漢字力の評価に関する研究」（課題番号：23320102）によって、学習者自身によるcan-do statements形式の漢字力の自己診断の可能性を試み、その成果を活かしてテストプログラムの改修を行った。最終的には、平成27年度〜29年度JSPS科学研究費補助金基盤研究（B）「日本語の漢字力評価の方法に関する研究」（課題番号：15H03214）により、初級レベルから上

級レベルまでの漢字力診断テストおよび結果のフィードバック機能について一応の完成をみたといえる (加納・魏 2017)。

　図1にTTBJシステムと漢字力診断テストの構成の概略を示す。

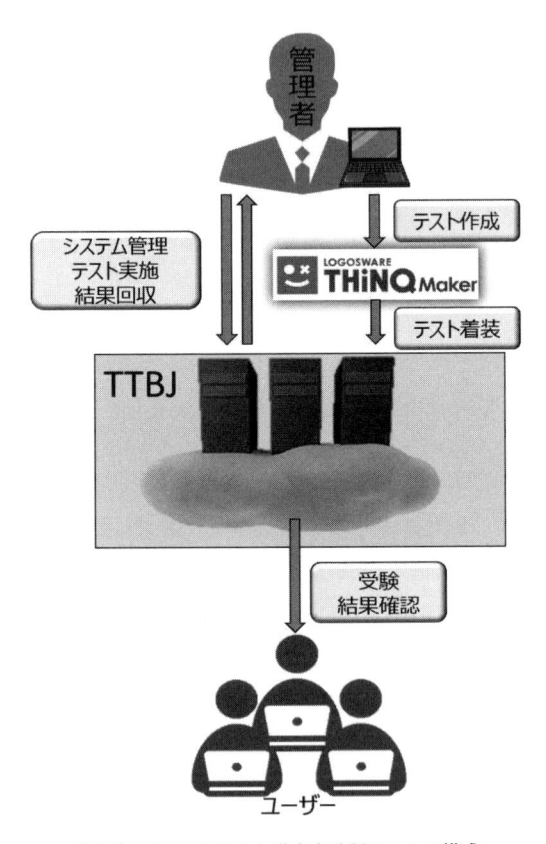

[図1] TTBJシステムと漢字力診断テストの構成

2. 漢字力診断テストで測る言語能力とテスト内容

2.1. 漢字力診断テストで測る言語能力

　表語文字である日本語の漢字は、その学習において語彙知識の学習との共通点が多いことから、Nation (2001) による外国語学習における語彙知識の考え方が参考になる。Nation (2001) は、語彙の知識を受容と発表という2つの言語運用モードに分けた上で、それぞれ①語の形式的知識、②語の意味に関わる知識、③語の用法的知識の3つに分け、さらに各知識を以下のa、b、cのように下位分類している。

①語の形式的知識：a. 発音　b. 綴り　　c. 品詞
②語の意味に関わる知識：a. 形態と意味　b. 概念と意味　c. 連想
③語の用法的知識：a. 文法的機能　b. 意味的共起性　c. 使用上の制約

　これを日本語の漢字語彙の知識に当てはめて、以下のように考えた。

①漢字の形式的知識：a. 読み　b. 書き（字形）　c. 品詞
②漢字の意味に関わる知識：a. 形態と意味　b. 概念と意味　c. 連想
③漢字の用法的知識：a. 文法的機能　b. 意味的共起性　c. 使用上の制約

　従来の漢字のテストでは、主に漢字の読みと書き（字形）の連合、形態と意味の連合ができているかどうかをみることに重点が置かれていた。しかし、漢字を語彙として日本語の中で適切に運用できるようにするためには、漢字の品詞性や概念的なネットワーク知識（上記の②のbやcに相当する、上位語や下位語、同位語の関係、対義語や類義語などの知識）に加えて、漢字の文中での用法や使用上の制約（上記の③のa～cに相当）なども重要な知識であると考えられる。
　さらに、日本語母語話者は日常的に漢字語彙を読み書きに使うばかりでなく、聞いたことばの漢字を思い浮かべたり、どんな字形を書くかを口で説明したりもしながら使っていることを考えると、学習者にとっても日本語の漢字の読み書きができるようになることだけでなく、日本語を音声で聞いたと

きに処理できるようになることも重要な目標となるであろう。

そこで漢字力診断テストでは、そのような音声処理も含めた漢字語彙知識および漢字運用力を「漢字力」と捉え、図2のような評価内容を想定した。

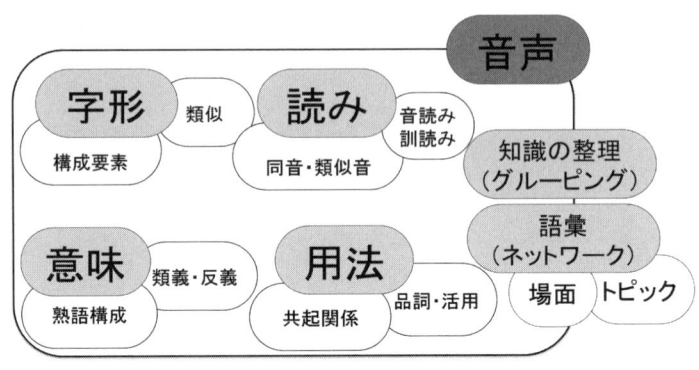

[図2] 漢字力診断テストの評価内容

漢字の書き（字形）、読み、意味、文中での用法に関する知識・運用力ばかりでなく、音声による漢字の処理能力を測る評価カテゴリーを設け、診断的評価をすることによって、学習者の漢字力を総合的な日本語力の向上につなげることがテスト開発の大きな目標となっている。

2.2. 漢字力診断テストの内容

WEB版漢字力診断テストでは、外国人学習者の漢字力を、書き（字形）、読み、意味、文中の用法、音声処理という5つのカテゴリー（評価軸）に分け、全部で12の評価項目を設けて、各項目につき10問、合計120問で、診断的評価を行う内容になっている。レベルによって各カテゴリーに相当する評価項目の内容と数にずれがあり、その内容の対照表を表1に示す。

初級では、漢字の意味理解の力をみる評価項目として①漢字を見て英語の意味を選択する問題と②反義の漢字・漢字語彙を選択する問題、読みの力を

[表1] 漢字力診断テストの評価カテゴリーおよび評価項目

カテゴリー	項目	初級	中級	上級
意味	①	漢字を見て意味（英語）を選択する	語構成の問題	類義の漢字語彙を選択する問題
	②	反義の漢字・漢字語彙を選択する	同左	同左
読み	③	漢字語彙の読みを選択する	同左	同左
	④	同音の漢字を選択する	同左	同左
				語彙中の同音の漢字を選択する問題を追加
書き	⑤	漢字の構成要素を識別する	部首の選択問題	漢字語彙のひらがな表記を選択する問題（音読み語）
	⑥	漢字語彙のひらがな表記を選択する	同左	漢字語彙のひらがな表記を選択する問題（訓読み語）
用法	⑦	漢字の送り仮名を選択する	同左	
	⑧	漢字語彙の品詞性を識別する	同左	
	⑨	文法的情報により文中の適切な漢字語彙を選択する	初級問題の⑨と⑩を統合した問題	文脈から適切な漢字語彙を選択する問題（漢語）
	⑩	意味的共起性から文中の適切な漢字語彙を選択する		文脈から適切な漢字語彙を選択する問題（和語）
音声	⑪	音声を聞いて、3つのことばに共通に使われている漢字を選ぶ問題	同左	同左
	⑫	漢字語彙の意味説明を音声で聞いて、相当する語彙を選択する	同左	音声により文中の語彙を選択する問題
				文を聞いて、その中で繰り返されたことばを入力する問題（ディクテーション）
総合		漢字の仲間探しの問題を追加		

みる評価項目として③漢字語彙の読みを選択する一般的読み問題と④同音の
漢字を選択する問題、書きに相当する字形処理の力をみる評価項目として⑤漢
字の構成要素を識別する問題と⑥漢字語彙のひらがな表記を選択する問題、
用法の力をみる評価項目として⑦漢字の送り仮名の問題、⑧漢字語彙の品詞
性の問題、⑨漢字語彙の文法的用法の問題、⑩漢字語彙の意味的共起性の問
題を出題している。音声による漢字処理能力をみる評価項目としては、⑪音声
で3つの漢字語彙を聞いて共通に使われている漢字を選択する問題と⑫音声で

漢字語彙の意味説明を聞いて相当する語彙を選択する問題を設けている。

　初級では各評価項目に5分という時間制限を設けているため、所要時間は60分以内、中級では各評価項目に4分の時間制限で所要時間48分以内、上級では各評価項目に3分の時間制限で所要時間36分以内となっているが、TTBJシステムでは、管理者がテスト問題の指定ばかりでなく、それらの提示方法、時間制限なども設定・変更することができるため、あくまでも現時点での設定であることをお断りしておく。

　中級では、漢字の意味理解の力をみる評価項目①で、初級の漢字を見て意味を選択する問題の代わりに語構成の問題を出題し、書きに相当する字形処理の力をみる評価項目⑤では、初級の構成要素の識別問題の代わりに部首の選択問題を出題した。また、用法の力をみる評価項目を⑦～⑨の3項目とし、意味概念ネットワークや字形、読みとの総合問題として漢字の仲間探しの問題を1項目加えた。その他は初級テストと同じ評価項目となっている。

　さらに上級では、意味理解に支障のある学習者が極めて少なくなるため、問題の難度を上げ、①を類義語の選択問題とした。また上級になると、漢字圏・非漢字圏を問わず漢字は読みが最も難しいという者が増えることから、読みの問題を3項目に増やし、難度の高い同音字の問題を加える分、中級で出題した仲間探しの問題を削った。書きに相当する問題では、字形の構成要素や部首の問題をやめ、音読み語と訓読み語に分けて漢字表記の選択問題を出題した。文中での用法についても、送り仮名や品詞性の問題をやめ、文法的情報や意味的共起性によって語彙を選択する問題を漢語と和語に分けて出題した。音声を使った問題も3項目に増やし、最後の問題は文を聞いてその後で繰り返されることばを入力させるという部分ディクテーションの形式にしている。

2.3.　漢字力診断テストの結果

　初級レベルの漢字力診断テストにおいては、非漢字圏と漢字圏で得意な問題と不得意な問題に歴然とした違いがみられ、非漢字圏学習者は、意味理解や読み、用法ができていても、漢字の書きが弱いことが結果に現れやすい（加納・酒井 2003）のに対して、漢字圏学習者は母語知識の援用によって意味理解

や漢字の書きには問題がなくても、読みの不正確さや文中での用法、音声による漢字語彙処理が弱いことが指摘できる。また、同じ音読みの漢字を選択する問題は、どちらの文化圏の学習者にとっても、またどのレベルにおいても難しい問題となっている（加納・魏 2014）。

　中級レベルになると、非漢字圏、漢字圏を問わず、むしろ共通する困難点が顕著にみられるようになる。すなわち、意味理解や既習語彙の読み書きにはそれほど困難を感じなくなるが、同音の漢字を選択する問題が難しいのは初級レベルと同じであり、特に文中での用法の問題、および音声による漢字処理問題においてできる者とできない者の差がつく傾向があるといえる（加納・魏 2017）。

　上級レベルの漢字力診断テストは、2018年の公開であるため、現時点ではeテスティングとしての結果がまだ入手できていないが、同種のテスト問題を上級漢字語彙クラスで紙で行った結果では、選択問題はできても、ディクテーション問題になると細かい間違いが出て来る傾向がみられた。特に非漢字圏と漢字圏とでは、異なるタイプの間違いが観察された。例えば、音声で「就職の面接試験でシボウの理由を質問された。」という文を聞いて、「シボウ」の部分をディクテーションさせると、非漢字圏学習者には「死亡」と書く間違いが散見されたのに対して、漢字圏学習者には「希望」と書く間違いがみられた（加納・魏 2017）。主に音声を頼りに日本語を運用する者と、文脈や意味から母語で何と言うかという推測を頼りに日本語を運用する者の違いが端的に現れた例といえよう。

2.4.　診断結果のフィードバックとその活用法

　漢字力診断テストの結果は、図3のように横棒グラフで正答率を見ることができる。12の評価項目（各10問）のそれぞれの結果と総合結果に対して、正答率が70%以下の項目は濃い色（実際の画面上は赤）、80％以上の項目は薄い色（実際の画面上は青）で表示される。学習者はこれによって、自分のまだできていない項目とできた項目を視覚的に確認できるのである。

　しかし、このような結果表示では、評価項目別にそれぞれの正答率を確認することはできるが、自分の漢字語彙知識・運用力のどこが弱いか、その後

テスト結果履歴 / Test Result History
◀ テスト結果ページへ戻る（Back）
アドバイスページへ進む（Next）▶
あなたの漢字力診断テストの成績は 68点です。初級/中級の漢字語彙の全般についてよく知っています。上のレベルの診断テストにも挑戦してみたらどうでしょうか。
0% 10% 20% 30% 40% 50% 60% 70% 80% 90% 100%

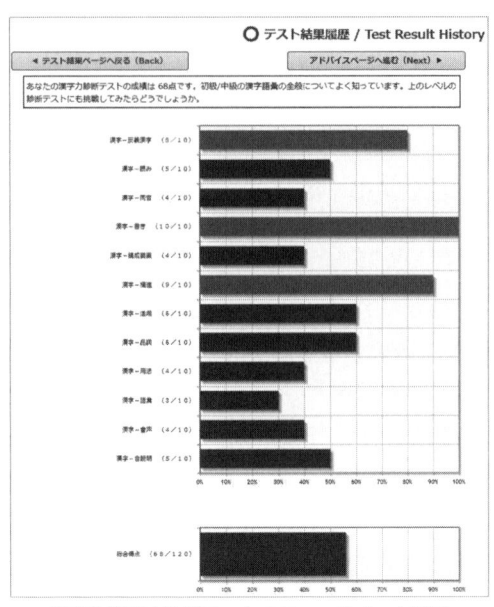

［図3］漢字力診断テストのフィードバック画面

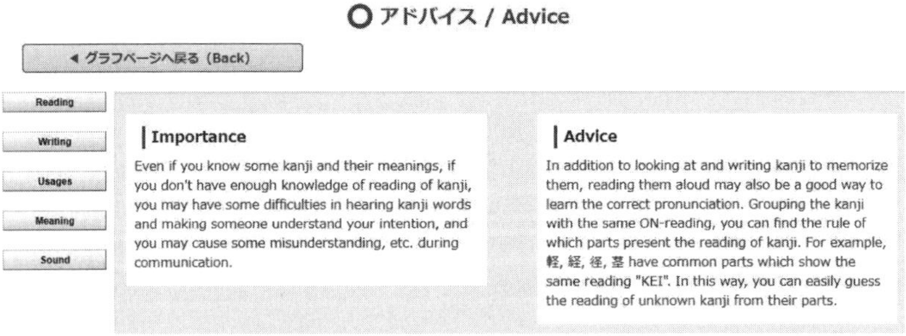

アドバイス / Advice
◀ グラフページへ戻る（Back）
Reading
Writing
Usages
Meaning
Sound
Importance
Even if you know some kanji and their meanings, if you don't have enough knowledge of reading of kanji, you may have some difficulties in hearing kanji words and making someone understand your intention, and you may cause some misunderstanding, etc. during communication.
Advice
In addition to looking at and writing kanji to memorize them, reading them aloud may also be a good way to learn the correct pronunciation. Grouping the kanji with the same ON-reading, you can find the rule of which parts present the reading of kanji. For example, 軽, 経, 径, 茎 have common parts which show the same reading "KEI". In this way, you can easily guess the reading of unknown kanji from their parts.

［図4］「読み」カテゴリーのフィードバック例

どのように勉強すればよいかという効果的なフィードバックにはなり得ていない。そこで、「読み」、「書き（字形）」、「意味」、「用法」、「音声」という5つの評価カテゴリー別にフィードバックを行う仕組みを試みた。

図4は、初級の漢字力診断テストの「読み」カテゴリーを例として、その

仕組みを図示したものである。下図のように、「読み」カテゴリーにはaとb、2つの評価項目があり、これらの正答率によって、フィードバックの内容が決まる。その内容は漢字語彙の読み知識の重要性を説明する部分とアドバイスの部分とに分けられている。読み知識の重要性を説明する部分はどの学習者にも共通であるが、正答率によって、アドバイスの内容が異なる。

このようなフィードバックの仕組みは図5のようにデザインされている。

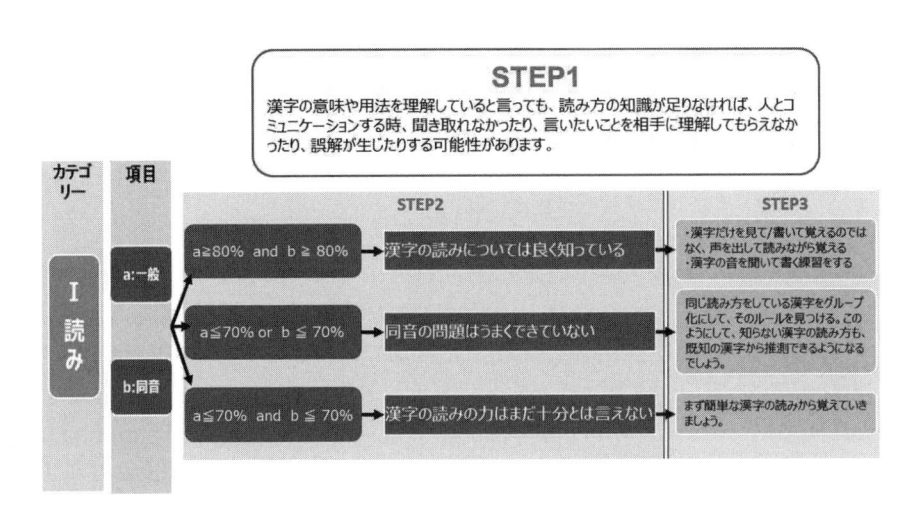

[図5]「読み」カテゴリーのフィードバックの仕組み

例えば、項目aとbの両方とも正答率が80％以上の場合、フィードバック画面では、漢字語彙の読み知識の重要性を説明し (STEP1)、高い正答率の学習者にはよい評価が示され (STEP2)、今後の読み学習へのアドバイスが表示される (STEP3)。一方、項目aとb両方とも正答率が70％以下で低かった場合は、「読みの力が十分とは言えない」というマイナス評価とアドバイスが表示される。項目aとbのうち、どちらか一方の正答率が低かった場合は、低かった方を強化するアドバイスが表示される。

このような漢字力診断テストにおいては、学習者自身がその結果から自分の漢字学習状況を客観的に把握し、自分の弱点を知ることによって、漢字学

習を効果的に進めるために使うことができるのはもちろんであるが、漢字クラスの事前テストとして利用する方法もある。プレイスメントテストのようなテストでは、学習者をおおよそのレベルに分けることはできるが、漢字学習のどこに問題があるかなどの詳しい学習状況の分析はできない。筑波大学のグローバルコミュニケーション教育センター (CEGLOC) では、中級漢字クラスの初回授業で中級用漢字力診断テストを実施し、そのクラスで漢字や漢字語彙の学習をするに当たっての個々の学習者の困難点を把握し、クラスの進め方などに活かすようにしている。また、中国からの留学生のように、読み書きはできるが、話したり聞いたりするのが極度に弱い学習者には音声を使った漢字学習のトレーニングとして使う方法なども考えられよう。

3. 公開ポリシーと今後の課題

　WEB版漢字力診断テストの特徴と内容について紹介し、さらに、それらのテストに新たに追加されたフィードバックの機能について報告した。そして、学習者が自身の漢字力診断に利用する方法、漢字クラスの事前テストとして利用する方法、漢字学習上のトレーニングとして利用する方法などについても述べた。初級と中級の漢字力診断テストに加え、上級の漢字力診断テストも2018年に公開され、無料で利用できるようになっている。日本語を学ぶ多くの学習者に利用してもらい、漢字力の向上とともに日本語力全体の底上げに貢献できることを願っている。

　今後は、漢字力診断テストで提供される客観的な漢字力の評価と、学習者自身による自己診断の結果とを組み合わせることにより、どのように学習者に漢字学習のモニター力をつけられるかについても考えたい。

　また、テストの結果から、自分の弱点や困難点を認識した学習者のために効果的な漢字語彙学習の方法も考える必要がある。筑波大学の日本語・日本事情遠隔教育拠点 (http://www.intersc.tsukuba.ac.jp/~kyoten) では、漢字の字形を覚えるのに時間がかかる非漢字圏学習者にも、漢字語彙の音声情報と形態情報との結び付けに困難を覚える漢字圏学習者にも効果的な練習を提供できるようなスマートフォン・タブレット対応の漢字学習アプリ "BASIC KANJI PLUS" を開発し、2017年5月にアンドロイド版、2018年2月にiOS版をリリースし

た。漢字力診断テストのフィードバックを受けた後に、そのような漢字アプリなどによって学習者が自分の困難点を補強していくことが望まれる。

　最後に、現時点で最大の問題は、この漢字力診断テストが格納されているTTBJ システムで使用している flash というアプリの使用期限が2020年で切れることである。テクノロジーの進化・変化は日進月歩であるが、その変化に応じて、開発されたシステムをどのように維持・管理していくかが大きな課題となっている。

●関連図書・関連論文の紹介
李在鎬（編）『日本語教育のための言語テストガイドブック』くろしお出版
　日本語教育の分野における様々なテストについてわかりやすく解説されており、テスト開発者による実例の報告も充実している。言語テストや評価について研究したい学生にとって必読の1冊であろう。

●参考文献
加納千恵子・清水百合・竹中弘子・石井恵理子・阿久津智（1993）『漢字1000PLUS　INTERMEDI-ATE KANJI BOOK vol.1』凡人社
加納千恵子・酒井たか子（2003）「漢字処理能力測定テストの開発」『日本語教育論集』18号: pp. 59–80.筑波大学留学生センター
加納千恵子（2008）「レベル別漢字語彙処理能力テストの問題形式―WEB漢字テストのマルチレベル化に向けて」『日本語教育論集』23号: pp. 1–13. 筑波大学留学生センター
加納千恵子・魏娜（2014）「外国人日本語学習者の漢字力の評価について―TTBJ(筑波日本語テスト集)を利用して」『JSL漢字学習研究会誌』6号: pp. 54–62. JSL漢字学習研究会
加納千恵子・魏娜（2017）「上級日本語学習者のための漢字力診断テストの開発―音声を利用した漢字語彙テストの試み」『日本語教育論集』32号: pp. 47–64. 筑波大学グローバルコミュニケーション教育センター
酒井たか子・加納千恵子・小林典子（2015）「第5章 TTBJ(Tsukuba Test-Battery of Japanese)」李在鎬（編）『日本語教育のための言語テストガイドブック』pp. 86–109. くろしお出版
Nation, I. S. P.（2001）*Learning Vocabulary in Another Language.* Cambridge: Cambridge University Press.

追記　本研究はJSPS科研費（課題番号：15H03214）の助成を受けたものです。

13 メール作成タスクを用いた作文支援システム

金庭久美子・川村よし子・橋本直幸・
小林秀和

要旨

　本研究は、メール作成タスクを用いた作文支援システムの開発をめざしている。このシステムは、学習者がタスクをもとに作成したメール文を自動で評価し、問題点の指摘を行う。手紙やメールは読み手を念頭に置いて書く必要があり、文法的に正しくても読み手配慮の点で不適切な表現があれば、人間関係に支障を来してしまう可能性もある。そこで、本研究では基礎データとして日本語母語話者と学習者の計120名に依頼して、タスクごとのメール文を収集し、各タスクで必要な語彙や読み手配慮の表現のリストを作成するとともに、読み手配慮の点で不適切な単語や表現のリストも作成した。システムでは作成されたリストと学習者のメール文の照合を行い、タスク達成に必要な情報があるか、不適切な表現がないかという点から評価する。これにより学習者は日本語母語話者にとって違和感のないメール文の書き方を学ぶことが可能になる。この研究成果はweb上で無償公開している。

キーワード　作文支援／メール作成タスク／自動評価／読み手配慮の表現

1.　開発の概要

　メール作成タスクを用いた作文支援システムは、メールを作成するタスクを与え、web上で入力したメール文に対し、自動評価を行うシステムである。

　本システムの開発者である金庭らは、日本語教育のためのタスク別書き言

葉コーパスとして『YNUコーパス』(金澤 (編) 2014) を作成した。その際、収集した学習者の書き言葉データのうち、メール文のデータには、読み手に対する十分な配慮が行われていない書き方のため日本語母語話者にとって違和感がある例が多くみられ、こうしたメール文に対して、指導の必要性を強く感じた。また、学習者のためには、クラス外でもメール文の学習が行える支援環境の整備が必要であると考えた。これまでに開発された書き言葉の自動採点システムとしては、日本語学習者向けの日本語作文推敲支援システム「ナツメグ」(八木 (他) 2014) などがあるが、多くは論文やレポートに対する自動採点が想定されており、特定の読み手に対する配慮を必要とする文章の添削システムはまだ存在していない。そこで、本研究では、日常生活において必要性の高いメール文作成というタスクを課して、読み手配慮の表現を学ぶことのできる作文支援システムの開発を行うことにした。本システムはweb上での利用が可能であり、メール作成という課題を通して学習者に相手や状況に応じた表現を学ばせることをめざしている。

　本システムの開発に先立ち、日本語母語話者の書くメール文の特性を洗い出すとともに、日本語学習者の問題点を抽出するための基礎データの収集を行った。得られたデータをもとに、タスク別に必要となる語彙や「読み手配慮の表現」のリストを作成、さらに読み手配慮の点で問題となる語彙や表現のリストも作成した。得られたリストを元に、メール作成を支援するシステムの開発に着手した。システムは、入力されたメール文に対して、タスクごとに、必要な情報が書かれているか、読み手配慮の点で不適切な表現がないかという点から評価を行う。

　システムの開発は、2015年5月に開始した。2016年9月より文体の分析に特化した機能 (金庭・川村・橋本 2016) を公開し、さらに、2017年2月には、タスクごとの必要語彙や読み手配慮の表現まで分析可能なシステムβ版を開発し、運用実験を行った。実験結果を受けて必要な改良を行ったうえで、2017年8月から、メール作成タスクを用いた作文支援システム『花便り』として (http://hanadayori.overworks.jp/) 一般に無償公開している。

2. 「読み手配慮の表現」とは

　『花便り』の大きな特徴は、入力されたメール文において、読み手に対する配慮が行われているかどうかを判定することにある。判定は、入力されたメール文に必要な「読み手配慮の表現」が用いられているか否かによって行い、必要な配慮が行えていない場合に、アドバイスの形で問題点を指摘する。

　「配慮表現」について、山岡・牧原・小野 (2010: 143) は「対人的コミュニケーションにおいて、相手との対人関係をなるべく良好に保つことに配慮して用いられる言語表現」であるとしている。また、三宅 (2011) は、このような配慮を行う際に、「プラスの配慮言語行動：気配り、思いやり、丁寧さなどを含む言語行動 (敬語、配慮表現、気配り発話など)」と、「マイナスの配慮言語行動：馬鹿にする、傷つけるなどを含む言語行動 (軽卑表現、尊大表現、慇懃無礼、相手の無視など)」の2つの行動があるとしている。

　『花便り』では、三宅の述べた2つの配慮言語行動の観点から、メール文内の「読み手配慮の表現」に問題がないかの判定を行う。まず、プラスの配慮言語行動では、主に敬語の使用に誤りがないかをチェックする。例えば、学習者の基礎データの中には、「面識のない先生に本を借りる」タスクに対して、「はじめまして、○○と申します。急にメールをお送りまして、本当にすいません。」という文があった。このような場合、「お送りまして」は敬語表現に文法的な誤りがあり、また、「すいません」は丁寧さにおいて問題があるため、それぞれの問題点を指摘する必要がある。一方、マイナスの配慮言語行動では、相手を不快にする表現がないかをチェックする。例えば、同じタスクに対して「勝手ですが、借りられない場合は私も他の方法を探すために時間が必要ですので、明後日までご連絡ください。」のように、相手の意向を無視した内容の表現があった。このように、敬語まで使用して文法的には正しく書かれている文であっても、読み手に不快感を与えてしまうことがある (金庭・金 2015)。こうした文に対しても、問題点を明らかにする必要があると考え、マイナスの配慮言語行動も指摘できるような仕組みを整えた。

3. メール作成タスクを用いた作文支援システム『花便り』

3.1. 『花便り』のメール作成タスク

メール作成のためのタスクを選ぶにあたって、まず、メール文の内容を評価するにはどのようなタスクがよいかを『YNUコーパス』のメールタスクをもとに、検討した (金・橋本・金庭 2015)。分析の結果、タスクに自由度がない方がタスクを達成するために必要な語の数が少なくて済むため、メール文の自動評価に向いていることが明らかになった。また、タスクは、学習者が遭遇する可能性のあるものにして、条件を設けてタスクに必要な語を決めやすくするとともに、少ない語で達成可能なものにする必要がある。

タスク作成にあたっては、次のような点に留意した (金庭 2018)。メール文の送り手としては20歳前後の留学生を想定し、その学生が日本で起こり得る状況を設定した。また、機能としては、依頼、断り、報告、連絡、御礼、描写、問い合わせ、などを扱うことにした。

さらに、システム上で文体のチェックも行えるようにするために、作成されるメールが「です・ます体」のメールになるように条件を揃えた。その際、「です・ます体にしなさい」という指示を出すのではなく、学習者自身がメールの受け手を想定し、自然な形で「です・ます体」が使えるように誘導する。そのため、タスクの指示文に送り手と受け手の関係の詳細は書かず、タスクとして友人からの「です・ます体」で書かれたメールを提示し、送り手と受け手があまり親しくない関係であることを学習者自身に読み取ってもらうことにした。

最近は友人とのやりとりはSNSを用いるようになってきており、PCメールを使わない可能性もある。そこで、PCメールが用いられる状況を設定することにした。例えば、海外からの連絡や事務的な連絡、また、あまり親しくない相手などには、SNSではなくPCメールを使うことが想定されるため、タスクにはこれらの状況を盛り込んだ。

以上のような観点をもとに、10のタスクを用意した。表1にタスク内容を示す[1]。

[表1] メール文のweb自動採点システムのためのタスク

No.	タスク内容
タスク①	あなたは留学生交流サークルの橋本君から花見の日程のメールをもらいました。もっていくものの返事をしてください。（橋本君のメール添付、持ち寄り品のリストあり）
タスク②	あなたは日本の横浜大学文学部に4月から1年間留学することになりました。大学1年生の時に日本語を習った山中さくら先生に報告してください。
タスク③	あなたは留学することになりました。授業は4月10日にはじまります。けれども、自分の大学で試験があって、その日に行くことができません。留学先の事務スタッフに連絡して、どうすればいいか聞いてください。
タスク④	ホームステイ先のおかあさんから誕生日のプレゼントが送られてきました。あなたのほしかった日本の漫画の本です。メールでお礼を言ってください。
タスク⑤	あなたは知り合いの日本人から日本語への翻訳を頼まれました。今テスト期間中です。断ってください。（知り合いからのメール添付、翻訳の分量はA4で6ページ、今週中を希望）
タスク⑥	あなたは夏休みに北海道を旅行する予定です。以前ホームステイをした山田さんの家を訪問したいです。ホームステイのお母さんに予定を聞いてください。
タスク⑦	あなたは一時帰国しました。寮の共有スペースに写真にあるようなバッグを置き忘れてしまいました。寮の管理人にどんなバッグで何が入っているかを伝えて、保管してほしいと頼んでください。（写真添付、鞄とその中身）
タスク⑧	あなたは帰国しました。鞄をあけたところ、あなたが住んでいた寮のエアコンのリモコンが入っていました。寮の管理人にメールをして、謝ってください。また、返却方法を尋ねてください。
タスク⑨	あなたが借りたいと思っている『環境学入門』という本が図書館にはなく、面識のない田中先生の研究室にあることがわかりました。レポートを書くためにはどうしてもその本が必要です。田中先生にそのことをメールでお願いしてください。
タスク⑩	あなたは田中花子先生から研究生の受け入れについて返事をもらいました。先生のメールに返信してください。（田中先生のメール添付、4月に面談、研究計画書を用意）

3.2. 『花便り』の基礎データ

　『花便り』のシステムに不可欠な単語や表現のリストを作成するために、日本語母語話者、中級レベルの日本語学習者（中韓独）各30名（計120名）を対象に基礎調査を行った。日本語母語話者は大学2、3年生、日本語学習者は海外の大学で外国語として日本語を学習している同世代の大学生である。調査では、3.1で作成した10のタスク（勧誘、断り、お礼、相談、など）を与え、基礎データとして計1,200件のメール文を収集した。

『花便り』のシステムは、これらの収集したデータから得られた文型、表現、単語の情報をリスト化したものを用いている。日本語学習者のデータからは、学習者の単語や表現の誤用例だけでなく、読み手配慮の表現として、コミュニケーション上ふさわしくないと思われる表現も含めて収集し、「誤用リスト」を作成した。読み手配慮の表現は、三宅 (2011)、野田 (2012)、由井 (他)(2012)、西尾 (2015) を参考に判断した。また、日本語母語話者および日本語学習者のデータから、タスク達成に必要な単語や表現を抽出し「必要表現リスト」を作成した。さらに、日本語母語話者と日本語学習者のデータの比較を行い、日本語母語話者の使用実態と異なり、文化的な差が現れていると思われる表現も抽出して (金庭・金 2016、2017) 分析を加え、円滑なタスク達成のために必要と判断した場合には「必要表現リスト」に加えた。さらに、「です・ます体」で書く場合の文体ルールをもとに「文体リスト」を作成した (金庭・川村・橋本2016)。「文体リスト」では、「です・ます体」の文において必要な文法ルールを網羅するとともに、「話し言葉」についても別途リスト化し、話し言葉の混用についても指摘できるようにした。

3.3.　『花便り』の評価システムの構造

　『花便り』には、上述した通り10種類のメールタスクが用意されている。
　図1は、1つのタスクに対する『花便り』の評価システムの構造を示したものである。
　学習者は、次のような形で『花便り』を利用する。①タスクを選ぶ。②タスクにもとづき作成したメール文をテキストボックスに入力し、チェック ボタン (後掲、図2画面左下) を押す。③結果画面を見る。
　一方、システムは次のような流れで結果を表示する。❶入力されたメール文を、形態素解析 MeCab (工藤 2006) を用いて形態素に区切る。❷形態素解析の結果得られた入力文の品詞および文字列情報を、「文体リスト」と、タスクごとの「誤用リスト」「必要表現リスト」と照合する。❸結果として【直したほうがいい表現】と【使ったほうがいい表現】を表示する。
　結果画面として表示される【直したほうがいい表現】と【使ったほうがいい表現】の判定は、次のように行われる。

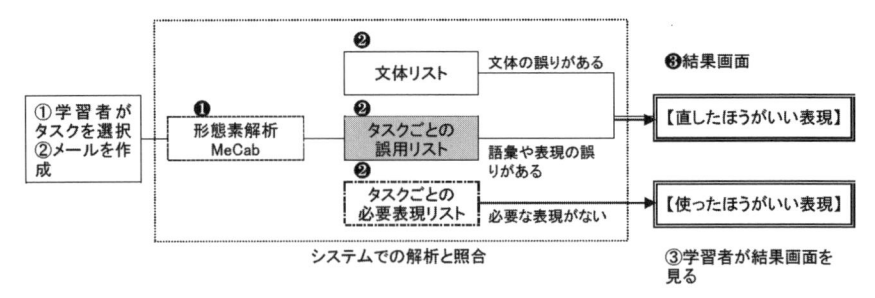

[図1] 一つのタスクに対する『花便り』の評価システムの構造

【直したほうがいい表現】

　入力文を文字列検索し、学習者の基礎データから得られた「誤用リスト」と照合して、誤用が含まれていれば【直したほうがいい表現】として、指摘する。つまり、学習者が産出したメール文に誤りがないかの判定を行う。

　さらに、入力文に対して、適切な文体が用いられているかどうかのチェックを行う（金庭・川村・橋本 2016）。文体のチェックは、タスクごとではなく、すべてのタスクにおいて、同一の「文体リスト」を用いて照合する。文体が統一されていない場合、あるいは話し言葉が混ざっている場合、問題となる箇所の指摘を行う。『花便り』では、すべてのタスクで「です・ます体」でタスクを作成することを促している。そのため、文体の不統一があればそれを指摘するようにしている。

【使ったほうがいい表現】

　入力文を文字列検索し、日本語母語話者や日本語学習者が用いていた表現を網羅した「必要表現リスト」と照合して、同様の表現が見つからなければ、【使ったほうがいい表現】として表示する。この【使ったほうがいい表現】の判定は、学習者が産出していないものに対する評価である。『花便り』が学習者の「書かなかったもの」に対して評価ができるのは、3.2で収集した基礎データをもとに、タスク別に必要となる表現がリスト化されているからであり、タスクごとのメール文作成という形態をとっていることによるメリットといえよう。

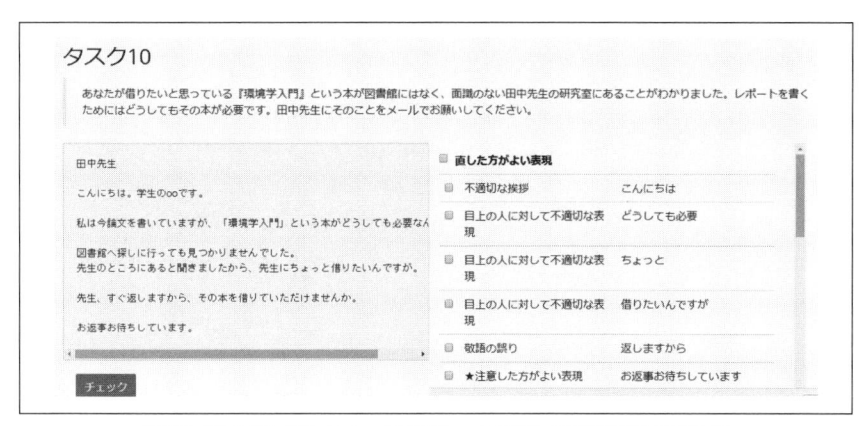

[図2]「本の貸し出しについての先生への依頼」の結果画面（2017.2）

　図2は、2017年2月当時の「本の貸し出しについての先生への依頼」のシステム β 版の結果画面である。画面左は学習者が入力した文章、画面右は結果の表示である。

4.　評価実験とその結果

　『花便り』の評価実験は、収集した学習者のメールデータのうち、10タスク × 15名分を用いて2017年2月に行った。先に示した図2は当時の結果表示の画面である。

　評価実験の結果、リストに基づく分析自体はほぼ問題はないことが明らかになった。一方、『花便り』の利用によって、相手に応じた「読み手配慮の表現」の学習を促進することができるかという視点から分析を行ったところ、いくつかの問題点があることがわかった。

　まず、1つ目は、表示の仕方である。読み手配慮の表現に問題があると思われる箇所は、図2の画面右で指摘されているものの、入力したメール文のどの箇所に問題があるのかについては、すぐにはわからない。そのため、メール文上の該当箇所に色を付けるなどしてどこに問題があるのかを示す必要がある。

2つ目は、【直した方がよい表現】について、直す必要がある理由として、図2では「敬語の誤り」「目上の人に対して不適切な表現」「不適切な挨拶」「注意した方がよい表現」という項目を挙げてはいるものの、どう直したらよいのか、なぜふさわしくないのかなどの理由が明らかではない。例えば、「こんにちは」の場合、日本語母語話者であれば「こんにちは」ではなく、「突然のメール、失礼します」のような書き出しをするということを指摘する必要がある。また、「こんにちは」に対しては「不適切な挨拶」というコメントが表示されているが、この場合、「こんにちは」という表現を、面識のない目上の人に用いたことに問題があるので、そのことをどこかで解説する必要がある。したがって、このような情報を伝えるためのアドバイスのページを設け、リンクなどでそのページが表示されるようにする、あるいは、同じ画面に情報を追加するといった工夫が求められる。

　3つ目は、「注意した方がよい表現」についてであり、学習者の母語によって注意すべき表現が異なるということが明らかになった。例えば、「本の貸し出しについての先生への依頼」のタスクでは、中国語母語話者の学習者の場合、メール文の最後に不適切な挨拶である「ありがとう」が多くみられたが、韓国やドイツの学習者にはそれほど多くみられない。このことから学習者の母語に留意した解説も必要であることがわかった。

　これらの問題点に対し、1つ目の課題に対しては、マーカーで色づけして示すという対策を施し、2つ目の課題に対しては、指摘箇所の分類を短い項目名にして、アドバイスも表示できる仕組みにすることにした。3つ目の課題に対しては、母語によって違いがあったとしても、不適切な表現を用いなければ指摘されないため、該当の箇所を指摘し、望ましい表現とともにアドバイスを表示することにした。

5.　現在の『花便り』

　評価実験の結果明らかになった問題点に関しては、上述した形で『花便り』の改良を行った。その結果、現行では、以下のように改善されている。

　図3の画面右のメール文は、タスク3「来日についての事務スタッフへの問い合わせ」という課題に対し、ドイツ語母語話者の日本語学習者によって入

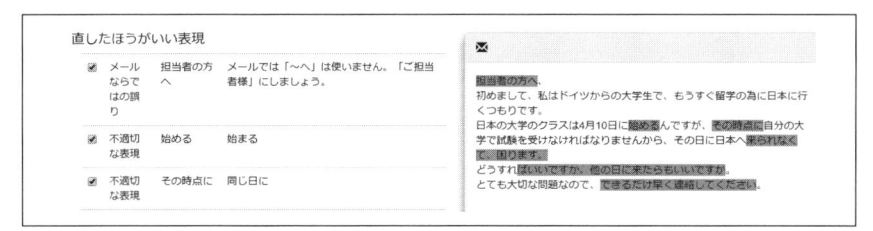

［図3］【直したほうがいい表現】の結果画面（一部）

力されたものである。

　図3の【直したほうがいい表現】というのは、学習者の誤りに対する指摘である。

　□ボックスにチェックをいれると、メール文の該当箇所がマーカーで示される（図3画面右のマーカー箇所）。具体的には、表2のような表現に対し、指摘を行っている。

［表2］【直したほうがいい表現】として指摘しているもの

分類	例
A．不適切な表現	A1　形態的・統語的な誤り 語彙の誤り、表記の誤り、助詞の誤り、活用の誤り、自他動詞の誤り、指示詞の誤り、など。
	A2　語用論的な誤り 文法的な誤りではないが実際の使用に合わないもの、など。 例：「メールはよく読みました」（メール冒頭の受け取りの挨拶として使用。「メール、ありがとう」のほうが望ましい）
B．読み手配慮	B1　敬語の誤り 尊敬語と謙譲語を取り違えているもの、など。
	B2　読み手への配慮不足 読み手にいい印象を与えないもの、など。 例：「助けてあげたい」（恩着せがましい印象を受けるもの）
	B3　状況への配慮不足 相手との関係を考えず使用するもの、など。 例：「こんにちは」（面識のない事務員への挨拶として使用した誤り）
C．文体の誤り	常体と敬体の選択の誤り
D．メールならではの誤り	メールの体裁に合わないもの 例：「橋本さんへ」（宛名のミス）、「以上」（友だち宛にもかかわらずビジネスメールのように用いたもの）

図3の学習者の場合、「メールならではの誤り」として、「担当者の方へ」の「〜へ」に対し指摘している。その際、アドバイスとして、メールでは使わないほうがいいことを示している。また、「不適切な使用」として、「始める」を「始まる」にしたほうがよいことを指摘している。また、図3では見えていないが、マーカーの箇所のうち、「読み手配慮」の誤りとして、「できるだけ早く」と「連絡してください」を指摘している。「できるだけ早く」は自分の要求を主張し事務員に対して相手の意向を無視しているように読めるため使わないほうがよく、また、事務員に対しては「連絡してください」より「ご連絡（返事）いただけますでしょうか」のように敬語を用いたほうがよいことを助言している。さらに、文体に誤りがあった場合は「文体リスト」との照

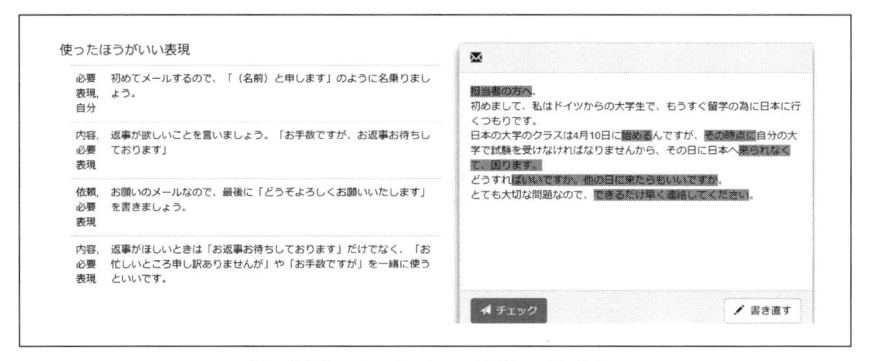

［図4］【使ったほうがいい表現】の結果画面

合を行い、【直したほうがいい表現】の欄に表示される。
　【使ったほうがいい表現】というのは、学習者が使わなかった表現で、アドバイスの表現を用いることによって、より読み手に配慮したメール文を書くことが可能になる。図3の学習者の結果画面をスクロールすると、【使ったほうがいい表現】が表示される。図4は、前述と同じタスクの画面の下方部である。この学習者の場合、冒頭で名乗っていないため、「（名前）と申します」を用いるようにアドバイスしている。また、「返事」という表現がメール文にみられなかったため、「お手数ですが、お返事お待ちしています」の使用を提

案している。

　【直したほうがいい表現】や【使ったほうがいい表現】は、以上のような指摘をする。これらの指摘をもとに学習者はメール文を練り直すことになる。

　自分が書いたメール文を直したい場合は、図4の画面右下にある 書き直す のボタンをクリックする。それをクリックすると、固定化されていた文字が解除され、右側のボックスのメール文の削除、修正が行えるようになる。学習者は左側の画面のコメントを見ながら修正し、再び チェック を押して、『花便り』の指摘を受けなくなるまで練習を行う。このように、『花便り』は単にアドバイスをするだけでなく、学習者がタスクに適したメール文を書けるようになるまで支援するシステムである。

　以上のように、評価実験の結果を受けた改良によって、学習者にとってより使いやすいシステムになったと思われる。

6.　おわりに

　『花便り』は、入力ボックスに入力すると、どんな文章でも添削できるという作文の自動評価システムではなく、決められたタスクごとに分かれた評価を行うシステムである。このように、タスクごとに分けたのには理由がある。野田 (2005:14) は、骨格部分重視の文法から伝達部分重視の文法を提案し、その中で「聞き手や読み手の感情を害する誤用は重視し、感情を害さない誤用は重視しない」ことにする必要性を指摘している。『花便り』においても同様の立場で、とくに読み手への配慮など語用論的な観点からの指摘を重視している。読み手配慮に対する指摘は、形態・統語的な誤用のような文単位 (文レベル) で解決できるものではないため、どんな表現がふさわしいかはコンテクストによって変わってくる。そこで、タスクごとに入力を分ける必要があった。こうした点が従来のweb上のシステムと大きく異なるところだといえる。

　上述した通り、学習者に使いやすいように『花便り』への改良を行ったが、一般に公開するにあたっては、次のような課題が残っている。

　今回の評価実験は、開発中のシステムの問題点を明らかにするためのものであり、実験データとして、収集した学習者のメール文をもとに行ってい

る。そのため、問題点の指摘などについては、想定通りの判定ができたが、一般公開する場合、学習者によっては収集したデータとは異なった表現を用いたメール文を作成することが想定される。そこで、今後もさらに多くの学習者のデータを収集して運用実験を継続し、リストにない誤用表現やリストにないが置き換え可能な必要表現などがあった場合には、適宜「誤用リスト」や「必要表現リスト」に加えていく必要がある。また、現在のタスクに加え、新たなタスクも追加していきたいと考えている。そのためには、新規のタスクについても、基礎データの収集を行う必要がある。

　本システム『花便り』が学習者にとってより有用な学習支援ツールになるように、今後も改善していきたいと考えている。

●注

1　webサイト上では異なるタスク番号を用いている。⑨は『YNUコーパス』（金澤（編）2014）で用いたタスクと同じタスクである。

●関連図書・関連論文の紹介

金澤裕之（編）(2014)『日本語教育のためのタスク別書き言葉コーパス』ひつじ書房
　本研究のきっかけとなった図書で、付属のCDのYNUコーパスには日韓中90名を対象にレベル別の日本語による作文データが収録されている。収録された12タスクのうち7つのメールタスクがあり、それに対する評価方法や具体的なメールの問題点を知ることができる。

●参考文献

金澤裕之（編）(2014)『日本語教育のためのタスク別書き言葉コーパス』ひつじ書房

金庭久美子（2018)「メール文の自動評価に向けて―メール作成タスクの検討」『日本語・日本語教育』第1号：pp. 37–53. 立教大学日本語教育センター

金庭久美子・川村よし子・橋本直幸（2016)「作文支援ツール「文体チェッカー」の開発と評価」『日本語教育方法研究会研究会誌』23（1)：pp. 66–67. 日本語教育方法研究会

金庭久美子・川村よし子・橋本直幸・小林秀和（2017)「メール作成タスクを用いた作文支援システム」CASTEL/J 2017 Proceedings: pp. 108–111.

金庭久美子・金玄珠（2016)「韓国における日本語学習者のメール文の特徴―メール文の開始部と終了部の表現に注目して」『日本語學研究』第50輯：pp. 3–19. 韓國日本語學會

金庭久美子・金玄珠（2017)「メール文における挨拶表現―韓国における日本語学習者のメール文調査から」『横浜国大国語研究』35: pp. 138–150. 横浜国立大学国語・日本語教育学会

金庭久美子・金蘭美（2015)「書き言葉の資料にみられる読み手配慮と文化的能力」『日本語プロフィシェンシー研究』3号：pp. 29-49. 日本語プロフィシェンシー研究会

金蘭美・橋本直幸・金庭久美子（2015)「作文の評価基準における一考察―メール文の自動採点に向

けて」韓國日本語學會　第32回秋季国際学術発表大会発表要旨

工藤拓（2006）MeCab. http://taku910.github.io/mecab/（2017年2月28日閲覧）

西尾純二（2015）『マイナスの待遇表現行動―対象を低く悪く扱う表現への規制と配慮』くろしお出版

野田尚史（2005）「コミュニケーションのための日本語教育文法の設計図」野田尚史（編）『コミュニ
　　ケーションのための日本語教育文法』くろしお出版

野田尚史（2012）「配慮したつもりなのによい印象を与えない日本語非母語話者の言語表現・言語行動」
　　三宅和子・野田尚史・生越直樹（編）『「配慮」はどのように示されるか』ひつじ書房

三宅和子（2011）『日本語の対人関係把握と配慮言語行動』ひつじ書房

八木豊・ホドシチェク・ボル・阿辺川武・仁科喜久子（2014）「日本語作文推敲支援システム「ナツメ
　　グ」における誤用検出手法の評価」『第5回コーパス日本語学ワークショップ予稿集』: pp. 167–170

由井紀久子・大谷つかさ・荻田朋子・北川幸子（2012）『中級からの日本語プロフィシェンシー ライ
　　ティング』凡人社

山岡政紀・牧原功・小野正樹（2010）『コミュニケーションと配慮表現―日本語語用論入門』明治書院

謝辞　本研究は科学研究費基盤研究（C）15K02658の助成を受けたものです。

14 継続的オーラルアセスメントの開発
「話せる」を実感する評価法をめざして

宮本真有・深田淳

要旨

初中級レベルではスピーキングを重視した授業内容やカリキュラムを採用している教育機関が多いにもかかわらず、本来継続的であるべきオーラルアセスメントが単発的になっていることが多い。評価のほとんどを従来型の筆記テストに頼ってしまうと、教授内容と評価法との間に整合性がなくなってしまう。これらの事情に鑑み筆者らが開発したPBT (Performance-Based Test) は、約9割が口頭タスクで構成された、コンピューター上で行う到達度テストである。テストに出題されるタスクとその採点基準が各課の初めに予め公開されるため、学習者の練習を促進する波及効果も期待できる。さらに、PBTに合わせて開発したオンライン採点システムを利用すれば、採点結果をフィードバックとともに直接学習者にオンラインで通知することができる。

キーワード オーラルアセスメント／PBT (Performance-Based Test)／スピーキング／到達度テスト

1. 開発の概要

日本語教育をはじめ外国語教育全般において、教授法に関しては様々な試みや工夫がなされている中、評価法においてはあまり大きな変化がみられない。具体的にいうと、初中級レベルでスピーキング能力を重視した授業内容、カリキュラムを採用しているにもかかわらず、評価は従来型の筆記テス

トに頼っている機関が多いのではないだろうか。

　筆者らの勤務するアメリカ中西部のパデュー大学においても、つい最近までそのような状況があった。筆記テストは課末、中間、期末と6回程度行っているのに対し、オーラルテストは時間的な制約のため一学期に1回か2回しか実施できず、本来継続的であるべきオーラルアセスメントが単発的なものになっていた。コースの目標として口頭運用能力 (oral proficiency) の養成を掲げているのならば、文法や単語、漢字などの知識を問うような筆記テストよりも、学習者の話す能力を測るオーラルテストの方が、教授内容と評価法の間により整合性があるといえる。

　到達度テストについて Brown (2007) と Hughes (1989) は、教科書の内容・目的・範囲を網羅しているとともに、授業活動を反映し、コース全体の学習目標の基盤となるものが望ましいと述べている。筆者らは、このガイドラインに沿い、口頭運用を学期を通して継続的に評価するテストの開発に着手した。また、継続的な評価を実施することによって、学習者の口頭練習の促進、口頭運用能力習得への波及効果を狙うことができるとも考えた。

2.　先行研究

　Clark (1979) は、口頭能力テストを大きく次の3つのタイプに分類している。筆記テストのように口頭産出を伴わないテストを間接テスト、ビデオや音声のキューに対する応答を録音して評価するテストを半直接テスト、対面式インタビューで試験官と直接会話するテストを直接テストと命名し、区別した。Clark は、間接テストは最も表面的妥当性 (face validity) が低く、上手く話せるようになりたいという学習者の意欲をも削いでしまう可能性があると述べている。また間接テストだけでは、流暢性や発音面を測ることができないのは自明である。さらに Clark は、対面式インタビューのような直接テストは様々な会話場面に対応できる包括的な熟達度を測るのに適しているのに対し、コンピュータなどのメディアを駆使した半直接テストは学習目標がどの程度達成できたかを判定する到達度テストに最適だと述べている。

　これまで筆記タイプのテストとコンピュータベースのテストを比べる研究は数多くなされてきたが、その多くは筆記テストのタスクをそのままコンピュータ上に移し替えたものが多い (Choi, Kim, and Boo 2003, Clariana and Wallace 2002,

Jones and Maycock 2007, Noubandegani 2012, Sawaki 2001)。本開発プロジェクトでは、各課ごとの到達度テストを従来の筆記テストから口頭運用能力の育成を重視した半直接テスト方式に切り替え、日本語コースの教育目標と評価法との間の整合性を高めることを狙った。

3. Performance-Based Testの紹介

3.1. 概要

　Performance-Based Test (PBT) は従来体育、美術、音楽などの教科で用いられ、実技、作品に基づいて様々な観点から学習者の能力を測定する評価法である。従前よりイギリスやアメリカでPBTを言語教育に取り入れる試みがみられるが (Gipps 1994)、まだまだその実践研究は少ない。もちろん、対話式インタビュー、スキット、ロールプレイ、スピーチなどもPBTの一例といえるが、パフォーマンスをする機会は1度しか与えられないケースが多く、その1回で能力を最大限発揮できなかった場合でも、その時のパフォーマンスのみで評価されてしまうことが難点である。コースの一環としての到達度テストの目的は、やる気の向上、つまり「できる」ようになったことの可視化である。そこで、学習者の能力を継続的に測定できるような到達度テストのシステムをめざした。

　今回筆者らが考案したPBTは、約9割がSpeak Everywhere (http://speak-everywhere.com、以下SE) による口頭タスク (音読、モノローグ、読解、質疑応答問題、ロールプレイ) で、残りの1割が時間制限付きのディクテーションで構成されている。SE (Fukada 2009, 2013) とは、筆者らの機関で開発された外国語学習における口頭練習を目的としたオンラインプラットフォームであり、2011年より有償一般公開されている。また、パデュー大学では従来より1・2年生の教科書として『なかま』を使用しているため、テスト内容も教科書に準拠したものとした。

3.2. PBT実施の流れ

　本実践におけるPBTは、学習者の到達度を測るという目的から、テスト内容と採点基準を各課の初めに公開し、学習者にその課の学習を終えると「何ができるようになるか」を、その課の到達目標として明示するという方法をとった。これは、単にタスクが遂行できるかどうかではなく、どれだけ正確、かつ流暢にできるかを学習目標として設定したためである。図1は、テスト内容公開からテスト実施までの流れを表したものである。

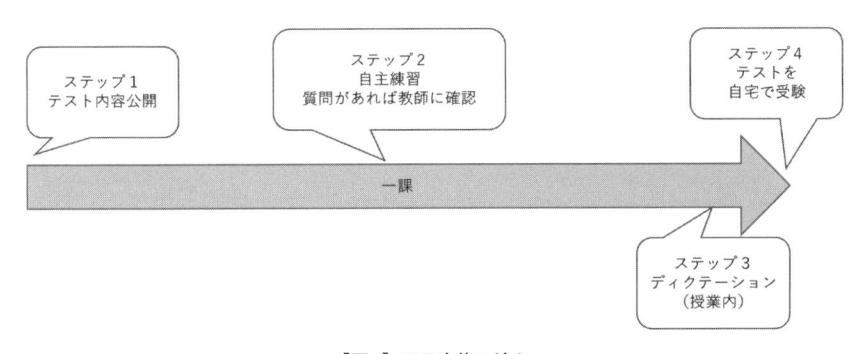

[図1] PBT実施の流れ

ステップ1・2

　テスト内容の公開により、学習者は各課の初めにテスト内容を確認し、その後、課が終了するまでの間に何度でも練習することができる。各課の目標とテスト内容を一致させることで、テストに向けた勉強や練習を促進し、波及効果をもたらすことが期待できると考えた。テストには練習用と提出用の2種類が用意されているが、内容は全く同じものとなっている。

ステップ3・4

　テスト当日、ディクテーションは教室で一斉に行い、学習者はそれ以外の口頭タスクを自宅にて (take-home形式) 受ける。提出用のテストは、テスト当日の24時間と期限を設け、テストの実施から提出まで、すべてSE上で行う。

こうすることにより、学習者はプライベートな空間でリラックスした状態でテストに臨むことができるため、より学習者の実力に近い能力を引き出すことができると考えた。また授業時間内にテストを行う必要がなくなったため、今までテストに割いていた授業時間を、より有効に利用することができるようになった。

従来の筆記試験ではカンニングが問題になっていたが、PBTでは録音音声を提出するため、その心配はなくなった。たとえ日本語のよく話せる友人などに助けてもらったとしても、本人の声で同じパフォーマンスができていなければ、録音を提出することができないからだ。特にカンニング問題への懸念が根強いオンラインコースにおいて、PBTは効果的だと思われる。

3.3. PBTのタスク

3.1で前述したように、PBTは9割がSEによる口頭タスク（モノローグ、音読、読解、質疑応答問題、ロールプレイ）で、1割が制限時間付きディクテーション（timed dictation）タスクで構成されている。制限時間付きディクテーションタスクは、口頭タスクでは測ることのできない、書字の流暢さと正確さを養成することを目的とし、設定した。

制限時間付きディクテーションとは、文字通り、制限時間内に聞こえた文章を紙に書き取るタスクである。実施は、以下の手順で行う。まず事前公開する練習用として、各課の重要な文法項目、新出単語、漢字などを含む文を15文程度読み上げたものを録音する。各文は2度ずつ読み上げ、その後に母語話者が書き取るのにかかる時間の1.5倍程度の時間をポーズ時間としておき、その時間内に紙に書き取らせる。テスト当日には、この練習用の15文の中から10文を無作為に選び出題する。この制限時間付きディクテーションのみ、授業時間内で一斉に実施する。このタスクにかける授業時間は10分程度である。

ディクテーション以外の口頭タスクは全てSE上で行われる。図2にみられるように、SEでは左画面に問題やキューが表示され、学生は右画面のパネルを操作してモデルビデオの再生や録音を行い、録音音声を提出することができる。録音は満足がいくものが録れるまで何度行ってもよい。

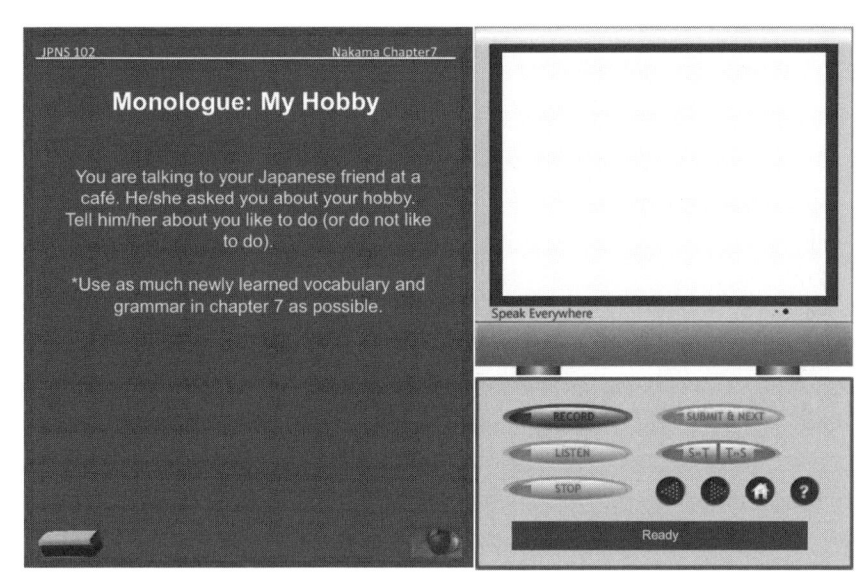

[図2] SE画面の例

　PBTの口頭タスクは、モノローグ、音読、読解、質疑応答、ロールプレイの5種類があり、学習者が授業で学んだ知識を使って「何ができるか」を総合的に測ることを目的として設定した。学習者自身が現段階で何が表現できるのか、またはできないのかをより具体的に把握するため、学習者には事前に現段階の口頭能力を最大限に使い発話するよう指示しておく。以下は、口頭タスクの種類とその内容についてまとめたものである。

3.3.1.　モノローグ

　これは提示されたトピックについて、学習者が自身の意見や状況を語るタスクである。このタスクではある程度の長さの発話を1人で産出させるため、できる限り自然な状況を設定した。例えば、ホストファミリーの前で自己紹介をする、留守番電話にメッセージを録音する、などの状況が挙げられる。

3.3.2.　音読

　これは各課の新出単語、文法、漢字を使用した文章を音読するタスクであ

る。学習者はビデオのモデル音声と自分の録音を比較しながら、上手く読める
ようになるまで何度も練習する。ここでは主に、口頭能力では欠かすこと
のできない発音や流暢さを重要視している。

3.3.3. 読解

　1問ごとに、画面に提示される短い文章に基づいた内容理解問題がビデオ
と音声で出題され、それに口頭で答えるタスクである。学習者は文章の読解
力だけでなく、質問の理解および口頭での応答能力が問われるため、読解、
リスニング、スピーキングの3つのスキルを統合したタスクである。また、
毎回出題の順序がランダムに変化するので、答えを覚えておくことはできな
い。 例えば、学生は画面に表示された「川口さんは、レストランでスパゲ
ティを一つと、コーヒーを一つちゅうもんしました。おいしそうなアイスク
リームもありました。ちゅうもんしたかったけど、カロリーが高いから、
ちゅうもんしませんでした。」という文章を黙読し、ビデオの人物の「川口さ
んはアイスクリームを注文しましたか。」という質問に対して、「いいえ、注
文しませんでした。」などと口頭で答える問題が挙げられる。

3.3.4. 質疑応答

　これは、画面に表示される質問に対して学習者が各課の新しい文法や単語
を使用して応答するタスクである。学習者が自然とターゲットとなる文法や単
語を使用できるように、画面上には表・絵・写真・ビデオ・音声などを用い
て出題することができる。このタスクも、出題順序が毎回ランダムに変化する
設定になっている。例えば、レストランでの注文を想定した問題では、画面
に2本のビールの絵が表示されている状態で、ビデオの人物が「ご注文は何に
しますか。」と質問し、学習者がそれに答える形式などが挙げられる。この他、
インフォメーションギャップや絵の説明などのような問題も出題することがで
きる。

3.3.5. ロールプレイ

　これは画面に表示されるキューを元に、ビデオの人物と会話を進めるタス
クである。途中で会話を止めることができない設定になっているため、学習

者は与えられた時間内で質問したり応答したりしながら、ビデオの人物との会話を完成させなければならない。ここで用いられる会話は、各課の新出単語や文法を織り交ぜつつ、できる限り現実世界で起こりうる会話に近いものになるよう考慮した（図3参照）。

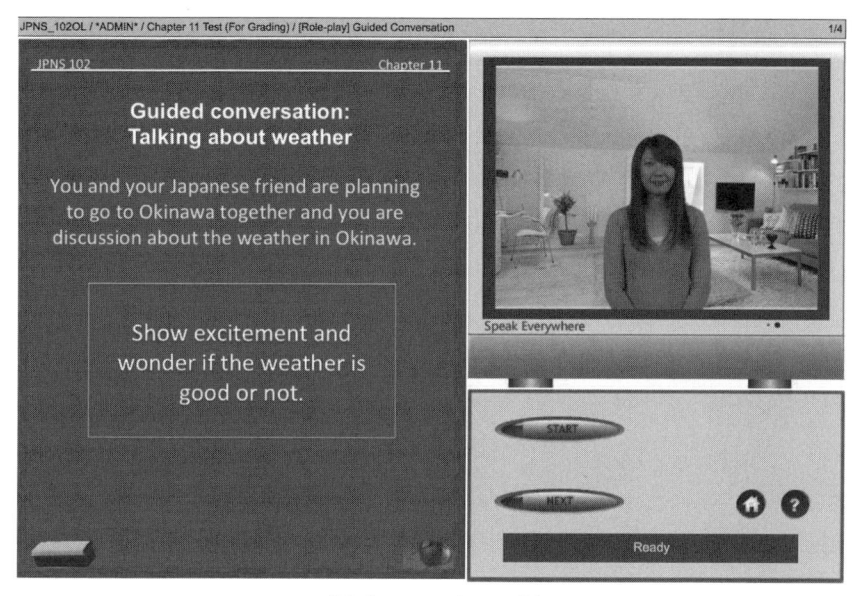

[図3] ロールプレイの例

4. オンライン採点システム

　本学ではPBTに合わせ、新しくオンライン採点システムも開発、導入した。この採点システムはSEと連動しており、学習者がオンライン上で提出した録音が自動的に採点画面に表示される仕組みになっている。各タスクそれぞれの採点基準に沿って該当項目にチェックを入れていくと、自動で合計点が計算され、採点後にはExcel形式でテスト結果をダウンロードすることもできる。

4.1. 採点基準

　各タスクの採点基準は、以下のように設置した。制限時間付きディクテーションは1モーラ1点とし、合計点数のうちの正確に書けたモーラ数をパーセント換算する。音読・読解・質疑応答タスクは、即時性、正確性、流暢性、発音についてそれぞれ採点基準を設けた。

　より回答の自由度が高いモノローグとロールプレイについては、実際の学生の音声データを元に、Upshur and Turner (1995) の Empirically derived, Binary-choice, Boundary definition Scale (EBBs) という方法に則り、採点基準を開発した。この新しい採点基準では、学習者が間違いを避けるために必要最低限しか発話していない場合には満点を取れないよう考慮し、学んだことを自分のことばにして発話しようとする努力を評価する項目も取り入れた。図4は、モノローグの採点画面のサンプルである。左画面にテストの問題、右画面に学習者の提出した録音と採点基準の項目が表示される。採点者は、右画面の解答例と照らし合わせながら学習者の提出した音声を聞き、採点基準の該当する項目にチェックを入れる。すると、採点項目に付与された得点を合計したものが、合計点として図4の青枠部分に表示されるようになっている。

　例えば図4では、画面の右下に採点項目の一部が表示されており、「話の構成がよく、模範解答としてふさわしい。」「聞き手を意識した話し方だ。」「長く複雑な文で話すことができる。」などの項目にチェックがついている。それらの各項目により点数の比重が異なり、チェックのついた項目の合計点が左上の青枠に数字が表示されている。

4.2. 採点後のフィードバック

　採点の後には、採点結果をフィードバックやコメントと共に学習者に URL リンクで送ることができる。採点結果は点数のみでなく、チェックの入った採点基準の項目とそうでない項目も同時に見ることができる (図5参照)。さらに、個人の発話に対する癖や間違いなどについても、学習者に特化したフィードバックを行うことができる。図5では、右画面下部分のコメントの欄に「人について話しをするときには、〜さんとつけるのを忘れないでくだ

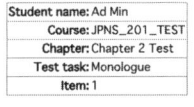

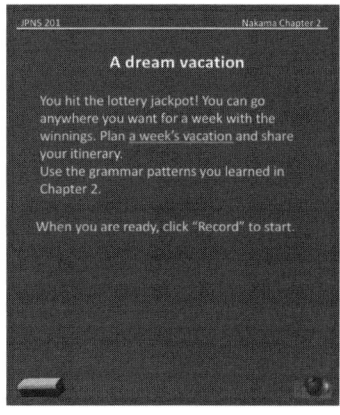
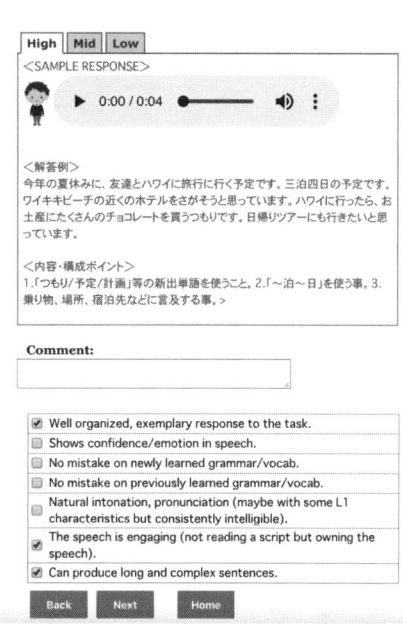

[図4] モノローグの採点画面

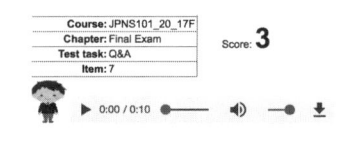
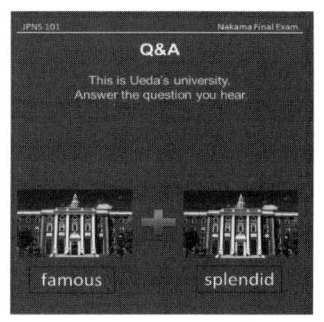

[図5] フィードバックの例（タスクQ＆A）

第14章　継続的オーラルアセスメントの開発　　**201**

さい。」、「2つ以上の形容詞をつなげるときには、〜てフォームを使いましょう。」など、フィードバックの例が示されている。

学習者は、テストを受けた後になぜその点数を与えられたのかを具体的に把握することができるため、取り組むべき課題がより明確になり、その後の学習に役立てることができる。

5. アンケート調査

本機関では、2014年以降このPBTを導入し、毎年改良を重ねている。この節では、2015年春学期に本大学にて実施した初級日本語コースを履修していた学習者を対象に行った、PBTについての意識調査で得られた34名の回答をもとに報告する。

回答者34名の内訳は、25名が男性、9名が女性、平均年齢は20.5歳であった。また、母語は英語が20名、中国語が13名、韓国語が1名であった。この調査では、従来の筆記テストと新しいPBTについての学習者の意識を比較するため、1学期のうちに学習者が両方の評価法を経験した状態で、アンケートを実施した。アンケートでは、大きく分けて①学習目的、②筆記とPBTの比較、③学習習慣の変化、についての質問を設けた。

5.1. 学習目的

「日本語のコースで、四技能のうちで一番伸ばしたいのは何か」という質問に対して、半分の学生が「話技能」(52.9%)と答えており、1学期での到達目標としては、41%の学生が「流暢に話せるようになりたい」、また35%の学生が「基礎的な会話ができるようになりたい」を選択していることからも、学習者は学習目的として、スピーキング能力を向上させること到達目標としていることがわかった。

5.2. 筆記テストとPBTの比較

両テストの比較に関する質問では、「圧倒的にPBT」、「幾分PBT」、「両

方」、「幾分筆記テスト」、「圧倒的に筆記テスト」の5段階の選択肢の中から
いずれかを選択し、その理由も記述する形式にした。

　その結果、「PBTと筆記テストのどちらを好むか」という質問に対しては全
体の70.6%の学生がPBTを好むと回答した。さらに、「どちらのテストに達
成感を感じたか。」という質問にも、約70%の学生がPBTと答えており、そ
の理由として、「能力の向上を感じられる」「学習を実感出来る」などの記述が
あった。このようにPBTと従来の筆記テストを比べると、学習者はPBTに対
してより肯定的であるということがわかった。

5.3.　筆記テストとPBTでの学習習慣の変化

　筆記テストの対策では、「教材を復習した」、「単語や文法を暗記した」、
「教科書を読んだ」などの学習方法についての記述がみられたのに対し、PBT
の対策では、「何度も話す練習をした」「文法の復習をした」などの学習法につ
いての記述がみられた。

　また、「PBTの導入によって学習方法が変わったか」という質問には73.5%
の学習者が変わったと回答した。どう変わったかを書く記述欄には、「話す練
習に集中するようになった」、「話す機会が増えた」と書かれていた。さらに、
64.7%の学習者が「PBTの方が自身の学習目標に沿っている」と回答し、記
述欄には「授業外でも練習するようになった」、「実用的だった」などのコメ
ントがみられた。これらの結果から、PBTの導入は、学習者の学習習慣に肯
定的な波及効果をもたらしたと考えることができる。

6.　おわりに

　以上、本稿では教授内容と評価法の整合性を向上させるために開発した
PBTと採点システムの紹介と、導入後の学習者の反応について報告した。
PBTはカンニング対策としても有効であり、オンラインコースなどの環境に
適した評価法であるといえる。アンケート調査結果では、学習者に好意的に
受け止められ、学習習慣にもテストの波及効果があったことがわかった。今
回は紹介のみとなったが、この新しい評価法の効果の検証については、今後

さらなる研究が必要である。

●関連図書・関連論文の紹介
Fulcher, G. (2013). *Practical language testing*. Routledge.
　　言語テストについて基礎から学べる1冊である。具体的な例を踏まえての解説や実践問題など
　　が用意されているため、自分で理解度を確認しながら読み進めることができる。特に第7章で
　　はEBBsについても詳しく紹介されている。

●参考文献
Brown, H. D. (2007) *Teaching by principles: An interactive approach to language pedagogy* (3rd edition). White Plains, NY: Pearson Education.

Choi, I. C., Kim, K. S., and Boo, J. (2003) Comparability of a paper-based language test and a computer-based language test. *Language Testing*, 20(3): pp. 295–320.

Clark, J. L. (1979) Direct vs. semi-direct tests of speaking ability. In E. Briere & F. Hinofotis (Eds.), *Concepts in language testing: Some recent studies*. Washington DC: TESOL. pp. 35–49.

Clariana, R., and Wallace, P. (2002) Paper–based versus computer–based assessment: Key factors associated with the test mode effect. *British Journal of Educational Technology*, 33(5): pp. 593–602.

Fukada, A. (2009) *Speak Everywhere*, licensed to and operated by e-Language Learning LLC, from http://speak-everywhere.com

Fukada, A. (2013) An online oral practice/assessment platform: Speak Everywhere. *The IALLT Journal*, 43(1): pp. 64–77.

Gipps, C. (1994) *Beyond testing: Towards a theory of educational assessment*. New York, NY: Routledge.

Hughes, A. (1989) *Testing for language teachers*. Cambridge, UK: Cambridge University Press.

Jones, N., and Maycock, L. (2007) The comparability of computer-based and paper-based tests: Goals, approaches, and a review of research. *Research Notes*, 27: pp. 11–14.

Noubandegani, P. A. (2012) Students' perceptions of computerized TOEFL test. *Language Testing in Asia*, 2(2): pp. 74–101.

Sawaki, Y. (2001) Comparability of conventional and computerized tests of reading in a second language. *Language Learning & Technology* 5(2): pp. 38–59.

Upshur, J. A., and Turner, C. E. (1995) Constructing rating scales for second language tests. *ELT Journal*, Volume 49, Issue 1: pp. 3–12.

15 漢越語データベースを活用した音声認識による漢語学習アプリの開発

クロス尚美・山崎恵

要旨

　本稿では、漢越語データベースの構築と、それを活用したベトナム人日本語学習者のためのスマホアプリの開発について報告する。まず、漢越語に関する先行・現行研究の成果を取り入れ、漢越語データベース構築に着手した。さらに音声、用例データを加え、データベースの拡充と精査を行ってきた。同時に、ベトナム人日本語学習者が苦手とする漢字と発音の両方を、自律的に学習するためのアプリ開発を行った。学習者の発話を音声認識して即時にテキスト化する機能を利用し、それをフィードバックへとつなぐ双方向性の学習アプリをめざした。そのプロトタイプである「漢越Go!」は、2017年末にApp Storeで公開された。以下では、漢越語データーベース構築に向けたこれまでの取り組みと、「漢越Go!」の特徴や期待される学習効果、使用方法とともに、今後の方向性について述べる。

キーワード　漢越語／スマホ学習アプリ／音声認識／ユーザー参加型

1.　開発の概要

　本開発にいたるきっかけは、ふたりのベトナム人学生との出会いにある。ひとりは、日本生まれで小学校に上がるまではバイリンガルだったというベトナム系2世で、父親はインドシナ難民として当時姫路にあった定住促進センターで日本語教育を受けている。父親が使ったという漢字の教科書を見て

漢越語の存在を知り、継承語としてのベトナム語と第2の母語である日本語との接点を漢越語に見出した。漢越語とは、現代ベトナム語にみられる漢語由来の語彙をさす。この学生が漢越語を卒業論文のテーマに選んだことで、筆者らも漢越語に興味をもつようになった。もうひとりは、非常に真面目で優秀なベトナム人留学生であるが、日本語の漢字習得に苦労し、癖のある自分の発音にコンプレックスをもっていた。この留学生もまた、漢越語に興味をもち、それが自分の日本語学習に役立つかどうかには懐疑的ではありながら、筆者らのプロジェクトに参加し、協力を惜しまなかった。筆者らのデータベースのベトナム語入力や用例のベトナム語訳はこの留学生に負うところが大である。

　ベトナム人日本語学習者の多くは、日本で働きながら学んでおり、勉学と仕事の両立に悩んでいる。彼／彼女らの多くが漢字と発音への強い苦手意識をもつが、日本語教育の現場ではその指導に十分な時間が割けないという問題がある。また、昨今の若者には書籍離れ・パソコン離れ・スマホ依存という共通点がある。ちょうどベトナム人のために隙間時間を活用できる自律学習用スマホアプリの開発を考え始めていたときに、Apple社が音声認識フレームワーク Speech Recognition API（本稿3.2節参照）を公開したことを知った。たまたま筆者らがiPhoneユーザーであったことから、音声認識のできるiOSアプリ（iPhoneのOS）の開発を行うことにした。この学習アプリは、学習者が人ではなくスマホを相手として繰り返し練習ができ、学習者の発音に対する苦手意識を払拭する一助となるのではないかと考えている。

　本プロジェクトでは、ユーザーとしての三者、すなわち①漢越語・日本語教育の研究者、②現場の日本語教師、そして③アプリ利用者としてのベトナム人日本語学習者が参加することで、データベースとスマホアプリのユーザー参加型の同時開発をめざしている。三者それぞれが直接・間接的に参加することで、データの精査、分析、拡充がより容易に行われる。日本語教育の現場の声をアプリの開発に還元することで現場ごとのニーズに直結した内容、レベルの新たなアプリ開発が可能になると考える。ユーザーは漢越語データベースのデータエントリ（項目追加、日越語の翻訳・用例作成、漢越語の使用状況や固有語との関係などの情報）を直接的あるいは間接的に行い、またアプリ開発に参加する。

こうして、漢越語のデータベース構築と、ベトナム人日本語学習者の漢字語彙習得のための自律学習型スマホアプリ、「漢越Go!」の開発プロジェクトが始まった。

2.　漢越語データベース

　ベトナム語の中の漢越語がどのような性質をもつものなのかを、筆者ら自身が知り、その知識を日本語教育に活かすため、まずはデータベースが必要であった。そこで、上述のベトナム人留学生の協力を仰ぎながら漢越語データベースの拡充を図ってきた。その過程でベトナム語音と日本語の漢字音の対応を実感するとともに、これをなんとか発音練習にも結び付けられないかと考えるようになった。

2.1.　漢越語

　ベトナムは日本同様、もともと漢字圏であり、漢越語と日本語の中の漢語の共通点を探ると、常用漢字による二字漢語に対応するものだけを集めても、その数はおよそ4,000語にのぼる。ところが、現代ベトナム語の表記にはアルファベットが用いられるため、現代の若者にとって漢越語の存在が意識されにくくなっているようであり、日本語学習者が漢越語と日本語の中の漢語を結びつけることは容易ではない。日常語では漢越語を排斥しベトナム固有語で置き換えようという動きもある一方で、論文体の文章の場合は使用されている語彙の6〜7割に達するともいわれており（石原2014）、漢越語は決して無視できない存在である。
　現代ベトナム語の語彙は、ベトナム固有語と漢越語があり、その関係は日本語における和語と漢語の関係に似ている。漢越語は日本語の中の漢語と同様にその造語性にも優れ、また漢越語と固有語の混種語もあるとのことである（石原2014）。例えば、「風」ということばには、漢越語のphongとベトナム固有語のgióがある。表1が示すように、「北風」と「暴風」に相当する語は、それぞれ「北」と「暴」を示す漢越語との組み合わせでふた通りの語形成がみられる。

[表1] 漢越語と固有語の共存の例

漢越語	風	phong	北風	bắc phong	暴風	bạo phong
固有語		gió		gió bắc		bão gió

（表記は漢越語、固有語共に、小文字始まりで統一した）

漢越語データベースに収集した約4,000語の漢越語のうち、小学校で学ぶ教育漢字を使った二字漢語が一番多く、およそ半数に当たる2,051語がこの組み合わせとなることがわかった。教育漢字と常用漢字からなる二字漢語は1,508語、常用漢字からなる二字漢語は329語であった。筆者らは日本語学習者にとって、最終的に必要なのは、教育漢字1,006字を含む常用漢字2,136字であると考えている。したがって、データベースに収録した漢越語のほとんどが、日本語で習得すべき漢字語彙であるといえよう。さらに、松田 (2016:120) でも「漢越音の知識は日本語の漢語の理解に大きなプラスになる。そのため、漢越音の知識を最大限活用できる教育や学習リソースの開発は意味がある」と述べている。この漢越語を、ベトナム語母語話者の日本語教育に活かせないものなのだろうか。

2.2. Excelデータベース

漢越語データベースは、Microsoft Excel (以下、Excel) ファイルにまとめた基本データと、用例ファイルと音声ファイルを手作業で結びつける一元的なものから始まった。元データとなったのは、姫路定住促進センター（編）(1984)『漢字語彙集 ベトナム語版』である。これは当時の常用漢字1,945文字のすべてに対して、ベトナム漢字音とベトナム語音と語訳を付したもので、各漢字の音読みにはベトナム漢字音、訓読みにはベトナム語訳を対照させ、漢語には、それに相当する漢越語を対照させるである。この語彙集から4,000弱の二字漢語、漢越語のペアを抽出し、それに表2にある項目を追加して構成している。以下で、項目別に①から⑥として解説する。

A	B	C	D	E	F	G	H	I	J	K	L	M	N	O	S
漢字順	漢字1 配当学年	漢字2 配当学年	熟語	漢越語構成字順 AB BA	漢字1	漢字2	音1	音2	漢字1 音の近似	漢字2 音の近似	漢越字1	漢越字2	漢字1 意味の近似	漢字2 意味の近似	備考
38	4	2	案内	AB	案	内	アン	ナイ	S	R	án	nội	S	R	Thông tin
40	4	1	以下	AB	以	下	イ	カ	R	R	dĩ	hạ	R	R	Bên dưới
41	4	2	以後	AB	以	後	イ	ゴ	R	D	dĩ	hậu	R	D	Sau đó
42	4	1	以上	AB	以	上	イ	ジョウ	R	R	dĩ	thượng	R	R	Phía trên
43	4	1	以前	AB	以	前	イ	ゼン	R	R	dĩ	tiền	R	R	Trước
2730	2	1	電車	BA	電	車	デン	シャ	B–R	A–S	xe	điện	B–R	A–R	tàu điện/Đào tạo
2030	5	5	制限	BA	制	限	セイ	ゲン	B–D	A–D	hạn	chế	B–RL	A–RL	sự hạn chế
996	5	3	限界	BA	限	界	ゲン	カイ	B–D	A–D	giới	hạn	B–RL	A–RL	sự giới thiệu
1807	教外	教外	紹介	BA	紹	介	ショウ	カイ	B–D	A–D	giới	thiệu	B–RL	A–RL	sự giới thiệu

①A列は漢字1をキーとして、50音順に並べ替えたときの通し番号である。

②B列、C列は、教育漢字の配当学年、あるいは「教外」として教育漢字以外の常用漢字、あるいは「常外」として常用漢字以外を示す。なお、常用漢字は現行の2,136字を対象とする。現行の漢越語データベースにおいて、構成字に使われる常用外漢字は、40字のみである。

③E列には、漢越語の構成字の順が漢語と同じものをAB、逆であるものをBAとして示す。

④J列とK列には、漢越語の基になる漢字音がどの程度漢語の対応字と似ているか、似ていないかでS、R、Dの3つに分類した。Sは近似していること、Rは類似していること、Dは全く異なることを示す。構成字順がBAの場合、B–R、A–Sのように表記した。これらのデータは、現在も精査中であり、分類は終わっていない。

⑤N列とO列には、漢越語の構成字それぞれの意味が、日本語の漢字の意味とどの程度似ているか、または違っているか、あるいは何らかの関連性があるかをS（同義）、R（類義）、RL（関連性あり）、D（異議）として表した。上の

④と同様に、構成字順がBAの場合、B–RL、A–RLのように表記した。こ
れらのデータも、現在入力中であり、漢越語の専門家の協力を仰いで精査
をおこなう予定である。

⑥S列の備考欄に、漢語に対応する漢越語以外のベトナム語を提示した。通
常はこちらの方が一般的であることが多いと考えられ、データのさらなる
精査が必要である。

　このデータベースを構築するにあたり、村上・今井 (2010) や松田 (2016) を
参照した。

2.3.　用例と音声ファイル

　アプリ用に抽出した漢語・漢越語のペアに対しては、それぞれ2つの用例
を用意し、ベトナム語訳をつけ、Excel の別シートに保存した。さらに、別
ファイルで漢越語に対応する漢語の読みの音声データを用意した。この音声
データは、漢越語に対応する漢語の読みのお手本として用いる。Excel ファイル
はクラウドストレージである Dropbox にアップロードし、クラウド上で共
有している。音声ファイルは mp3 ファイルとして音声フォルダに入れ、同様
に Dropbox 上で現時点におけるユーザー間で共有している。今後必要に応じ
て、単語ではなく、用例の音声なども加えて、漢越語の基礎データと用例、
音声のファイルを充実させていく計画である。

2.4.　MySQL関係データベース管理システム

　Excel ファイルにアクセスするのが少人数である場合、また音声データと用
例データが比較的少ない場合は、データベース全体の整合性の維持はそれほ
ど困難ではない。基本データと音声、用例データを手作業で関連付け、アプ
リ用データを抽出することも可能である。しかしながら、今後精査を継続的
におこないながらデータベースの拡充をめざし、また他の研究者や日本語教
師らとデータベースの共有を図っていく上で、多数のユーザーが研究利用や
教材開発のためにデータの出入力に携わることになると、Excel を基本とした
一元的なデータベースシステムでは不十分である。

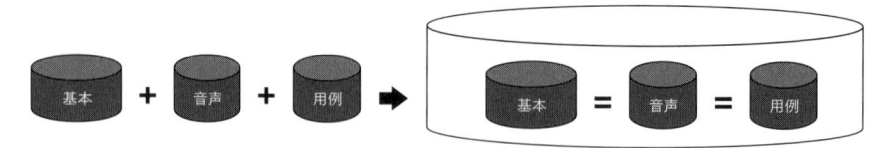

[図1] ExcelデータベースからMySQL関係データベースへ

　将来的には、ユーザー（漢越語・日本語教育研究者）が増えて、複数のユーザーの同時オンラインアクセスが可能な、多元的なデータベースが必要となる。そのために、オープンソースの関係データベース管理システムの1つであるMySQLによる、データベースの多元的な管理への移行の準備を始めている。MySQLへの完全移行は、今後複数の研究協力者が得られることを期待し、2019年春を想定している。

2.5.　データベースの共有

　漢越語データベースの拡充、精査活動に参加し、またそのデータを利用したいという研究者、日本語教師、日本語学習者を含めたベトナム語を母語とする協力者には、ユーザーとして登録してもらった上でデータベースの共有を行う。今後はその連携作業をwebアプリ（パソコンやモバイル機器から直接データベースに出入力するためのプログラム）を介して、ユーザーがそれぞれの立場から漢越語データベースのデータにアクセスし、その拡充、精査に携わることを容易にしていく計画である。

3.　スマホ学習アプリ「漢越Go!」

　筆者らは、漢越語について学びながら、漢越語データベースを構築し、それと同時進行で、身近にいるベトナム人留学生の漢字語彙習得のためのアプリを提供したいという強い願いがあった。そこでアプリ開発に取り組み、そのプロトタイプとして発表したのが「漢越Go!」である。

3.1. 「漢越Go!」の特徴

　「漢越Go!」の特徴は、①音声認識をつかって、学習者の発音の揺れが十分に許容範囲内でありコミュニケーションが成立するレベルであるか否かを客観的に示すことができること、②漢越語と日本語の中の漢語との対応により、視覚的に漢字の表記と音声とを結び付け、音の類似、近似、または異なることからの気付きを促すことで、漢字語彙をより身近に感じさせること、また開発者側からは、③アプリのコーディング（プログラム）が公開されており、誰でもその基本コードを応用し、レベル別、目的別に練習問題を構成できることの3点が挙げられる。

3.2. Speech Recognition API

　そもそも音声認識のできるアプリ考案のきっかけとなったのはSpeech Recognition APIが公開されたことにある。APIとはApplication Programming Interfaceのことで、WEB上に公開されたソフトウェアの一部を指す。それを自分のソフトウェアに埋込むことで、アプリケーション同士の連携が可能となる。Speech Recognition APIは、Apple社の音声認識の技術を、スマホアプリなどでも利用できるようにしたもので、音声によるインプットを文字化する。従来の日本語学習ソフトなどに使われてきた音声認識エンジンと大きく違うのは、韻律情報への依存度が極めて低いことにある。例えば、「注意」ということばを、アクセントを変えて発音しても、同様に「注意」と変換することが多い。日本語としては少し不自然に「ちゅい」、あるいは「ちゅーうい」と長音を短音に、長音をさらに伸ばして発音しても、たいていは「注意」と変換される。早口で発音しても、ゆっくりと発音しても同様である。日本語に多い同音異義語の変換には、語の出現頻度が関係するようである。例えば前例の「注意」の場合、「中尉」も「中位」も変換される可能性がある。しかし、Speech Recognition APIの背景にある膨大なデータベースでは、おそらく使用頻度が一番高いものが「注意」なのであろうと考えられる。さらに、「注意する」とサ変動詞化することで、ここで挙げた選択肢のうち「注意」の選択がより確実なものとなる。アプリ上では、発音のヒントとして漢語に

「する」を付加し、短文にしたものを提示しているケースが多い。

「漢越 Go!」において「正しい」あるいは「正確」な発音にこだわらないのは、日常会話ではそれがさほど重要ではないことが多いからである。アプリが認識できる発音の許容範囲を、日常会話における語句聞き取りの許容範囲圏であるとみなす。つまり、アプリに認識されるということは、学習者の発音が「通じる日本語」であると考えられ、それが学習者の自信につながることを期待している。

3.3. アプリ開発環境と言語

iOS (ここでは iPhone のみ) アプリの開発には、Apple 社がアプリ開発者のために無償で公開している総合開発環境 (IDE) である Xcode を用いた。Xcode 上でプログラミング言語の Swift を用いてコーディング (プログラムを書くこと) をおこなった。

アプリ開発にあたっては、Xcode 上にフレームワークを import (プログラムに取り込むこと) する。フレームワークとは、アプリにもたせたい機能をあらかじめまとめたもので、プログラムの冒頭で指定する。本開発プロジェクトでは、①UIKit、②Speech、③AVFoundation、さらに後で述べる復習項目をデバイス内に取り込むための④Realm の 4 つのフレームワークを import する。2番目の Speech が音声認識の API である。開発開始当初のバージョンは、Xcode が 7、Swift が 2 であったが、2017 年 12 月現在、Xcode が 9.2、Swift が 4 となっている。バージョンがアップするたびにプログラムコードに変更が必要であり、コーディング初心者にとっては大きな負担である。一方で、多くのアプリディベロッパーがその知見を GitHub というコード共有サイトやブログなどに無償で公開しており、助けられることが多い。そこで後述 (本稿 3.8 節参照) するように、「漢越 Go!」のコードもまた、GitHub 上で公開している。

3.4. アプリのコンセプト

「漢越 Go!」のプロトタイプでは、日本語能力試験 (JLPT) の N2・N3 (中級レベル) 相当を想定し、以下のような練習問題を選出している。

①漢越語と対応する漢語で、音が似ているペア（例：「注意」と "chú ý"）

②同じ漢字を含む漢越語と漢語のペア（例：「出席」と "xuất tịch"、「出発」と "xuất phát" など）

③漢越語と漢語とが同じ漢字音からなり、意味も同じであるか近似している同形（音）同義のペア（例：「連絡」と "lien lạc"）、

④構成漢字は同じであるが、ベトナム語と日本語とでは意味が異なる同形（音）異義のペア（例：「料理」［食べ物をこしらえる］と "liệu lí"［物事を処理する］）

このアプリの応用編としては、漢越語の構成字音（単音）に対応する（常用）漢字を学ぶという初級学習者用の練習問題が考えられる。また上級では単語レベルではなく、短文レベルで漢語の使い方を学んだり、日本語の中の漢字音と漢越語の構成字音との規則的な対応を知り、未習の漢語でも読みを類推する練習をしたりすることも可能であろう。「漢越 Go!」は、学習する日本語の漢字や語彙、例文の選択によって、初級から上級まで、幅広い学習者層に対応可能である。

3.5.　アプリのローカライズ

学習者の日本語理解度が低い場合は、指示文をベトナム語で表記する必要がある。アプリ画面上に言語切り替えスイッチを設けて対応画面を設け、日本語かベトナム語かを学習者が選ぶ方法と、学習者のスマホの言語設定で自動的にアプリ内の文字列をその言語にあわせて表示する多言語対応とがある。「漢越 Go!」では、より柔軟性があり、今後主流となるであろうと考えられる後者を用いたローカライズをおこなっている。学習者のスマホの言語設定が、第一言語としてベトナム語が選択されている場合、アプリの説明部分や「使い方」のページなどの、あらかじめ Localizable.strings（ローカライズされる文字列）として設定された語句がベトナム語で表示される。

3.6.　アプリの復習機能

学習者が本アプリを使用していて、発音がうまく認識されなかったため

SKIP（問題を完了せず次の問題に移動）を選択した語と、学習者自身が繰り返し練習する必要を感じる語については、復習機能を設けて対応した。アプリに復習機能をつけるため、モバイルデバイス向けのユーザーデータベースであるRealm を利用した。Realm により復習項目はデバイス内に記録され、必要に応じて呼び出される。Realm は高速でアクセスできるうえ、iOS だけでなくAndroid にも対応しているため、今後の Android アプリ開発においても有用である。復習リストに追加された単語は、基本の練習問題と同様の形式で練習ができ、また音声情報や用例を見ることができる。

3.7. アプリのデザインと使用方法

　「漢越 Go!」のプロトタイプを初めて立ち上げると、「コース選択」の画面（例：N1 対応コース、N2 対応コース）が表示される。
　初回に提示されるマイクの使用と発話の録音許可に同意すると、録音された発話の全てを音声認識し、文字化することが意図されている。図2左下のSTART ボタンを押すとすぐに録音が始まり、リアルタイムで Apple 社に送信

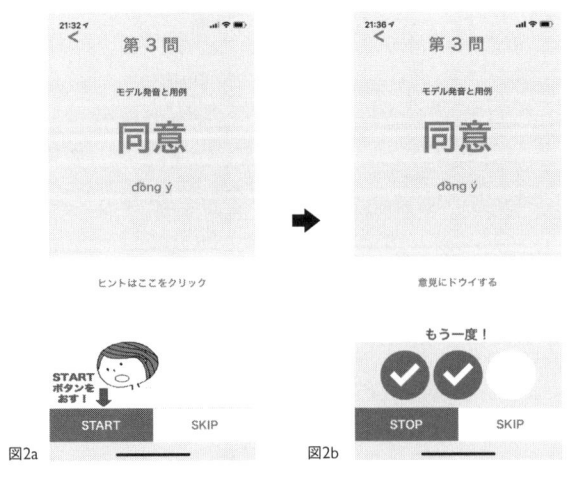

[図2] 練習問題の画面

され、音声認識され、瞬時に文字化される。言いよどみや言い間違い、周囲の人たちの発話にも、敏感に反応する。その全てを文字化すると、デバイスの画面にテキストが流れるように表記され、スペースがなくなるとシステムが遮断されてしまう。「漢越Go!」プロトタイプでは文字化されたものを画面にそのまま表示する代わりに、正しい文字列が認識された場合に、チェックマークをつけることにした。発話の始まりからポーズまでを1つの認識対象の文字列とする。その文字列に問題の漢語が含まれており、それが認識されれば、1つチェックマークがつく。3つチェックマークがつくまで繰り返す。発話の例と、対応するアプリ画面の表示例を図3に示す。

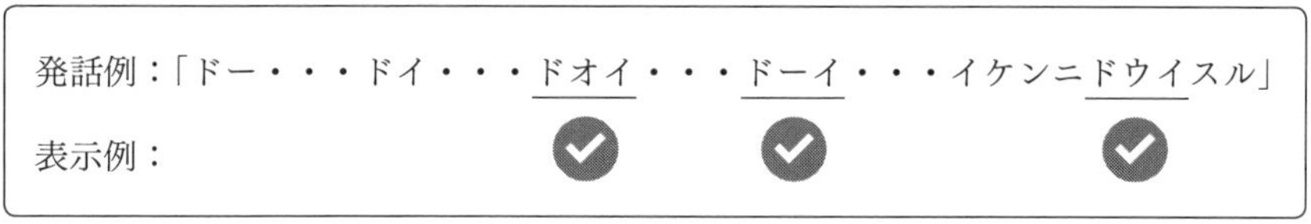

発話例：「ドー・・・ドイ・・・ドオイ・・・ドーイ・・・イケンニドウイスル」

表示例：

[図3] 発話とその表示例

　上の例では、学習者が「ドーイ」と発音しても、ヒントに提示されるように「(意見に)ドウイする」と言っても、「ドーイ／ドウイ」のみが抽出され、「同意」と認識される。3回正答すると次の問題に進むことができる。

　発音がうまく認識されない場合は、ヒントボタンをタップする。ヒントとして、当該漢語を含む短文が提示される。学習者にとっては短文として発音することで、その使い方の定着が期待される一方で、同音異義語がある場合など、短文として発話することでより正確な音声認識が行われる。

　学習項目をSKIPすることも可能である。図2の上部にある「モデル音声と用例」ボタンを押すと、図4のように当該漢語のモデル音声と用例のポップアップページに移動する。用例のベトナム語翻訳は、漢越語がそのまま使える場合は漢越語を使用している。現代ベトナム語の口語では、ベトナム固有語の方が一般的であると考えられる場合は、そちらを使用している。プロトタイプのN2対応コースでは、N3からN2レベルの用例を2つずつ挙げている。

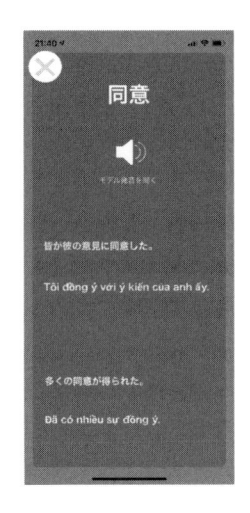

　グループ（練習問題群）内の問題を終了すると、「何問中何問正解」というメッセージとともに、次のグループへの挑戦を促すメッセージが表示される。音声認識を途中で諦めスキップした場合と、ポップアップ画面で「復習リストに追加する」を選んだ場合、該当語が復習リストに追加される。復習リストでは、それぞれの語のページに飛び、練習が終わると「戻る」ボタンで復習リストに戻る。リストに挙がっている語が正しく発音できた場合は、復習リストから自動的に削除される。

3.8.　アプリ開発ノウハウの共有

　ここに紹介した「漢越Go!」のコードは、全てGitHub上で公開している。GitHubはソフトウェア開発プロジェクトのための共有ウェブサービスである。GitHub上にある筆者らのアカウント（https://github.com/n-kanreky/kanetsuGo）からコードをダウンロードし、コードを加筆修正することで、アプリ開発の初心者でも「漢越Go!」に基づく新たなアプリ作成が比較的容易である。例えば、学習者のレベルや日本語能力試験（JLPT）受験に合わせて必要な語群を漢越語データベースからダウンロードし、それを既存の「漢越Go!」の練習問

題に組み込んだり、新たな学習アプリに応用したりすることができる。

4. まとめと今後の課題

本開発プロジェクトは、まず筆者らが漢越語を知るためにデータベースを作り、そしてアプリ開発のためにプログラミング言語を学ぶというゼロからの出発であった。毎日新たな発見があり、試行錯誤の日々であった。2人のベトナム人学生の協力を得て、2017年春には漢越語データベースの原型ができた。筆者らは漢越語については全くの門外漢であったが、先行研究を読み進むにつれて漢越語を日本語教育に取り入れることの難しさをあらためて実感するとともに、それをなんとか活かしたいという気持ちが強くなっていった。そのためには、現行の漢越語データベースを拡充し、精査し、活用していかなくてはならない。

「漢越Go!」のプロトタイプ第1弾が、2017年12月にApp Storeで公開されて以来、改良、バグ修正と収録語の拡充に取り組んできた。次の課題は、ベトナム人留学生を対象とした試用調査である。アプリ利用者の声を取り入れながら、またベトナム人留学生を教える日本語教師の声をも取り入れ、アプリ第2弾の開発に取り組む。同時に、学習者のニーズ、学習者の期待に寄り添うアプリの開発が必要である。それを筆者ら少数で全てカバーしようとするのではなく、ユーザーとして研究・開発協力者、ベトナム語母語話者らの参加を得て、様々な用途に向けたアプリ開発をめざしたい。

ベトナムではAndroidのスマホが主流であることから、今後はAndroid版のアプリの開発も視野に入れ、iOSアプリ開発においてもソフトウェア、開発環境の汎用性を考慮してきた。iOSアプリ開発とAndroidアプリ開発の両方を手がけるニーズは高まっており、コスト削減の面からも両者共通のプラットホームが登場してくるであろうことは十分に期待できる。

インターネット上で様々な情報が得られる昨今、ICTの専門知識がないと尻込みしてはいられない。現場日本語教師主導のICTを駆使した教材開発があってもよいのではなかろうか。それが十分に可能であることが本稿により示せたことを願う。

●関連図書・関連論文の紹介

村上雄太郎・今井昭夫（2010–2017）「現代ベトナム語における漢越語の研究（1）–（8）」『東京外大東南アジア学』15–22、東京外国語大学外国語学部東南アジア課程研究室

(1) ベトナムへの和製漢語の伝播状況　15: pp.19–32
(2) 日本語にもベトナム語にも使われる「漢語」のうち、意味・用法の違うもの　16: pp. 17–39
(3) 日本語の場合とは並び方が逆になる2音節漢越語　17: pp. 1–11
(4) ベトナム語の文法的特徴を持つ漢語要素　18: pp. 27–40
(5)「越製漢語」の構成パターンについて　19: pp. 102–111
(6) 日本人学習者から見た漢越語の声調とその用法に関する諸問題　20: pp. 1–9
(7) 日本人学習者から見た漢越語の名詞用法の諸問題　21: pp. 15–33
(8) 漢越語とそのバリアントの意味・用法に関する諸問題　22: pp. 1–16

　　1–4は、村上雄太郎（研究代表者）、今井昭夫（研究分担者）の科学研究費基盤研究（C）「『日越辞典』編纂へ向けての基盤構築研究」（2009-2012）、5–8は、引き続き「『日越辞典』編纂へ向けての基盤構築研究—漢越語の使用状況と意味分析—」（2013–2016）の研究成果である。この一連の研究は、共著で『東京外大　東南アジア学』に発表されている。

　　これは、『日越辞典』・『越日辞典』編纂に向けての基盤構築研究であり、その中で大きな比重を占める「漢越語」のリスト化を行っている。まず、日・越両語における漢語表現の使用状況およびその意味・機能の対照に関する資料収集を行い、現代ベトナム語への和製漢語の伝播状況や、日越両語で著しく意味が異なる二字「漢越語」のリスト化、日本語とベトナム語で字順が逆になる二字「漢越語」のリスト化と、その意味・用法の異同について考察し、研究成果として発表している。現代ベトナム語における漢越語の研究であるが、その成果はベトナム語学習者だけでなく、ベトナム人日本語学習者のための漢字語彙教材作成のデータとしても大いに参考になる。

●参考文献

石原嘉人（2014）「ベトナム語話者に対する漢字語彙の指導について」『琉球大学留学生センター紀要』1: pp. 27–39. 琉球大学

姫路定住促進センター編（1984）『漢字語彙集　ベトナム語版』難民事業本部

松田真希子（2016）『ベトナム語母語話者のための日本語教育—ベトナム人の日本語学習における困難点改善のための提案』春風社

村上雄太郎・今井昭夫（2010）「現代ベトナム語における漢越語の研究（1）ベトナムへの和製漢語の伝播状況」『東南アジア学』10: pp. 19–32. 東京外国語大学

16 継続的な学習につなげる日本語学習サイト

「ひろがる もっといろんな日本と日本語」

伊藤秀明・石井容子・前田純子

要旨

　本稿では、国際交流基金関西国際センターが開発した日本語学習サイト「ひろがる もっといろんな日本と日本語」の開発方針と継続的な学習を意識した工夫について述べる。本サイトでは、日本語学習者へのアンケート調査（有効回答数5,172名）を行い、興味・関心の高かった12のトピックを決定し、それぞれのトピックに6つのコンテンツを置いた。そして、6つのコンテンツには継続的な学習へとつなげるため、「学習に取り組みやすくすること」と「学習への興味を継続させること」の2つの側面から様々な工夫を行った。これらの点は、従来の日本語学習リソースにはあまりみられないことから、本サイトの工夫は日本語学習サイトの開発において新しい視点を提供したと考えられる。

キーワード　トピック／異文化理解／学習者の興味・関心／学習動機

1.　開発の概要

1.1.　背景

　現在、日本国外の日本語学習者（以下、学習者）は約360万人いるといわれている（国際交流基金 2017a）。この数は日本語学習機関に在籍する学習者を対象に調査をした数値であり、インターネットなどを利用した独学の学習者を含め

ると、実際の学習者数はさらに多いことが予想される。そして、日本国外の学習者数の増加や近年の情報機器の発達に伴い、日本語学習のためのeラーニングリソースも増加傾向にある (福永・大谷・セーントーンスック 2016)。しかし、eラーニングリソースの多くは、文法を中心としたものや教科書の内容をサポートするもの、日本のレストランやホテルなどで遭遇する表現を学習項目として取り上げているものが多く、明確な目的意識をもたずに趣味などで日本語を学習していることも多い日本国外の学習者にとって、自身の学んできた日本語能力を実感する場はインターネット上にはあまり用意されていない。また、多くのeラーニングリソースは初級レベルが終了すると中級レベル、そのレベルが終了するとさらに上のレベルへといったように、常に縦方向への日本語能力の向上をめざしており、学習者の動機づけに配慮した教材が少ない。そのため、学習者は「日本語を楽しむ」という感情を得る機会が少なくなり、日本に対して好意的な感情をもっているにもかかわらず、日本語学習への動機が徐々に薄れ、学習自体を中断もしくは断念してしまうということもある。このようなことを背景に、海外の日本語教師からは「楽しく自由に学習を続けられる教材がほしい」「日本語だけではなく日本の文化に触れられるような教材があればいい」といった声がしばしば聞かれる。

　国際交流基金関西国際センター (以下、関西センター) では、このような日本国外の学習者の状況を踏まえ、これまで関西センターで行ってきた文化学術専門家日本語研修[1]の「初級でも自分の研究のことならば語ることができる」、教材『初級からの日本語スピーチ』(国際交流基金関西国際センター 2004) の「初級でも興味のある話題についてならば話すことができる」、ウェブサイト (以下、サイト)「アニメ・マンガの日本語」の「趣味で学ぶ日本語」などの特色ある研修や教材などの開発経験を活かした日本語学習サイトの開発を計画した。そして、「趣味などの「自分の楽しみ」の世界を通して、日本語と異文化理解能力の育成を支援するサイト」をコンセプトとしたサイト「ひろがる　もっといろんな日本と日本語」(以下、「ひろがる」)(https://hirogaru-nihongo.jp)(2016年8月17日公開) を制作することとした。「ひろがる」では、学習者が興味・関心をもつ題材を通して日本や日本語に触れることで、より幅広い日本や日本語を知り、それを学習の継続につなげることをねらいとしている。

1.2. 事前調査

　近年、海外で日本の文化的側面に注目が集まり、日本のソフトパワー (文化的魅力) が日本語学習の動機づけとなることも多い (熊野・川嶋 2011、外務省 2017)。日本語教材においても、学習者の興味・関心を教材に活かそうと、学習者が興味を示しそうなアニメやマンガなどを学習項目の提示手法として利用する教材がみられる。しかし、これらの教材は文型や表現などの特定の学習項目を教授することを前提としているため、提示手段に学習者の興味・関心を援用したとしても、それを利用する学習者の興味・関心がソフトパワーにある場合は継続的な動機づけとはなりにくい。そこで「ひろがる」では従来とは発想を逆転し、日本語学習者の興味・関心のあるトピックを提示し、その中で必要となる日本語を学習することをめざした。

　この発想でまず課題となるのは「日本国外の学習者が興味・関心を抱くトピックは何であるのか」ということである。そこで、「ひろがる」のトピックの選定にあたり、国際交流基金海外20拠点[2]の日本語講座受講生と日本語学習サイト「WEB版 エリンが挑戦！にほんごできます。」(以下、エリン) の登録ユーザーを対象に、興味・関心に関するアンケート調査 (以下、アンケート) を2014年5月下旬から7月上旬にかけて行った。日本語講座受講生へのアンケートは各拠点の言語に翻訳した紙媒体のアンケートで、エリンの登録ユーザーにはサイトの対応言語と同様、日本語・英語・スペイン語・ポルトガル語・フランス語・中国語・韓国語・インドネシア語に翻訳したウェブアンケートで回答を依頼した。アンケートは、趣味を一覧するサイトや複数の雑誌のサイトから118項目のカテゴリーを抽出し、各項目に対して「④大好き・とても興味がある」「③好き・興味がある」「②あまり好きではない・あまり興味がない」「①嫌い・興味がない」の4段階で選択してもらう形式とした (稿末資料参照)。118項目は恣意的な分類を避けるため、「音楽」という上位概念から「音楽を演奏する」という具体的な下位概念も含めて調査を行った。最終的には紙媒体1,404名とウェブアンケート3,768名の計5,172名から有効回答を得た。

　トピックの選定は以下のように行った。まず、アンケートの④の選択者数、④と③の選択者数総数、③の選択者数ごとに降順に並べた[3] (表1)。そし

[表1] アンケート結果（数値は選択者数）

	④の上位50位【④の降順】		④+③の上位50位【④+③の降順】		③の上位50位【③の降順】	
1	語学学習	3387	語学学習	4787	健康	2162
2	音楽を聴くこと	3314	映画を見ること	4636	折り紙	2102
3	音楽	3029	音楽を聴くこと	4610	市場・スーパー	2095
4	伝統文化	2925	音楽	4598	歴史	2077
5	映画を見ること	2916	伝統文化	4586	外食	2075
6	読書	2791	読書	4511	カフェに行くこと	2070
7	アニメを見ること	2632	自然	4385	博物館に行くこと	2062
8	自然	2584	図書館・本屋	4360	書道	2059
9	図書館・本屋	2512	外食	4259	ＳＮＳ	2052
10	景色を見る	2380	景色を見る	4250	コンサート・ライブ	2043
11	マンガを読むこと	2350	歴史的なところに行く	4192	水族館に行くこと	2040
12	神社・お寺	2346	アウトドア	4129	買い物	2034
13	歴史的なところに行く	2279	神社・お寺	4117	建築物を見る	2031
14	外食	2184	アニメを見ること	4103	着物	2015
15	アウトドア	2126	写真を撮る	4013	料理	2004
16	お弁当	2087	お弁当	3958	アウトドア	2003
17	写真を撮る	2033	マンガを読むこと	3913	動物・鳥	1993
18	TVやPCでゲームをする	2022	健康	3906	バーベキュー	1990
19	料理	1895	料理	3899	住宅	1986
20	遊園地・テーマパーク	1882	歴史	3898	パン	1982
21	お菓子	1866	博物館に行くこと	3880	写真を撮る	1980
22	城	1843	お菓子	3795	絵本	1968
23	歴史	1821	城	3783	茶道	1967
24	博物館に行くこと	1818	着物	3767	ボードゲームをすること	1947
25	星を見る	1814	美術館・ギャラリーに行くこと	3741	城	1940
26	美術館・ギャラリーに行くこと	1809	コンサート・ライブ	3706	美術館・ギャラリーに行くこと	1932
27	紅茶	1797	星を見る	3706	お菓子	1929
28	着物	1752	紅茶	3703	自転車	1922
29	健康	1744	遊園地・テーマパーク	3689	歴史的なところに行く	1913
30	ドラマを見ること	1741	書道	3688	紅茶	1906
31	ミュージカル・舞台	1733	茶道	3643	動物園に行くこと	1900
32	茶道	1676	ミュージカル・舞台	3633	ミュージカル・舞台	1900
33	武道（空手・柔道・剣道など）	1667	買い物	3514	星を見る	1892
34	コンサート・ライブ	1663	折り紙	3511	歌舞伎	1890
35	ポップカルチャー	1645	ドラマを見ること	3506	落語	1888
36	書道	1629	ポップカルチャー	3491	お弁当	1871
37	猫	1599	カフェに行くこと	3476	ハンドクラフト	1870
38	絵を描く	1585	絵本	3462	景色を見る	1870
39	動物園に行くこと	1514	建築物を見る	3447	インテリア	1869
40	絵本	1494	武道（空手・柔道・剣道など）	3425	図書館・本屋	1848
41	買い物	1480	動物園に行くこと	3414	ポップカルチャー	1846
42	犬	1452	水族館に行くこと	3363	ジグソーパズル	1825
43	ロボット	1417	ＳＮＳ	3362	遊園地・テーマパーク	1807
44	建築物を見る	1416	TVやPCでゲームをする	3355	植物を育てる	1806
45	折り紙	1409	バーベキュー	3336	自然	1801
46	カフェに行くこと	1406	自転車	3324	アクセサリー	1799
47	自転車	1402	動物・鳥	3279	動画を撮る	1799
48	カラオケ	1392	絵を描く	3202	キャンプ	1793
49	楽器を演奏すること	1378	市場・スーパー	3187	俳句	1792
50	スポーツをする	1351	楽器を演奏すること	3097	コーヒー	1781

て、具体度が高い概念かつ上位であるものから、カテゴリーの重なりを考慮し、加えて、従来の日本語教育であまり扱われていないものや日本国内と国外で違いがみられるものを積極的に採用する方式で採用トピックの選定を行った。具体的には、「折り紙」のように従来からよく扱われているものや関西センターが運営する他のサイトですでに扱っている「健康」などのトピックは採用しない一方、スポーツは全体的に順位が低かったものの、その中で比較的上位である「武道」を採用したりした。また、上位であってもサイト自体がその役割を担う「語学の学習」や「写真」、権利処理に困難が伴うことが予めわかっていた「映画」「ビデオゲーム」「美術館」「テーマパーク」などは採用トピックから外すこととした。そして複数のトピックを整理した結果、「ひろがる」では、「星・夜空」「アウトドア」「武道」「カフェ・お茶」「スイーツ」「スーパー・市場」「書道」「アニメ・マンガ」「本・図書館」「寺・神社」「音楽」「水族館」の12トピックを採用し、これらのトピックを横断する形で「食」も扱うこととした。

2. 「ひろがる」の開発方針

2.1. JF日本語教育スタンダードと「ひろがる」

　国際交流基金は2010年に、「文化を異にする人々が共に生きていく社会状況の中で、多くの言語の1つとして日本語を位置づけることをめざし、「相互理解のための日本語」を理念とするJF日本語教育スタンダード（以下、JFS）」（国際交流基金2017b: 5）を発表している。また、国際交流基金 (2009、2017b) では、「相互理解のための日本語」の特徴として以下の4点を挙げている。

①コミュニケーションを共同行為と捉える
②共同行為には領域や場がある
③国籍や民族を超えた日本語使用者のコミュニケーションを奨励
④「相互理解のための日本語」を学んだり、使ったりすることで、学習者は母語と異なる言語や文化に触れる機会を得る

（国際交流基金2017b: 5–6）

「ひろがる」も「動画や記事を視聴してわかる（受容）」、「他者との交流（産出・やりとり）」という2種のコンテンツを通して「異文化理解」が促進されることをめざしており、「ひろがる」の「趣味などの『自分の楽しみ』の世界を通して、日本語と異文化理解能力の育成を支援するサイト」というコンセプトはJFSの「相互理解のための日本語」の理念とも考え方を一にするものであると考える。

2.2.　「ひろがる」の5つのポイント

　1節で述べた開発の背景やアンケート結果、2.1節のJFSとの関わりなどを踏まえ、「ひろがる」では提供するポイントを以下の5点とした。

㋐自分の興味・関心のあるテーマを通して学べる
　学習者が興味・関心をもつテーマを通して幅広い日本、日本語に触れる機会を提供する。学習者によく知られているアニメ・マンガや書道などの日本文化にトピックを限定せず、学習者が興味をもつトピックを広く扱う。
㋑Aレベルの学習者も「わかる」「使える」実感を得られる
　JFSのA1、A2レベル（入門～初級）の日本語力でも「わかる」「使える」実感を得られる場とする。自分の興味、関心のあることに関連する日本、日本語を理解することで学習動機につなげる。
㋒サイトの閲覧が日本語を使う場面と捉える
　サイトの閲覧そのものが日本語を使う場と捉える。生活場面で日本語を使うことのない日本国外の学習者でも楽しめるものとする。
㋓世界中の学習者を感じられる
　学習者がインターネットを通じて、他の地域にいる世界中の学習者を感じる場とする。他文化を知ることで、自文化を振り返ったり、自身の学習動機を振り返ったりするきっかけを作り出す。
㋔気軽に触れられる
　言語に焦点化されすぎていないコンテンツとすることで、日常のインターネット接触の延長線上で気軽に日本、日本語に触れられる機会を提供する。また、タブレットやスマートフォンに対応する。

そして、これらのポイントを通して、学習者が「勉強してきた日本語で情報が読めた。聞けた。書けた。」という「使える」「わかる」実感を得たり、「日本語でこう言うのか」「知っていたこととは違う部分があった」という、より幅広く日本や日本語について知ったり、学んだりする機会を提供する。そして最終的には、世界が広がり学習者の異文化理解が進むことで、さらなる日本・日本語に接する動機につなげることをめざした。

3.　「ひろがる」の概要

3.1.　全体構成

　1.2節で述べたように、「ひろがる」は日本語学習者にアンケートを行い（有効回答数5,172名）、関心の高かった12トピックで構成されている。12トピックそれぞれに「トップ動画」、「記事」、「トピックと私」、「漢字」、「コメント」、「食」[4]という6つの下位コンテンツを置き、各コンテンツを通して日本や日本語に触れられる機会を提供した。次節では各コンテンツの概要について述べる。

3.2.　コンテンツ概要

　「トップ動画」は各トピックのトップページ上部に置かれた、トピックの世界を感じられる動画である。例えばトピック「水族館」であれば、日本の水族館を疑似的に訪問したような映像と飼育員の語りの映像からなる。動画では日英併記の字幕の有無が選択できる。

　「記事」は、トピックに関連する様々な情報がブログ形式で書かれたコンテンツである。トピック「カフェ・お茶」であれば、「薄茶」「インスタントコーヒー」「和カフェ訪問」などの記事がある。文章は100字から400字程度で、読み上げ音声も付加している。文章の日本語レベルは、国際交流基金が制作した日本語コースブック『まるごと　日本のことばと文化』の入門から初級2までの文法と語彙が基本となっており、入門・初級レベルの日本語力があれば楽しむことができる。また、写真が多用されているだけではなく、一部の記事ではインタビューや実際の様子を撮影した動画も視聴することができ

る。その他、各記事には選択式のクイズがあるので、内容理解の確認もできる。

　「トピックと私」は、1人の日本人がトピックとの関わりについて話す15秒程度の動画のコンテンツで、各トピック5〜10名分の動画がある。「アウトドア」のトピックであれば、「好きでよく行く」「旅先ではするが、普段は忙しいのでしない」「日焼けが嫌だから行かない」のように様々な考えが述べられており、日本人のトピックに対する多様な考え方を知ることができる。スクリプトも表示されるので、様々な表現を学習することもできる。

　「漢字」は、トピックの世界で実際に使われている写真から漢字を紹介するコンテンツである。トピック「スイーツ」では、ケーキ屋の店内写真を利用した「苺」「和風」「焼き栗」などがあり、漢字語彙の意味と音声や単漢字の意味が確認できる。また、正しい漢字変換を行うためのタイピング練習も用意されており、トピックに関連する漢字を少しずつ学習することができる。

　「コメント」は、トピック毎に「自分に関すること」(トピック「アニメ・マンガ」であれば、どんなアニメ・マンガが好きですか。どうしてですか。)、「自分の国や地域に関すること」(例：あなたの国や地域には人気のあるキャラクターがいますか。)、「日本に関すること」(例：日本のマンガの好きなセリフは何ですか。) の3つのタイプの質問が用意されており、ユーザーが自由に答えを書くことができる。コメントを書いたり、他の人が書いたものを読んだりすることで、自分の気持ちを発信するだけでなく、国籍や民族を超えて様々な文化や考え方についても知ることができる。

　「食」のコンテンツは、トピックに合わせて「アウトドア」ならば「外で食べたもの」、「アニメ・マンガ」なら「キャラクターをかたどったもの」などテーマが決まっており、そのテーマの食べ物の写真を見ながら、食べ物を食べた時の感想や思い出について、100字程度の日本語のテキストを読むことができる。

4.　「ひろがる」の工夫

　「ひろがる」では、楽しみながら日本語学習を継続していくための様々な工夫を取り入れている。本節では、特に継続的な学習へとつなげる「学習に取

り組みやすくすること」と「学習の動機を継続させること」の2点から「ひろがる」の工夫について報告する。

4.1. 学習に取り組みやすくする

　「ひろがる」では学習に取り組みやすくするため、「学習の気軽さ」「視覚を要因とする心理的負担の軽減」「漢字の読み・語彙レベル・理解確認などの学習サポート」の3点に工夫を施している。

　まず「学習の気軽さ」への対応については、現在、日本語学習者のモバイル機器の所有率が高くなっている (伊藤 (他) 2016) ことから、レスポンシブウェブデザイン (Responsive Web Design: RWD) (菊池 2013) を採用し、スマートフォン・タブレット対応とした。モバイル端末での利用を実現させることで、ユーザーの日常の生活の延長線上で学習の開始・終了が気軽に行えるようになり、結果として学習に取り組みやすくすることにつなげている。

　次に「視覚を要因とする心理的負担の軽減」への対応では、サイトを開くと同時に日本語の文章が多く表示されるというのは、たとえ学習者用に調整された日本語であったとしても学習者に心理的負担を強いることになると思われる。そこで、大きなサイズの写真や動画を多用することで日本語の理解をサポートし、学習に向かう際の心理的ハードルを下げている。

　そして、「漢字の読み・語彙レベル・理解確認などの学習サポート」は言語的な面での対応である。まず漢字ついては、インターネット上にはサイトの漢字に振り仮名を振るサービスもあるが、別途、振り仮名表示用のサイトを開く必要があるなどの手間がかかる上、機械的に振り仮名を振るため、誤った振り仮名が表示される場合もある。そのため「ひろがる」では、ルビの有無の切り替えをユーザー自身が簡単に行えるボタンを設置し、学習レベルや学習スタイルに合わせた使用ができるようにしている。続いて語彙については、「ひろがる」はトピックをベースとしているため、コンテンツ「記事」の中では様々な語彙や表現が使用される。これはトピックベースの利点である半面、文脈だけでは理解が難しく、日本語学習として学習が阻害されてしまう点でもある。そこで、3.2節で述べた日本語の基準から大きく外れる語彙に対しては、英語ページのみに語彙リストを表示できるようにした。

英語ページのみにした理由は、常にこの語彙リストが表示できると却って学習意欲のある学習者の学習意欲を削ぐことになってしまうため、語彙リストをあえて英語ページのみに限ることで、学習者の自律的な学習を促している。最後に理解確認については、コンテンツ「記事」1つ1つの最下部に内容理解のためのクイズを置いている。タスクを加えることは学習者の学習意欲を削ぐ要因になるようにも見えるが、意欲がある者にとっては、読んだ内容を確認する術がないことが却って学習意欲を削ぐことにつながる。学習意欲の喚起が必要な学習者が気軽に取り組めるように、形式を正誤や選択式としたり、英語ページではクイズを英語で表示したりする工夫を行っている。また紙幅の関係上、詳しくは述べられないが、その他にも音声の読み上げやスクリプトの表示など様々な学習サポートを提供している。

4.2. 学習の動機を継続させる

　学習の動機を継続させるためには、「学習素材」「リアルタイム感」「学習者同士の繋がり」の点で工夫している。

　学習素材については、日本語学習サイトの多くは語学学習の側面が前面に押し出されるため、文型が使用される場面設定など語学学習としてのトピックの利用のしやすさが優先される。それに対して「ひろがる」では、学習者アンケートから学習者が興味をもつトピックを選定し、そのトピックを学習素材とすることや、日本社会のリアルな写真や動画など学習者が動機づけられるものを素材として多用することで、学習の動機の継続を促している。

　次にリアルタイム感については、従来の日本語学習サイトは多くの素材が用意された状態で公開され、学習者はすでにあるコンテンツを閲覧していくという傾向が強い。しかし、サイト上にあるコンテンツを一通り見てしまうと、学習内容を理解したか否かにかかわらず、サイトでの情報は十分に得た感覚をもってしまい、そのサイトへの興味は薄らいでいってしまう。そのため、「ひろがる」はサイトとしての完成をユーザーには見せず、定期的に学習素材を追加することで、新たに追加される学習素材への期待を高め、学習の動機が継続するようにしている。また、学習素材を定期的に追加することで、日本語教育関係者である制作者らが「学習者が興味をもちそうなもの」

を直接提供できることもメリットの1つである。制作時の学習者のニーズの
みならず、その時々でユーザーが求めているニーズに対応しやすく、より学
習への興味を継続させることができる。このような工夫が学習の動機を継続
させることによりつながっていくと予想される。

　最後に学習者同士の繋がりについては、日本語学習者が好きなトピックに
ついて学習した日本語をコミュニケーションの道具として利用できるよう
に、コメント欄を置いている。従来の学習サイトではコメント欄が用意され
ていることはほとんどなく、インターネット上にあるコミュニティは特定の
分野のコアなファンのみが入っていくことができる、閉じられたコミュニ
ティとなっている。そこで独学になりがちなサイト上での日本語学習に、日
本語使用者同士のコミュニケーションの場を提供することで、学習の動機の
継続を促す工夫としている。

5.　まとめと今後の課題

　本稿では、日本語学習サイト「ひろがる」の概要と「学習に取り組みやす
くすること」と「学習の動機を継続させること」という2点の工夫について
報告した。この2点の工夫は「学習者が興味・関心をもつ題材を通して日本
や日本語に触れることで、より幅広い日本や日本語を知り、それを学習の継
続につなげること」をねらいとした「ひろがる」のターゲットユーザーの特
徴を検討した結果から導き出されたものであり、従来の日本語学習サイトに
はあまりなかったものが取り入れられたと考えている。ただし、本稿はあく
までも制作時の目的から実施した工夫を報告したものである。アクセス数な
どからもユーザーの動きは見えてくる場合もあるが、実際に利用している
ユーザー、特にターゲットユーザーとして捉えていた「日本語を趣味として
学習しているユーザー」がどのように利用し、どのように感じているかは改
めて調査していく必要がある。この点に関しては今後の課題としたい。

───────

●注
1 文化学術専門家日本語研修についての詳細は矢沢（2010）を参照。
2 当時、国際交流基金の海外拠点は22拠点であったが、ニューヨークは当時、日本語講座を行っ
  ておらず、ロンドンからは指定の期日までに回答を得られなかった。併せて行った調査につい
  ては、伊藤（他）(2016) を参照。
3 調査対象者の全体的な興味・関心の傾向を見るために、「④大好き・とても興味がある」の選択
  者数、「③好き・興味がある」の選択者数、④と③の選択者数総数ごとに見た。
4 「食」コンテンツは12のうち8つのトピックにある。

●関連図書・関連論文の紹介
J.M.ケラー　鈴木克明監訳（2010）『学習意欲をデザインする─ARCSモデルによるインストラク
ショナルデザイン』北大路書房（John M. Keller. (2009) *Motivational Design for Learning and Perfor-
mance: The ARCS Model Approach*. New York: Springer.）
　　　学習意欲の概念やそのデザインプロセスの実行方法について詳しく解説されている。

●参考文献
福永達志・大谷つかさ・プラパー　セーントーンスック（2016）「「見る！日本語の教え方」プロジェ
　　クトの実践」『国際交流基金日本語教育紀要』12 : pp. 25–40．国際交流基金
外務省「日本語教育」『外務省』外務省．http://www.mofa.go.jp/mofaj/gaiko/culture/koryu/edu/index.
　　html（2017.11.15）
伊藤秀明・石井容子・武田素子・山下悠貴乃（2016）「日本語学習者のネット利用状況と学習サイト
　　への期待─海外11拠点の調査結果から」『国際交流基金日本語教育紀要』12 : pp. 97–104．国際
　　交流基金
菊池崇（2013）『レスポンシブWebデザイン マルチデバイス時代のコンセプトとテクニック』アス
　　キー・メディアワークス
国際交流基金（2009）『JF日本語教育スタンダード試行版』国際交流基金
国際交流基金（2017a）『海外の日本語教育の現状 2015年度 日本語教育機関調査より』国際交流基金
国際交流基金（2017b）『JF日本語教育スタンダード【新版】利用者のためのガイドブック』国際交
　　流基金
国際交流基金関西国際センター（2004）『初級からの日本語スピーチ─国・文化・社会についてまと
　　まった話をするために』凡人社
熊野七絵・川嶋恵子（2011）「「アニメ・マンガの日本語」Webサイトの開発─趣味から日本語学習
　　へ─」『国際交流基金日本語教育紀要』7: pp. 103–117．国際交流基金
矢沢理子（2010）「文化・学術専門家のための日本語研修コースデザイン─専門日本語のコンセプト
　　と評価における行動志向性の追求」『日本語学』29 (12): pp. 76–87．明治書院

資料：事前アンケート調査表

Q：下の項目のことが好きですか、興味がありますか。（日本のことに限りません）

嫌い／興味がない・・・1 　　あまり好きではない／あまり興味がない・・・2
好き／興味がある・・・3 　　大好き／とても興味がある・・・・・・・・・・・

#	項目	1	2	3	4
1	マンガを描く	1	2	3	4
2	動画を撮る	1	2	3	4
3	ハンドクラフト	1	2	3	4
4	植物を育てる	1	2	3	4
5	ボードゲームをすること	1	2	3	4
6	ラッピング	1	2	3	4
7	デコる（デコ電など）	1	2	3	4
8	文房具	1	2	3	4
9	バイク	1	2	3	4
10	キッチングッズ	1	2	3	4
11	音楽	1	2	3	4
	ジャンル名（　　　　　　　　　）				
12	景色を見る	1	2	3	4
13	楽器を演奏すること	1	2	3	4
	楽器名（　　　　　　　　　）				
14	俳句	1	2	3	4
15	コンサート・ライブ	1	2	3	4
16	飛行機	1	2	3	4
17	コーヒー	1	2	3	4
18	マンガを読むこと	1	2	3	4
19	写真を撮る	1	2	3	4
20	水族館に行くこと	1	2	3	4
21	買い物	1	2	3	4
22	着物	1	2	3	4
23	お酒	1	2	3	4
24	スポーツを見る	1	2	3	4
	スポーツ名（　　　　　　　　　）				
25	日曜大工・DIY	1	2	3	4
26	折り紙	1	2	3	4
27	インテリア	1	2	3	4
28	人形	1	2	3	4
29	歴史的なところに行く	1	2	3	4
30	バーベキュー	1	2	3	4
31	お菓子	1	2	3	4
32	鉄道	1	2	3	4
33	魚を飼う	1	2	3	4
34	忍者	1	2	3	4
35	映画を見ること	1	2	3	4
36	サーカス	1	2	3	4
37	城	1	2	3	4
38	市場・スーパー	1	2	3	4
39	フィギュア	1	2	3	4
40	図書館・本屋	1	2	3	4
41	キャラクター (Hello Kittyなど)	1	2	3	4
42	伝統文化	1	2	3	4
43	お弁当	1	2	3	4
44	ミュージカル・舞台	1	2	3	4
45	アウトドア	1	2	3	4
46	囲碁・将棋	1	2	3	4
47	骨董品	1	2	3	4
48	ポップカルチャー	1	2	3	4
49	スポーツをする	1	2	3	4
	スポーツ名（　　　　　　　　　）				
50	カラオケ	1	2	3	4
51	占い	1	2	3	4
52	華道	1	2	3	4
53	昆虫	1	2	3	4
54	洋服・靴・バッグ	1	2	3	4
55	恐竜	1	2	3	4
56	登山・トレッキング	1	2	3	4
57	ヘアメイク・ネイルアート	1	2	3	4
58	カフェに行くこと	1	2	3	4
59	歴史	1	2	3	4

#	項目	1	2	3	4
60	健康	1	2	3	4
61	猫	1	2	3	4
62	雑貨（シール、スタンプなど）	1	2	3	4
63	ガーデニング	1	2	3	4
64	博物館に行くこと	1	2	3	4
65	ドラマを見ること	1	2	3	4
66	自然	1	2	3	4
67	洗濯	1	2	3	4
68	ダンス	1	2	3	4
	ジャンル名（　　　　　　　　　）				
69	武道（空手・柔道・剣道など）	1	2	3	4
70	TVやPCでゲームをする	1	2	3	4
71	車	1	2	3	4
72	編み物	1	2	3	4
73	犬	1	2	3	4
74	野菜を育てる	1	2	3	4
75	パン	1	2	3	4
76	爬虫類	1	2	3	4
77	建築物を見る	1	2	3	4
78	食器	1	2	3	4
79	乗り物	1	2	3	4
80	遊園地・テーマパーク	1	2	3	4
81	旅行	1	2	3	4
82	神社・お寺	1	2	3	4
83	動物園に行くこと	1	2	3	4
84	歌舞伎	1	2	3	4
85	裁縫	1	2	3	4
86	コスプレ	1	2	3	4
87	音楽を聴くこと	1	2	3	4
	ジャンル名（　　　　　　　　　）				
88	紅茶	1	2	3	4
89	アニメを見ること	1	2	3	4
90	自転車	1	2	3	4
91	ファッション	1	2	3	4
	ジャンル名（　　　　　　　　　）				
92	書道	1	2	3	4
93	星を見る	1	2	3	4
94	声楽・合唱・オペラ	1	2	3	4
95	美術館・ギャラリーに行くこと	1	2	3	4
96	落語	1	2	3	4
97	住宅	1	2	3	4
98	プラモデル	1	2	3	4
99	動物・鳥	1	2	3	4
100	アクセサリー	1	2	3	4
101	茶道	1	2	3	4
102	SNS	1	2	3	4
103	語学学習	1	2	3	4
104	アイドル	1	2	3	4
105	マリンスポーツをする	1	2	3	4
	スポーツ名（　　　　　　　　　）				
106	読書	1	2	3	4
107	ジグソーパズル	1	2	3	4
108	絵を描く	1	2	3	4
109	外食	1	2	3	4
110	掃除・収納	1	2	3	4
111	船	1	2	3	4
112	絵本	1	2	3	4
113	花（見る・買う・飾る）	1	2	3	4
114	キャンプ	1	2	3	4
115	手品	1	2	3	4
116	料理	1	2	3	4
117	ロボット	1	2	3	4
118	美容	1	2	3	4

アンケートは以上です。
ご協力ありがとうございました。

17 まるごと日本語オンラインコースの開発と運用
自学自習を継続させるための工夫とは

武田素子・熊野七絵・千葉朋美・檜山治樹

要旨

「まるごと日本語オンラインコース」は、日本のことばと文化を総合的に学べるオンラインコースとして、国際交流基金が運営している日本語学習のためのプラットフォーム「JFにほんごeラーニング　みなと」で開講している。本コースは、聞く、話す、読む、書くの4技能全てに関わる活動を含むインタラクティブなコースをめざして開発された「まるごと日本語オンラインコースサイト」上で自学自習を行うオンラインコースである。本稿では、「まるごと日本語オンラインコースサイト」を開発する上で行った自学自習を継続させるための工夫と、運用の結果について報告を行う。

キーワード eラーニング／日本語オンラインコース／自学自習／インタラクティブ

1. 開発の概要

1.1. 開発の背景

国際交流基金では、世界各地で地理的、時間的制約などにより、日本語の教室に通うことができない学習者やこれから日本語学習を始めたいという人を主な対象者として、eラーニングを通じて学習の機会を提供することを目的に、日本語学習のためのプラットフォーム「JFにほんごeラーニング　みなと」(https://minato-jf.jp　以下、「みなと」) を開発し、2016年7月より運用してい

る。「みなと」は、学習管理システム (以下、LMS) を備えており、学習者はユーザー登録をすれば、「みなと」で開講されている日本語オンラインコースをいつでも、どこでも受講することができる (信岡 (他) 2017)。「みなと」で開講している日本語コースの中で、メインのコースとして位置づけているのが「まるごと日本語オンラインコース」(以下、まるごとコース) である。まるごとコースは、国際交流基金が開発したコースブック『まるごと　日本のことばと文化　かつどう』および『同　りかい』(以下、『まるごと』) のカリキュラムとシラバス、素材を基に、ウェブサイト「まるごと＋」(https://marugotoweb.jp)、「まるごとのことば」(http://words.marugotoweb.jp) のコンテンツを活用して開発した「まるごと日本語オンラインコースサイト」(以下、まるごとコースサイト) で自学自習を行うオンラインコースであり、聞く、話す、読む、書くの4技能全てに関わる活動を含むインタラクティブなコースをめざして開発している (武田 (他) 2017)。2019年2月現在、「みなと」上では、『まるごと』入門 (A1)、初級1 (A2)、初級2 (A2) に該当するレベルのまるごとコースを、それぞれ1課〜10課、11課〜18課に分けて、開講している。

[表1]「みなと」で開講中のまるごとコースの一覧（自習コース[1]）

コースブック		オンラインコース	解説言語
入門（A1）	1〜10課	まるごと A1-1（かつどう）自習コース[2]	英語 スペイン語 インドネシア語 タイ語 中国語 ベトナム語 フランス語
		まるごと A1-1（かつどう・りかい）自習コース	
	11〜18課	まるごと A1-2（かつどう）自習コース	
		まるごと A1-2（かつどう・りかい）自習コース	
初級1（A2）	1〜10課	まるごと A2-1（かつどう・りかい）自習コース	英語 スペイン語 インドネシア語
	11〜18課	まるごと A2-2（かつどう・りかい）自習コース	
初級2（A2）	1〜10課	まるごと A2-3（かつどう・りかい）自習コース	英語
	11〜18課	まるごと A2-4（かつどう・りかい）自習コース	

1.2. 開発のコンセプト

『まるごと』は、国際交流基金が2010年に発表した「JF日本語教育スタンダード³」に準拠した日本語コースブックであり、日本語を使ってどんなことができるかという「課題遂行能力」の向上と、様々な文化に触れることで視野を広げ、いかに他者の文化を理解し尊重するかという「異文化理解能力」の育成をめざして開発されている（来嶋・柴原・八田2012）。

まるごとコースサイトの開発においては、『まるごと』や、『まるごと』を使って学ぶ学習者の自習をサポートすることを目的に開発されたウェブサイト「まるごと＋⁴」のねらいや特徴を生かすとともに、様々な制約により日本語の教室に通うことができないが、日本語が学びたいというユーザーのニーズ、オンラインでの自学自習という利用形態を念頭においた。また、開発者自身のユーザーとしてのA1（入門）レベルの英語、ドイツ語、スペイン語、フランス語、イタリア語のオンラインコース受講経験も踏まえ、開発コンセプトを図1に示す通り、①自学自習が「楽しく」続けられる、②大人が「気軽に」使える、③日本語で「できる」を実感する、の3点に定めた（武田（他）2017）。

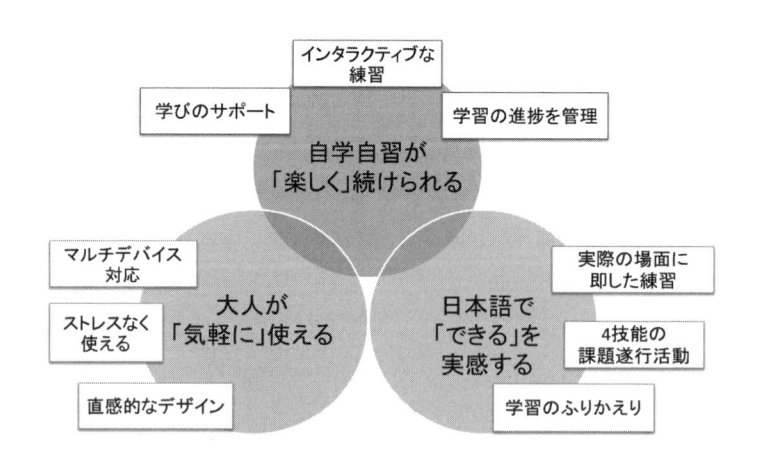

[図1] 開発のコンセプト

2. まるごとコースサイトの概要

2.1. まるごとコースサイトの全体像

　まるごとコースは「みなと」上で開講されているため、「みなと」で受講登録をすると、まるごとコースサイトへアクセスできるようになり、学習が始められる。サイト内の学習ページはメインコンテンツである「かつどうコンテンツ」と「りかいコンテンツ」、両コンテンツでの学習をサポートする「学習サポートコンテンツ」から構成される。また、まるごとコースサイトには「みなと」のLMSとは別途、独自のLMSがついており、ユーザーはマイページで学習進捗を確認したり、ポートフォリオで学習の成果を閲覧したりすることができる。そして、まるごとコースサイトでの学習を終えると、結果が「みなと」のLMSにデータ連携され、修了判定がなされて、修了証や学習の記録が発行されるようになっている。

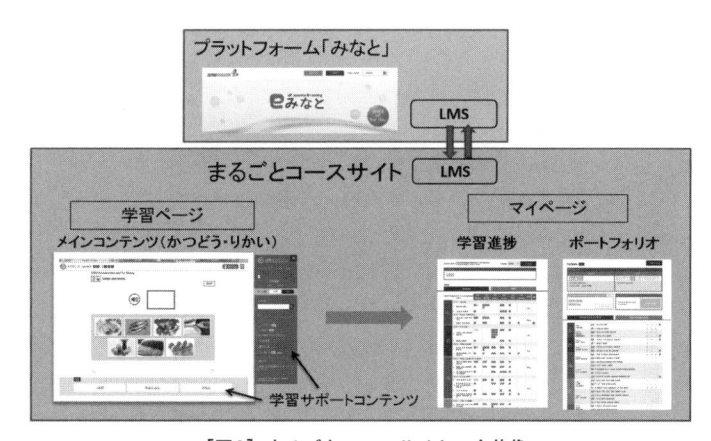

[図2] まるごとコースサイトの全体像

2.2. まるごとコースサイトでの学習の流れ

　まるごとコースサイトでの学習の流れは、『まるごと』に準拠している。

「かつどう」コースでは、1課の中に複数の目標Can-doがあり、目標Can-doごとにステップ1〜6（ステップ1：目標を知る、ステップ2：見る・聞く・言ってみる、ステップ3：聞く・気付く、ステップ4：使ってみる、ステップ5：Can-doチェック、ステップ6：生活と文化（偶数課のみ））の順で学習し、課ごとに学習が進むようになっている。

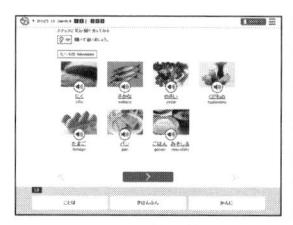

［図3］かつどうコンテンツ（ステップ2、ステップ3、ステップ4）

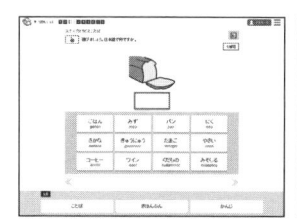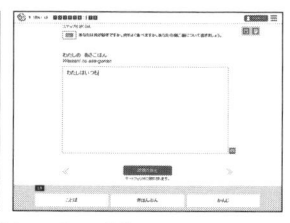

［図4］りかいコンテンツ（ステップ2、ステップ4、ステップ6）

　「かつどう・りかい」コースでは1課ごとに「かつどう」から「りかい」の順で学習が進み、「かつどう」は上述の通り、「りかい」はステップ1〜8（ステップ1：きほんぶん、ステップ2：もじとことば、ステップ3：かんじ、ステップ4：かいわとぶんぽう、ステップ5：どっかい、ステップ6：さくぶん、ステップ7：クイズ（A1-1、A1-2コースのみ）、ステップ8：にほんごチェック）の順で学習が進むようになっている。また、課の途中で学習を中断しても、次回アクセス時には前回の最終学習ページが表示されるようになっている。

3.　まるごとコースサイト開発での工夫

　まるごとコースサイトの開発では、『まるごと』のカリキュラムとシラバ

ス、素材を基に、日本語教師がどのような流れで学習を進めるとよいか考え、システム開発者がそれを受けて実現方法を考えるという工程を繰り返しながら開発を行った。まるごとコースサイト開発にあたって定めた3つのコンセプトをどのように具現化したのか、「メインコンテンツ」、「学習サポートコンテンツ」、「マイページ」の順に開発における工夫を紹介する。

3.1. メインコンテンツ

3.1.1. ユーザーの発話を促す機能

　メインコンテンツでは、「できる」ということが実感できるように、実際の場面に即した4技能の課題遂行型の練習を通したインタラクションのある学びの実現をめざした。4技能の中でも「話す」「書く」といった産出活動、特に「話す」練習は、実際に日本語を使う場面や相手がその場にない自学自習の環境で実現するのは難しい。どのような練習であればユーザーは発話したいという気持ちになり、発話が促せるかということを考え、2つの機能を搭載した。

　1つ目は、「かつどうコンテンツ」、「ステップ4：使ってみる」の「話す」練習に搭載した発話チェック機能である。「話す」練習は、会話の流れを確認し、役を選んで表現を言ってみる練習である。この練習に発話チェック機能を搭載することで、特定の表現の発話をセルフチェックできるようにしている（図5）。この機能にはWeb Speech APIを利用しており、ユーザーが発話した音声を認識し、文字化することで、予め正解値として登録しておいた文字と

［図5］発話チェック機能

一致するかどうかで判定を行っている。特定の表現のみのチェックではあるが、反応があることで飽きずに繰り返し練習に取り組み、自分のことを話す練習（「話す」チャレンジ）へスムーズに進めるようにするというねらいがある。

　2つ目は、上述の「話す」練習の次に表示される「話す」チャレンジに搭載した録音機能である。「話す」チャレンジは、動画内の人物を相手に、実際の場面に即した会話の練習をするものである（図6）。この練習には、場面や状況に応じて日本語でどのように言えばよいのかを考えながら課題遂行型の練習が行えるよう構成された「まるごと＋」の「ドラマでチャレンジ」の動画を活用している。この動画を活用することで、日本語を使って話す疑似体験ができる場を設け、ここに新たに録音機能を搭載することで、ユーザーは動画にあわせて発話するだけでなく、自分の発話が含まれた会話を動画で確認し、日本語が「できる」ということを実感できるようにしている。

[図6] 録音機能

3.1.2. 問題の細分化

　まるごとコースでは、インタラクティブな練習を通して、ユーザーが主体的に学べるように、問題の内容や意図にあわせて様々なタイプの練習を取り入れているが、問題数が多い練習などでは、大人が「気軽に」使えるよう、問題の細分化という方法をとった。

　例えば、「りかいコンテンツ」の「ステップ2：もじとことば」にあることばの確認では、開発当初は1画面内に8つのイラストとことばを配置し、イラストとことばをドラッグ＆ドロップでマッチングさせ、全て答えた後で正誤判定をするという練習を想定していた（図7左）。しかしながら、マルチデバ

イス対応で、どの端末でも学習しやすい見た目や操作性を考えた場合、PCに比べて表示領域が狭いスマートフォンでは1画面に8問配置することは難しく、ドラッグ＆ドロップの操作もスマートフォンにはない操作であることがわかった。そのため、1画面に1問ずつ配置し、8ページの問題群に変更するという方法をとった。そうすることで、PCとスマートフォンでの見た目と操作性を統一でき、ユーザーが学習場所や時間に応じて、両端末を併用しながら学習を進めてもストレスを生まないようにした（図7右）。

　この方法をとることで、1問ずつ正誤判定を行うことができ、一定のテン

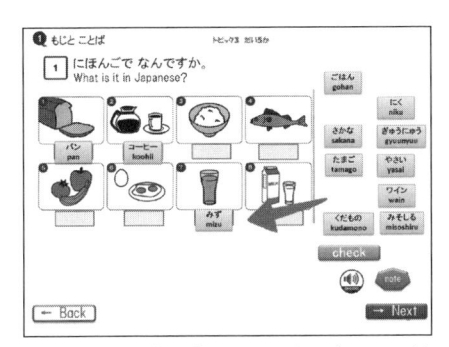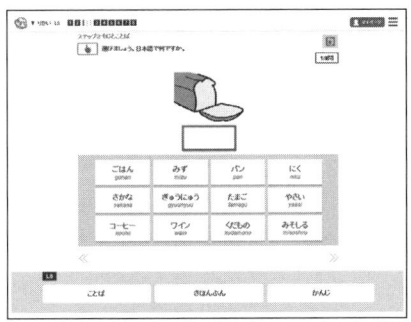

[図7] 問題の構成とデザイン（左：開発当初の案、右：現在の画面）

ポで問題が進められるのでリズム感が出て、ゲーム感覚で楽しみながら練習に取り組めるという効果もある。また、全ての問題を終えた後には解答一覧画面で、どの問題を間違えたのか、正答数とともに示すことで、練習の始まりと終わりを明確にし、短時間の学習でも達成感が得られるようにしている。

3.2.　学習サポートコンテンツ

　学習サポートコンテンツでは、ユーザーが自分で理解を深めながら学べる環境の構築をめざした。自学自習ではわからないことがあっても、質問できる教師や仲間がいないため、孤独や不安を感じやすい。開発者自身が各国語

のオンラインコースを受講した際にも、わからないことが続いたり、知りたいと思っても解決できる方法がなかったりすると、学習を続けようという気持ちが減退することを実感した。そのため、興味をもって始めた日本語学習を無理なく、そして楽しく続けられるものにするためには、ユーザーが自分自身で理解が深められるようなサポートが大切だと考え、学習サポートコンテンツを充実させることにした。具体的には、各学習ページでの文法や文化に関する解説を記載した「各ページの参照」(図8)、各課の「ことば・きほんぶん・かんじ」に関する解説をまとめた「各課の参照」(図9)、コースの内容一覧や文法資料、単語検索機能を備えた「全体の参照」(図10) の3種類である。

学習サポートコンテンツのうち、各課の参照の「きほんぶん」の文法説明、各課の参照の「かんじ」の説明やアニメーション動画、全体の参照の各種資

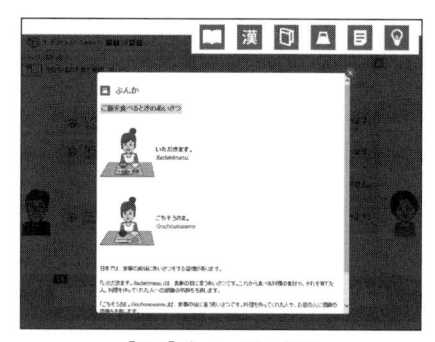

[図8] 各ページの参照

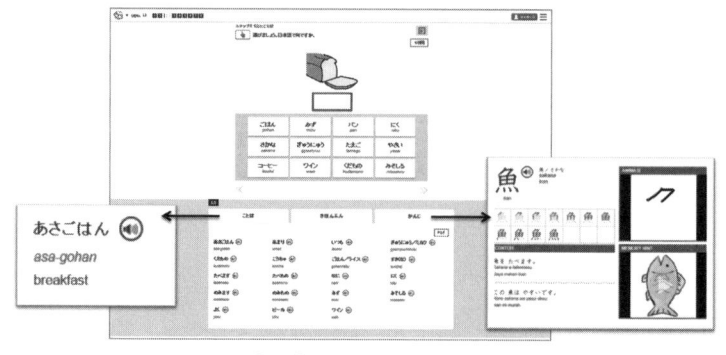

[図9] 各課の参照

[図10] 全体の参照

料などは「まるごと＋」のコンテンツを活用している。開発当初は、まるごとコース内に「まるごと＋」の該当ページへのリンクを貼って、ユーザーを誘導することも考えていた。しかし、まるごとコースサイト外へリンク先の情報を参照しに行くという流れは、コースで学んでいるユーザーの学習の流れを妨げてしまうことが危惧された。そのため、「まるごと＋」を活用する部分は全て、まるごとコースサイト内にコンテンツを再構築し、各種情報をまるごとコースサイト内で参照できるようにし、コースの流れに沿って、スムーズに学習が進められるようにした。

　また、当初の案ではメインコンテンツを囲むようにサポート機能を配置することを想定していた（図11）。しかし、サポート機能を周りに配置すると、メインコンテンツを表示する領域が狭くなってしまい学習を阻害してしまうこと、全てを同じように配置すると、何のために、どこを参照したらよいのかが直感的にわかりにくく、ユーザーが必要なときに情報にたどりつけないという問題が生じることも考えられた。そして、マルチデバイス対応を考えた場合、PCよりも表示領域の狭いスマートフォンでも表示可能な形式とデザインを検討する必要があった。そのため、ユーザーの動線を意識して、各デバイスでの学習のしやすさを考え、「各ページの参照」は、学習している際に気付きやすく、参照しやすいようにアイコンを記したボタンにしてページの右上に配置した。「各課の参照」は、ユーザーが該当課の学習の中で必要に応じて参照することを想定し、常に固定した位置に表示されるようPCではページ下部に、スマートフォンではページ上部に置いた。「全体の参照」は、コー

[図11] 学習サポートコンテンツの配置案

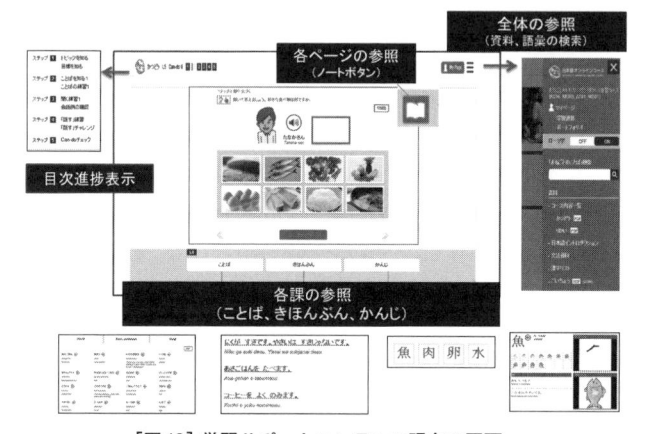

[図12] 学習サポートコンテンツ現在の画面

スの内容一覧やローマ字のON／OFF切り替えなど常に使うものではなく、学習の節目で使うものなので、メニューバー内に収納した。このように配置することで、メインコンテンツでの学習領域を狭めることなく、サポート機能を設けている。また、画面左上には目次進捗表示を付け、現在開いているページが何課のどのステップなのかを把握できるようにもした。

　しかし、学習サポートコンテンツを充実させたことで、1ページあたりの音声ファイルの数が多くなり、ページを読み込むのに時間がかかるという問題が生じた。この問題を解決するため、メインコンテンツと学習サポートコ

ンテンツとで、音声ファイルを読み込む順番とタイミングを変えた。具体的には、メインコンテンツではページを開くと同時に音声ファイルを読み込むが、学習サポートコンテンツではユーザーアクションがあってから読み込むよう設定を変更し、ページの読み込み時間を大幅に短縮した。

3.3. マイページ

マイページでは、ユーザーが自分自身で学習の進捗を管理したり、学習成果の閲覧を通して学習のふりかえりを行ったりできる場をめざした。そして、学習進捗を把握する「学習進捗ページ」と、学習成果を把握する「ポートフォリオページ」の2ページで構成した。

「学習進捗ページ」では、各ページの学習進捗や閲覧回数、課題の提出とテストの受験の有無など、コース全体の学習進捗が一覧で確認できる（図13）。また、学習進捗表には、ブックマーク機能をつけている。これは、ユーザーがメインコンテンツで学習している時に、もう一度見たいと思ったページに印がつけられる機能で、各ページに印をつけると、それが学習進捗表に反映されるため、ユーザーは復習する際などに学習進捗表から直接該当ページへ遷移できるようになっている。また、マイページへ来た際に、学習が進んでいることが実感できるように、学習進捗に応じてメッセージの出しわけを

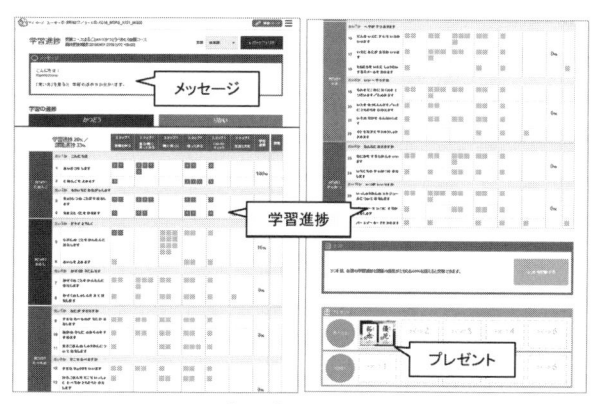

[図13] 学習進捗ページ

行っている。さらに、マイページにはご褒美コンテンツとして、各トピックの学習が終わると、トピックに関連する解説付きの画像がプレゼントとして届くようになっており、日本文化に対する好奇心を刺激し、学習継続の動機付けとすることをねらっている。

「ポートフォリオページ」では、学習ページで書いた作文 (課題) や自己評価 (Can-doチェック、にほんごチェック)、テストの結果を確認したり、日本語・日本文化の体験記録を写真付きで記録したりすることができる (図14)。自己評価や日本語・日本文化の体験記録にはTwitterとFacebookへのシェアボタンを設置しており、友だちにシェアすることで「一人だけど、独りじゃない」ということが感じられるようにしている。また、ポートフォリオには印刷ボタンがあり、学習成果を一括で印刷できるので、コースの途中や終えた後など、いつでも学習がふりかえられるようになっている。

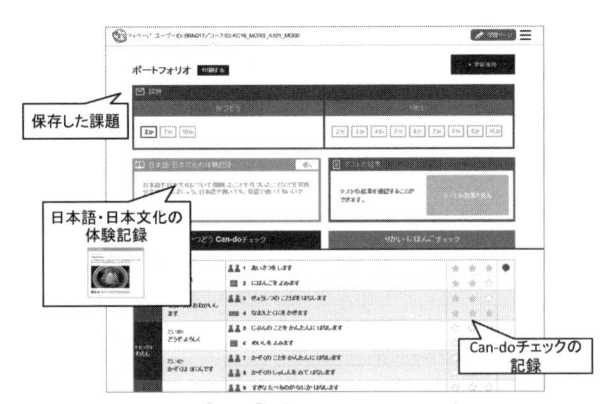

[図14] ポートフォリオページ

4. まるごとコースの運用

4.1. コースの運用とまるごとコースサイトの使われ方

まるごとコースは、2016年7月にA1–1レベルの自習コースを開講して以降、レベルや解説言語を増やしながらコースを拡充してきた。運用初年度終

了時点での受講者数はのべ7,411人で、今まで様々な制約により学習の機会に恵まれなかった多くの人々に、学習の機会を提供することができた。

　受講者が、まるごとコースサイトでどのように学んでいるのか、コースサイトの使われ方について分析を行った。まず、Google Analyticsを用いて「行動フロー」を確認したところ、学習ページとマイページを行き来する動きや、メインコンテンツから学習サポートコンテンツの「各ページの参照」、特に新しい表現や文法についての解説があるノートボタンを閲覧する動きが確認できた。このことから、受講者は学習進捗を確認したり、解説が必要な部分は説明を参照しながらコースの流れに沿って学習を進めていることがわかり、開発時にコンセプトとして意識した自分で学習を管理したり、理解を深めたりするという学びの様子がうかがえた。

　次に、受講者のマイページで各ページの閲覧回数を確認したところ、「かつどうコンテンツ」、「ステップ4：使ってみる」の「書く」練習や、「りかいコンテンツ」、「ステップ6：さくぶん」のモデル作文のタイピング練習などの書く活動を行うページや、「かつどうコンテンツ」、「ステップ6：生活と文化」の閲覧回数が多いことがわかった。書く活動を行うページの閲覧回数が多いのは、コースの修了要件に「課題の提出」が含まれていることが関係していると考えられる。自分の作文を書くためにモデル作文を見直し、課題に

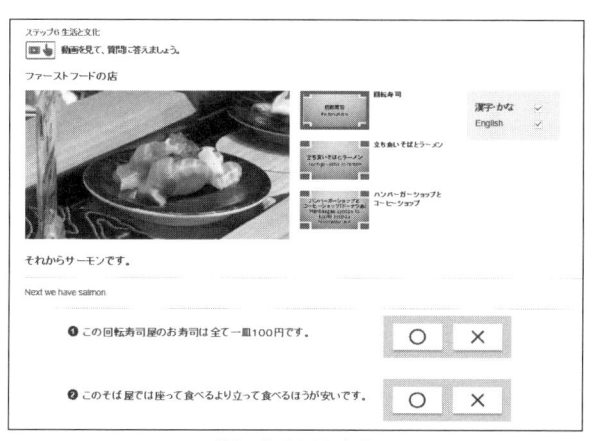

[図15] 生活と文化

何度もチャレンジしながら学習に取り組んでいるのであろう。「生活と文化」では、写真や動画で日本の生活や文化を見ることができる。本コースの受講者の中には地理的な制約でこれまで日本を身近に感じることができなかった受講者も多く、動画などでリアルな日本の生活が感じられるページは、日本の文化に触れることができる機会にもなっていると考えられる。

　また、まるごとコースの受講者に行った任意のアンケートには、以下のようなコメントが寄せられ、開発のコンセプトとして意識してきたことがねらい通り受け取られていることがわかった。

[表2] 受講者からのまるごとコースに対するコメント

受講者のコメント	開発コンセプト
・初学者でも学びやすい。このコースのおかげで日本語や日本文化について学び始めることができた。 ・4技能のインタラクティブな練習で構成されていて、様々な練習で興味を持続しながら楽しく学べた。 ・パーセンテージで現在の学習進捗が確認でき、学習に対する動機付けとなった。	自学自習が「楽しく」続けられる
・家だけでなく、通勤時にスマホで学習したり、学びたいと思ったときにどこでも使えるのがよい。 ・とてもユーザーフレンドリー。各種情報へアクセスしやすかった。 ・全てのレッスンがスモールステップで構成されていて、よかった。	大人が「気軽に」使える
・4技能全ての練習ができ、特に、聞いたり、話したりする練習が楽しかった。 ・動画内の話し相手は、本当の友だちのように感じられたし、声を録音し聞けるのは嬉しかった。 ・このコースは新しい表現を学ぶだけでなく、実際に練習できるのがよい。日に日に学ぶのが面白くなっていき、今では日本に住む孫と日本語で話せるようになった。	日本語で「できる」を実感する

4.2. まるごとコースの活用の可能性

　まるごとコースは、聞く、話す、読む、書くの4技能全てに関わる活動を含むインタラクティブなコースで、自学自習でも日本のことばと文化を総合的に学べるものである。「みなと」では、最長6か月の受講期間の中で自分のペースで学習する「自習コース」に加え、まるごとコースサイトでの自学自

習に教師によるサポートを付けた「教師サポート付きコース[5]」も開講している。「教師サポート付きコース」では、学んだ日本語を使ってみる場として、ライブレッスンを行っているが、受講者と実際に日本語でやりとりする中で未習者であっても、コースでの自学自習を通して目標 (Can-do) を達成できる日本語力が身につけられることを実感している。

　また、まるごとコースを教室での学びと併用しているという報告が、国際交流基金の海外拠点の日本語講座やスペインの大学[6]などから届いている。まるごとコースと対面授業とのブレンディッド学習では、授業前にまるごとコースで自習してきてもらうことで、従来の授業において多くの時間を割いていた導入や文法解説などの説明の時間を削減でき、教室では会話の練習や作文のフィードバック、生活と文化のトピックに関連した文化活動などに時間をかけることが可能になるなど、対面授業の活性化が期待できる。こうした活用方法は、対面の授業に充てられる時間が限られている日本語ボランティアの現場や、留学生や社会人を対象としたコースなどでも有効であろう。

　今後も、まるごとコースの解説言語や上のレベルを追加したり、教育現場での活用方法を提案したりしていくことで、時間や場所に拘束されることなく、楽しく、気軽に日本語が自学自習できるオンラインコースとして、より多くの方に日本語学習の機会が届けられるようにしていきたい。

●注

1　「自習コース」は、いつでも受講が開始でき、最長6か月の受講期間の中で、自分のペースで学習することができるコースである。

2　A1レベルのコースでは、会話だけでなく、言語構造もしっかり学ぶ「かつどう・りかい」自習コースに加えて、気軽に学びたい人のための「かつどう」自習コースも開講している。

3　JF日本語教育スタンダードは、ヨーロッパの言語教育の基盤であるCEFRの考え方に基づいて国際交流基金が開発した、日本語の教え方、学び方、学習成果の評価の仕方を考えるためのツールである（国際交流基金2010）。

4　「まるごと＋」は「『日本語を使ってできること』が増やせる」、「『リアリティ』のある練習ができる」、「大人が『楽しく使える』」の3つをコンセプトに、課題遂行を意識した練習、異文化理解のための情報やきっかけの提供をめざして開発されている（川嶋（他）2015）。

5　「まるごと教師サポート付きコース」は、まるごとコースサイトでの自学自習に、教師によるサポート（課題の添削、ライブレッスン、オーラルテスト、グループ運用、教師からのお知らせ・メッセージ）がついたコースである。（千葉（他）2018）

6　小島（2018）は、スペイン貿易投資庁とメネンデス・ペラヨ国際大学と共同開催の国際経営学

マスターの中の日本語選択者を対象とした授業で、まるごとコースを活用した反転授業の実践を行った。その結果、反転授業によってペアやグループでの協働学習や、自分が興味をもっていることについて話す自由参加型のプレゼンテーションなど、相手がいないとできない活動を多く取り入れることができ、より学習者主体の授業ができたと報告している。

●関連図書・関連論文の紹介

国際交流基金（2017）『JF日本語教育スタンダード【新版】利用者のためのガイドブック』

日本語の教え方、学び方、そして学習成果の評価の仕方を考えるためのツールである「JF日本語教育スタンダード」の利用者のためのガイドブックである。
(http://jfstandard.jp/pdf/web_whole.pdf)

千葉朋美・武田素子・廣利正代・笠井陽介（2018）「「まるごと（A1）教師サポート付きコース」の運用と成果―オンラインコースにおける学習者支援」『国際交流基金日本語教育紀要』14. 国際交流基金

オンラインコースの運用における教師による学習者のサポートの内容とその成果について、具体的に報告している。オンラインコース運用時の学習者支援のあり方について考える一助としてほしい。

●参考文献

川嶋恵子・和栗夏海・宮崎玲子・田中哲哉・三浦多佳史・前田純子（2015）「日本語学習サイトまるごと＋（まるごとプラス）の開発―課題遂行と異文化理解を助けるウェブサイト」『国際交流基金日本語教育紀要』11: pp. 37–25. 国際交流基金

来嶋洋美・柴原智代・八田直美（2012）「JF日本語教育スタンダード準拠コースブックの開発」『国際交流基金日本語教育紀要』8: pp. 103–117. 国際交流基金

国際交流基金（2010）「JF日本語教育スタンダード2010」

小島妙子（2018）「学習者主体の日本語入門クラスをめざして―まるごと日本語オンラインコースを使った反転授業」『第4回スペイン日本語教師会シンポジウム発表論文集「成長する教師―実践研究のすすめ」』: pp. 57–62. スペイン日本語教師会

武田素子・熊野七絵・千葉朋美・笠井陽介・石井容子・前田純子・北口信幸（2017）「「まるごと（A1）日本語オンラインコース」サイトの開発」『国際交流基金日本語教育紀要』13: pp.133–140. 国際交流基金

千葉朋美・武田素子・廣利正代・笠井陽介（2018）「「まるごと（A1）教師サポート付きコース」の運用と成果―オンラインコースにおける学習者支援」『国際交流基金日本語教育紀要』14: pp. 51–66. 国際交流基金

信岡麻理・和栗夏海・伊藤秀明・山下悠貴乃・川嶋恵子・三浦多佳史（2017）「「JFにほんごeラーニング　みなと」の構成と今後の展望」『国際交流基金日本語教育紀要』13: pp.125–132. 国際交流基金

気持ちを伝える音声のWeb教材

「つたえるはつおん」

木下直子・中川千恵子

要旨

　本稿の目的は、発音の学び方を学ぶWeb教材「つたえるはつおん」の中でも特にパラ言語情報を扱った教材について紹介することである。近年、学習リソースが豊富になり、ICTが日本語教育現場においても利活用されるようになってきたが、依然としてパラ言語情報の扱いには課題を抱えている。その理由には、パラ言語情報が言語化しにくいこと、「個人性や文脈によって変化する、一回性の高い情報」(橋本2009) であることが挙げられる。Web教材「つたえるはつおん」(http://www.japanese-pronunciation. com/) では、動画の特性を生かし、パラ言語的表現が使われる文脈を共有すること、複数の話者のバリエーションを示すこと、可視化した情報をタイミングよく見せることで理解と練習を促した。本稿では、パラ言語的表現を扱った「文末表現」「丁寧さ」「強調」「あいづち」の動画内容と工夫した点を紹介する。

キーワード　Web教材「つたえるはつおん」／パラ言語／自律学習／動画

1.　開発の概要

　「日本語教育の現場では、現代東京語が使いこなせるように努力してほしい。特に、初級の学習者に対するときには責任重大である。初級の教科書にアクセントなどが表示してある場合、教師がそのアクセント通りに読めなくてギクシャクしてはお話にならない」「プロとして日本語教師を志すなら、自

分の日本語を磨くため、放送・演劇関係者に勝るとも劣らぬ努力が必要であろう」。

　これは、国際交流基金日本語国際センター (1981)『発音』の中の「アクセントなどの問題点」(p.118) に教師に求められることとして書かれている文章の一部である。音声などの学習リソースが限られていた当時は、今より日本語教師にモデル音声の提供者として求められていたことがこの文章からうかがい知れる。日本語教育の中でも、特に音声教育に関してはICTの利活用が目覚ましく、その影響を強く受けた領域だといえるだろう。今や日本の国外にてもインターネットの環境さえあれば、日本の多様な学習リソースにアクセスすることが可能となった。MOOCs (Massive Open Online Courses) もその代表例である。木下 (2017) によると、MOOCsの中には日本語の発音教育をテーマにしたedX[1]のJapanese Pronunciation for Communication、Udemy の Beginner's Guide to Japanese Pronunciation...and More! が開講されている (2017年4月現在)。

　しかし、このように学習リソースが増えてきているにもかかわらず、依然として音声の学習項目として扱われにくいものがある。それが、気持ちを伝える音声、パラ言語情報[2]である。

　パラ言語情報の定義については研究者によって諸説あるが、Fujisaki (1997) は「書き言葉に転写すると推測不可能となる情報で、言語情報を補助ないし、変容するために話者が意図的に生成する情報」としている。Trager (1958) は、鼻を鳴らす、舌打ち、無言状態などを含めているが、森 (2012, 2014) はそれらが意志的であればパラ言語情報、そうでなければ心理状態であるとまとめている。そして、このパラ言語情報がうまく伝えられないため、誤解が生じているという日本語学習者の状況について、国際交流基金 (2009) などに報告がある。気持ちは何となく伝わるのではないかと思われがちであるが、言語により伝え方が異なるという報告もある (甲斐・田渕2003)。

　既存の日本語音声教材をみてみると、音声項目として取り上げられているパラ言語情報には、文末イントネーション、フォーカス、強調、プロミネンス、感動詞 (感嘆詞・あいづち) がある (表1)。中でも気持ちを表す文末イントネーションについては、①『発音・聴解』(土岐・村田 1989) が詳しい。質問、勧誘、確認を表す「長昇(ながのぼり)」、応答文一般に使われる「長平(ながたいら)」、質問、確認、同意で気軽な印象を与える「短昇(みじかのぼり)」、応答文一般に使われ、気軽な印象を与える

「短平」、了解、不満、がっかりした気持ちを表す「長降」、遠慮がちな質問、相手の期待に反する気持ち、相手に話す機会を与えるときに用いる「弱平」の6種類に分けて提示している。しかし、気持ちを伝える言い方のバリエーションに関する記述はない。

　パラ言語情報は「個人性や文脈によって変化する、一回性の高い情報」であり（橋本2009）、バリエーションに富んでいる。例えば、「ありがとうございます」と丁寧に言うには、声を絞り出す、大きい声を出す、ささやき声で言うなど、様々な言い方があるということは想像に難くない。⑩『ひとりでも学べる日本語の発音』(木下・中川 2019) ではWeb教材「つたえるはつおん」を紹介し、喜怒哀楽などの感情や文末イントネーション、丁寧さ、キャラを音声項目として扱っているが、まだこのような教材は多くない。一回性の高いパラ言語情報を日本語教育、とりわけ音声教育の中でどのように扱っていくべきかが課題となっている。

　筆者・中川は、上級レベル日本語学習者を対象に、「聞き手にとってわか

［表1］既存の音声教材におけるパラ言語情報の扱い

教材名（発行年）	パラ言語情報
①『発音・聴解』(1989)	文末イントネーション
②『日本語の発音教室』(1999)	フォーカス[3]
③『コミュニケーションのための日本語発音レッスン』(2004)	文末イントネーション フォーカス・強調
④『1日10分の発音練習』(2004)	文末イントネーション
⑤『さらに進んだスピーチ・プレゼンのための日本語発音練習帳』(2009)	フォーカス
⑥『毎日練習！リズムで身につく日本語の発音』(2010)	プロミネンス
⑦『初級文型でできるにほんご発音アクティビティ』(2010)	強調、感動詞（感嘆詞）
⑧『シャドーイングで日本語発音レッスン』(2015)	文末イントネーション
⑨『伝わる発音が身につく！にほんご話し方トレーニング』(2015)	強調、感動詞（感嘆詞、あいづち）
⑩『ひとりでも学べる日本語の発音』(2019)	感情（喜怒哀楽）、文末イントネーション、丁寧さ、キャラ

りやすく聞きやすく、かつ、話し手にとっても言いやすい発音」を目標とした授業を行っている。その授業では口頭発表を行っているのであるが、口頭発表でどのような発音をめざすか、学習者自身に学習目標を選択させた（中川・磯村・林 2017）。初めはアクセントやイントネーションなどの発音項目を目標にするだろうと予想していたが、実際には気持ちや声の調節などのパラ言語的な表現を目標にしたいという学習者が半数近くいた。

　実際の授業では、⑨『伝わる発音が身につく！にほんご話し方トレーニング』（中川（他）2015）を用いて「文末表現」「丁寧さ」「強調」「あいづち」を会話で練習しているが、その際、自然なやりとりに、パラ言語的表現を伴うよう指示している。たとえ言語的表現が正しかったとしても、パラ言語的表現が適切でないと自然さや意図が伝わらないためである。例えば、丁寧さを表す際、声の高さや表情をいくら「声を絞るように」と文字化して示しても、実際の声を聞いたり、表情や態度を見たりしないと、どのような音声であるのかが理解しにくい。幸い、この授業には日本人の学生ボランティアがおり、授業外で日本人と接することの多い留学生たちもいるため、この意図する音声がどのようなものであるのかを理解し、確認することができる。しかし、このような学習環境にない地域の日本語学習者の場合、パラ言語的表現を理解し、応用するためには、動画作成が有効であると感じている。さらに、演劇は、日本語の習得に適した学習活動だと考えられるが、演劇クラスの発音指導においても同様のことがいえる。

　数年前、ある都市での国際シンポジウムの際、主催者側によるイベントで、現地の日本語学習者がアニメのアフレコを行うというパフォーマンスを見る機会があった。その際、筆者は内容がほとんど理解できなかった。よくよく聞いてみると、清濁をはじめ、特殊拍やアクセントなど、発音の要素に問題があって気持ちが伝わらなかったのだと気がついた。これには周りの日本語教師、現地以外の言語を母語にもつ日本語教師に聞いても同様の感想であった。しかし、おもしろいことに、現地の言語の母語話者たち（日本語教師や日本語学習者）は、彼らの発音が理解しやすく、気持ちもこもっていて上手だと評価していた。誰に何を伝えたいかという学習目的により学習内容は変わってくるが、現地の人以外にも気持ちを伝える上では、「発音」と「気持ち」の両方の要素が重要だと再認識した。そこで、Web教材「つたえるはつおん」

では、「発音」と「気持ち」の両方について複数の話者の話し方を動画で示し、パラ言語が使われる場面や文脈を認識しやすいよう工夫した。

2. Web教材「つたえるはつおん」

第2章では、Web教材「つたえるはつおん」(以下、「本教材」とする) のねらいと構成、動画の内容について具体的に説明する。

2.1. ねらいと構成

本教材は、インターネットの環境があれば、国内外のどこからでもアクセスでき、発音の学び方が学べ、学習者が個人で学習できる自律学習支援サイトをめざしている。教育現場では、発音教育になかなか時間を割くことができない、発音の教育方法がわからないという声を聞くが、本教材で発音の学び方やルールを理解した後で、学習者が自らのレベルや関心に合った方法を使って持続的に学習していくこと、日本語教師が授業の中で導入として活用したり、紹介することを想定している。

自律学習とは、「学習の目的、目標、内容、順序、リソースとその利用法、ペース、場所、評価方法を自分で選べる」(青木・中田 2011) こと、すなわち、Plan (学習計画を立てる)、Do (実行する)、See (判断・評価する) といったPDSの学習サイクルをまわし、自分の学習を管理することだと考える。この点について、本教材では次のように取り入れている (図1)。

1) 簡易診断テスト

発音学習を何から始めたらよいかわからない学習者のために、10問の簡易診断テストを設けている。リズム、アクセント、イントネーション、「か」と「が」の違い、破擦音「つ」の発音の方法など現時点での発音ポイントの理解度を把握することができる。

2) 簡易診断テスト結果

簡易診断テストの結果は、正誤を○×で示される。この結果は、短期目標

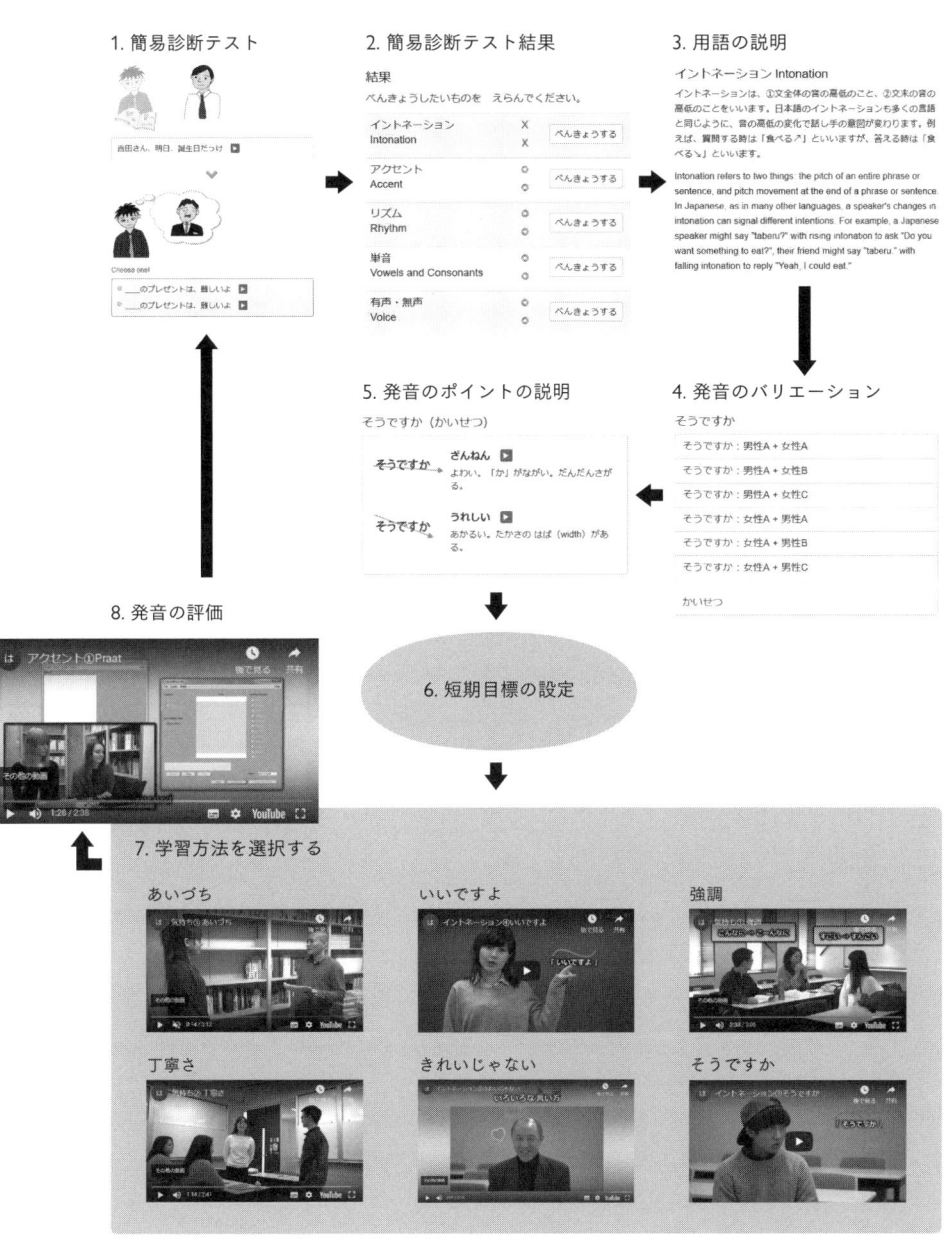

[図1] 本教材を活用した学習プロセスの例

を決める上での参考になる。○×の記号をクリックすると、該当の問題内容を確認することができる。右端の「べんきょうする」をクリックすると、次のステップの3）用語の説明に移動する。

3）用語の説明

日本語の「アクセント」「イントネーション」「リズム」「単音」「有声音・無声音」について英語で説明したものである。

4）発音のバリエーション

男女6名の話者による発音のバリエーションを提供している。このバリエーションについては、本教材を作成する上で行った最初のパイロット調査で学習者からの評価が高かった点の1つである（木下・田川・角南 2015）。

5）発音のポイントの説明

各表現の発音のポイントについて記号などを用い、音声を聞きながら、確認することができるよう工夫している。

6）短期目標の設定

自らの学習スタイルに合った学習リソースや学習ツール、学習方法を選び、学習した内容を評価した上で次なる短期目標を描くという学習のPDSサイクルを回せるように学習計画を立てる。

7）学習方法を選択する

現在、以下30の動画コンテンツを提供している。動画のWebサイト上にはその学習方法を選択する上で参考となる「（この学習方法で）できること」「学習スタイル」「ツール」「準備するもの」を文字情報でも示している。木下 (2011)では、発音の習得度と学習スタイルとの関連性があること、Kinoshita (2015)では発音の学習方法の好みは多様であることについて報告されており、学習スタイルという観点からも複数の学習方法の選択肢がそろえられるよう留意した。

【リズム rhythm】

①知っている単語で拍の練習をしよう─リズムのパターンを考えながら発音する練習

②メトロノームを使ってリズムの練習を使用─特殊拍を含む単語の発音練習

③自分のリズムを確認しよう─音声分析ソフト Praat を使った練習

④身体を動かしてリズムをつかもう

⑤ビート音でリズムの練習をしよう

⑥手遊びでリズムをつかもう

【アクセント accent】

⑦自分のアクセントを確認しよう─音声分析ソフト Praat を使った練習

⑧単語のアクセントを調べてみよう─OJAD 単語検索

⑨動詞のアクセントのルールを知ろう

⑩オノマトペのアクセントを知ろう

⑪複合名詞のアクセントを理解しよう

⑫身体で高さの感覚をつかもう

【イントネーション intonation】

⑬聞きやすくてわかりやすい発音をしよう─スラッシュリーディングを取り入れた練習

⑭自分の作文のモデル発音を聞いて練習しよう─OJAD スズキクンを使った練習

⑮自分の気持ちを伝えよう─「そうですか」

⑯自分の気持ちを伝えよう─「いいですよ」

⑰自分の気持ちを伝えよう─「きれいじゃない」

⑱シャドーイングでなめらかに発音しよう

⑲わかりやすく話そう

【子音 consonant】

⑳「ざ行」の発音を身につけよう

㉑「つ」の発音を身につけよう

㉒身体の動きを使って練習しよう―「か・が」「た・だ」の練習
㉓「な行音」と「ら行音」を区別して発音しよう

【気持ち emotion】
㉔強調のしかたを覚えよう
㉕丁寧な気持ちの表し方を知ろう
㉖あいづちを練習しよう
㉗感動詞をつかってみよう
㉘いろいろなキャラを演じてみよう

【方言 dialect】
㉙大阪方言を話そう
㉚広島方言を話そう

8）発音の評価

　学習を実行した後に、短期目標が達成できたかについて自らふり返るプロセスがある。ふり返る方法には、a.発音を聞いて自己評価する、b.他の人に聞いてもらって他者評価する、c.音声分析ソフト Praat などのツールを用いて確認するという選択肢がある。〈7. 学習方法を選択する〉の動画コンテンツ③⑦では動画で発音を確認する方法を紹介している。

2.2.　動画の内容・工夫した点

　パラ言語情報の理解、練習をねらった動画を作成する上で、工夫した点について述べておきたい。
　第1章の表1では、既存の日本語音声教材を分析した結果をまとめた。その中には、単語や単文のみが示され、文脈とは切り離された形で練習するものもあり、どのような場面でどのような音声で話したらよいかがわかりにくいという教材もあった。そこで、本動画では対話の中で音声を扱うこと、できるだけ音声を可視化した視覚情報を盛り込むこと、非言語情報である表情や態度も加えた。各動画の内容はポイントのみにおさえ、所要時間は5分以

内としている。以下、「文末表現」「丁寧さ」「強調」「あいづち」の動画の例を示す。

　文末表現の動画には、現在「そうですか」「いいですよ」「きれいじゃない」がある。これらは文末イントネーションの上昇・下降という韻律情報だけでなく、感情を伴う表現である。ここでは、より学習者にわかりやすく伝えるため、誤解された言い方と気持ちに合った言い方を対比させて示した。例えば、「そうですか」では、ある日本語学習者がほめられてうれしい気持ちを下降イントネーションで「そうですか」と言い、「怒っている」と誤解されてしまう。その点を聞き手に指摘され、上昇イントネーションの言い方を知り、最後には言い直すというストーリーである。6名の話者が「うれしい」「とてもうれしい」という程度の違いを「そうですか」で表現している場面もある。イントネーションは図2のようにカーブを画面上に示した。

[図2] 文末表現の動画「そうですか」

　丁寧さについて扱った動画では、アルバイト先で丁寧に言うように店長に指摘された留学生が日本人学生に相談し、発音を聞きながらアドバイスするというストーリーである。日本人学生は、1）ことばを省略しない。例：「アザッス」→「ありがとうございます」2）言いさし表現を使う3）ゆっくり言う4）声を絞り出す、の4点をアドバイスをしている。

　強調について扱った動画では、強調した言い方の会話と強調のない言い方の会話を対比させる形で提示している。強調のしかたのポイントは、赤木・

内田・古市 (2010)、中川 (他)(2015) を参考にし、1) 高く言う2) 強く言う3) ゆっくり言う 4) 特殊拍の挿入5) ポーズを入れる6) 拍ごとに区切る、の6つを説明した。強調した言い方の会話では、会話の流れと同時に画面に吹き出しをつけ、強調のルールで話している部分が文字情報からも確認できるよう工夫した。

　動画㉖「あいづちを練習しよう」では、同じゼミの先輩が留学生の後輩に作業の依頼をしている場面を取り上げ、より丁寧さが求められる上下関係の場面で、誤解を生む言い方と丁寧さが伝わる言い方を対比させる形であいづちの打ち方を示している。あいづちの打ち方については1)「はあ」「うん」でなく、「はい」を使う 2)「はい」の回数は1回の方がよい3) あいづちのタイミング (文の終わり、接続詞・接続助詞の後) に注意する、の3点を扱った。留学生があいづちの打ち方についてアドバイスを受けているという設定である。

　以上、動画の内容および工夫した点について述べた。実際に、海外の大学で「文末表現」の動画⑮⑯⑰を紹介したところ、視聴後にイントネーションにより発話意図が変わることについて「知らなかった」という感想も寄せられた。海外の日本語教育では、特に日本語教材で扱われていないパラ言語的な表現を学習する機会が少ない可能性もある。

3.　授業における実践例

　梅田・飯吉 (2010) は、「ウェブ上に溢れるオープンな教材や教育ツールを独力で使いこなすのは、実はそう容易なことではありません。なぜなら、どんなに多くの教材や教育ツールが無料で公開されていても、それらを効果的に使いこなすための「実践的知識 (俗にいう「ノウハウ」)」が乏しいからです」と述べている。本教材のような学習ツールを使って学習を成功した体験がなければ、どのように使えばいいのかわからず、持続可能な学習にはつながらない。教材を開発するだけでなく、学習者につなげ、「できるかも！」と実感できるような場づくりが重要だということであろう。

　筆者・木下は、「自分に合った日本語発音学習の方法を探すこと」を到達目標の1つに掲げた日本語の発音クラスを担当している。その授業では、学習者自身が自分の発音上の課題を考えるため、コースの最初にチェックテスト

を活用している。その上で、日本語のリズム、アクセント、イントネーション、パラ言語情報の各音声項目について a. 規則を考え、理解する b. 本教材の動画を活用して複数の学習方法を練習する c. 自己評価、他者評価、音声分析ソフトを用いた評価、のいずれかの評価を通して学習をふり返るという流れで授業を行っている。コースの最後の数週間では、ニュース、ドラマやアニメ、コマーシャルを学習者がグループで選び、その一部についてナレーション、声優、寸劇などの練習を行って発表をする。これまで学んだ音声項目のルールを応用し、理解を深めるのがねらいである。

　海外の日本語教師からは、次のような報告を受けている。

> 授業で発音だけの時間を作り、その時に練習方法のイントロダクションとして本教材の動画を使っている。この「つたえるはつおん」のサイトを知ってから、これまでに、メトロノームを使ったリズム練習や、Praat を使った促音の練習、イントネーション、あいづちの動画を使ってきたが、学生の反応はとてもよく、動画の効果が大きいことがわかる。特に「楽しみながらできる」という点がよい。学生に YouTube のチャンネルを教えている。

　このほか、音声学の授業の導入、音声分析ソフト Praat を利用した発音の評価の方法を示すとき、息抜きに動詞アクセントのクイズを使うことを予定しているという報告や入門レベルの日本語クラスで活用したという報告もある。学習者からの意見については、木下 (他)(2015、2017) で紹介しているので、そちらを参考にしていただきたい。

4.　まとめ

　本稿の目的は、発音の自律学習支援としての Web 教材「つたえるはつおん」の中でも特にパラ言語情報を扱った教材について紹介することである。現在、Web 教材「つたえるはつおん」で公開している動画は 30 種類あるが、そのうち、パラ言語情報に焦点を当てた 4 つの動画「文末表現」「丁寧さ」「強調」「あいづち」の内容や作成上の注意点、工夫した点、授業における実践例を紹

介した。Web 教材や音声教材をこれから作成しようと考えている方々の参考になれば幸いである。

　Web 教材「つたえるはつおん」については、今後、動画のコンテンツの種類をさらに増やしていくとともに、本教材を使いこなすための「実践的知識」についてもつたえていく必要があると考えている。この「実践的知識」(ノウハウ) について、梅田・飯吉 (2010) は「その教材を実際に作ったり使ってきたりした人自身の「暗黙知」としてのみ存在し、他の人が簡単に手に入れられるものではない」。自分が開発した教材を他の人が使ってもらうためには「誰もが理解・共有可能な形でオープンにして積み重ねていく努力」(梅田・飯吉 2010: 83) が欠かせないという。オンラインで誰もが見られるように公開しているから、利用者が自然に増えるだろうという考えでは、これまでにオンラインで学習成功体験のあるごく一部の人にしか届かない。教師だけでなく、学習者がいっしょに使ってみる機会をつくるとともに、コース全体の改善を重ね、Web 教材開発当初のねらいを実現していきたい。

●注

1　edX（エデックス）とは、マサチューセッツ工科大学とハーバード大学が共同出資して作った MOOCs (Massive Open Online Courses: 大規模公開オンライン講座) のプラットフォームのことをいう。
2　藤崎（1996）は音声を介して伝達する情報を言語的情報、非言語的情報、パラ言語情報に分類している。
3　田窪ほか（2004）では「強調（focus）」と示し、「フォーカス」と「強調」を同義に扱っているが、表1では、各音声教材で用いられている用語を示している。

●関連図書・関連論文の紹介
森大毅・前川喜久雄・粕谷英樹（2014）『音響サイエンスシリーズ12 音声は何を伝えているか──感情・パラ言語情報・個人性の音声科学』コロナ社
　　本書は、書き言葉では表しえない感情、パラ言語情報、話者の個人性の研究動向を音響学的に説明した専門書であるが、これから研究しようと考えている人たちに最適なわかりやすい書である。
梅田望夫・飯吉透（2010）『ウェブで学ぶ──オープンエデュケーションと知の革命』ちくま新書、筑摩書房
　　本書は、オープンエデュケーションのニーズや現状を概観することができる。また、ウェブ教材の作り手が陥りやすい落とし穴、ウェブを利用した教育の可能性や限界に気付かせてくれる書である。

●参考文献

梅田望夫・飯吉透（2010）『ウェブで学ぶ―オープンエデュケーションと知の革命』筑摩書房

青木直子・中田賀之（編）(2011)『学習者オートノミー―日本語教育と外国語教育の未来のために』ひつじ書房

赤木浩文・内田紀子・古市由美子（2010）『毎日練習！リズムで身につく日本語の発音』スリーエーネットワーク

甲斐朋子・田渕咲子（2003）「日本語の感情を含む発話に対する韓国人日本語学習者の聞き取りと発話をめぐって」『ポリグロシア』7: pp. 1–11.

河野俊之・串田真知子・築地伸美・松崎寛（2004）『1日10分の発音練習』くろしお出版

木下直子（2011）『日本語のリズム習得と教育』早稲田大学出版部

木下直子・田川恭識・角南北斗（2015）「オンライン音声学習支援コンテンツの開発―試作版『診断テスト』の検討」『2015年度日本語教育学会春季大会予稿集』: pp. 261–262.

Kinoshita, N. (2015) Learner preferences and the learning of Japanese rhythm, In J. Levis, R. Mohammed, M. Qian & Z. Zhou (Eds). *Proceedings of the 6th Pronunciation in Second Language Learning and Teaching Conference*, Santa Barbara, CA, pp. 49-62. Ames, IA: Iowa State University.

木下直子・田川恭識・角南北斗・山中都（2017）「自律学習を促進させるためのシステムづくり―Web教材「つたえる はつおん」の開発」『早稲田日本語教育実践研究』5: pp. 141–150.

木下直子（2017）「日本と米国におけるオンライン教育と現状―身近な学習者にアドバイスするために」『早稲田日本語教育学』23: pp.1–10.

木下直子・中川千恵子（2019）『ひとりでも学べる日本語の発音―OJADで調べてPraatで確かめよう』ひつじ書房

国際交流基金日本語国際センター（1981）『教師用日本語教育ハンドブック6 発音 改訂版』凡人社

国際交流基金（2009）『国際交流基金 日本語教授法シリーズ2 音声を教える』ひつじ書房

田窪行則・前川喜久雄・窪薗晴夫・本多清志・白井克彦・中川聖一（2004）『言語の科学2 音声』岩波書店

田中真一・窪薗晴夫（1999）『日本語の発音教室―理論と練習』くろしお出版

土岐哲・村田水恵（1989）『発音・聴解』荒竹出版

戸田貴子（2004）『コミュニケーションのための日本語発音レッスン』スリーエーネットワーク

戸田貴子（編著）(2012)『シャドーイングで日本語発音レッスン』スリーエーネットワーク

Trager, G. L. (1958) Paralanguage: a first approximation, *Studies in Linguistics*, 13, pp. 1–12.

中川千恵子・中村則子・許舜貞（2009）『さらに進んだスピーチ・プレゼンのための日本語発音練習帳』ひつじ書房

中川千恵子・中村則子（2010）『初級文型でできるにほんご発音アクティビティ』アスク出版

中川千恵子・木原郁子・赤木浩文・篠原亜紀（2015）『伝わる発音が身につく！にほんご話し方トレーニング』アスク出版

中川千恵子・磯村一弘・林良子（2017）「発音の評価と学習／指導方法―自律した学習者を目指して」『2015年度メキシコ日本語教師会紀要』: pp. 101–106.

橋本慎吾（2009）「演劇的アプローチを使った音声教育方法」16th Princeton Japanese Pedagogy Forum (Proceedings): pp. 112–122.

藤崎博也（1996）「音声の韻律的特徴における言語的・パラ言語的・非言語的情報の表出」『電子情報通信学会技術研究報告』SP94-37: pp. 1–8.

Fujisaki, H. (1997) Prosody, Models, and Spontaneous Speech. In Y. Sagisaka, N. Cambell and N. Higuchi(Eds.), Computing Prosody: *Computational Models for Processing Spontaneous Speech:* pp. 27–42. New York: Springer.

森大毅（2012）「話し言葉が伝えるものとは、結局何なのか？　—概念の整理および課題」https://www.ninjal.ac.jp/event/specialists/project-meeting/files/JCLWorkshop_no1_papers/JCLWorkshop2012_52.pdf（2018年11月12日アクセス）

森大毅（2014）「話し言葉が伝えるもの」『国語研プロジェクトレビュー』Vol.4, No.3, pp. 183–190.

謝辞　本Web教材は2014年度から2017年度まで早稲田大学日本語教育研究センター研究プロジェクト費の助成を受けて開発されたものです。

19 Fluency Calculatorによる口頭流暢性客観指標の算出とそれを用いた流暢性の縦断的研究

松本一美・広谷真紀・深田淳

要旨

　現在、口頭運用能力の育成をめざす指導が一般的に行われる中、教育現場および研究分野における学習者の口頭能力の測定の重要性が増している。80年代から始まった流暢性の研究では、客観指標を用いて、連続的な数値で口頭能力の諸相を捉える試みが行われてきた。このアプローチで研究をする際に障害になるのは、客観指標の算出の煩雑さである。そこでこれを簡便に行うためにFluency Calculatorを開発した。音響分析ソフトウェアPraat上でアノテーションを付けた後、これを実行すれば各被験者につき多くの指標が出力される。本稿では、このツールの紹介を行うとともに、これを利用するとどんな研究が比較的簡単にできるようになるかを示す目的で研究例を紹介する。

キーワード　口頭流暢性／客観指標／縦断的研究／Fluency Calculator

1.　はじめに

　近年、口頭運用能力を中心的に育成することをめざす指導が一般的に行なわれる中、教育現場および研究分野における学習者の口頭能力の測定の重要性が増している。口頭能力の測定といえばACTFL (The American Council on the Teaching of Foreign Languages) のOPI (Oral Proficiency Interview) が有名である。しかしながら、測定に時間を要する、訓練を受けたテスターしか測定できないなど実

用上の問題があり、また、「初級上」などの範疇的な評価であり連続的な尺度ではなく、細かい伸びをみることはできないことにも不満が残る。普段のスピーキングテストでは何らかの採点基準により主観的な評価をすることが多いが、同じテストでも採点者間で差があったりするため、学習者の口頭能力を公平に評価することは難しく、また、採点基準はテストごとに異なっていたりするため、テスト間でどの程度伸びがあったのかなどの比較も難しいと思われる。このように考えると、主観的評価に合わせて、客観的評価も考慮に入れた総合的な評価をすることの重要性が浮き彫りになってくる。

　一方、80年代から始まった流暢性の研究では、客観的な指標を用いて、連続的な数値で口頭能力の諸相を捉える試みが行われてきており、第二言語習得研究においても一般的に用いられるようになってきている (例 Freed 1995, Ginther, Dimova, and Yang 2010, Iwashita, Brown, McNamara, and O'Hagan 2008)。このアプローチで研究をする際に障害になるのは、客観指標の算出である。多数の指標を算出する場合、手作業による計算では膨大な時間を要してしまう。そこで今回この作業を簡便に行うために Fluency Calculator を開発した。音響分析ソフトウェアプラート (Praat)(Boersma and Weenink 2015) 上でアノテーションを付けた後、これを実行すれば各被験者につき現行バージョンでは37の指標の測定値が出力される。本稿では、この算出プロセスの紹介を行うとともに、これを利用した研究例を紹介する。

2.　先行研究

2.1.　流暢性の先行研究

　先行研究は客観的な指標 (objective measures) を使い口頭言語能力を測る方法の可能性を追求してきた。Möhle (1984) は、流暢性の指標を用いて口頭産出の客観的評価の可能性を示した最初の研究である。Möhle は、流暢性は、Speech Rate (1分当たりの発話語数またはシラブル数) や、Mean length of run (ポーズにはさまれた発話部分の平均長) のような指標を用いて測ることができるのではないかと指摘した。これを受け、Lennon (1990) は、実際に口頭流暢性の指標を用いて、客観的な評価を試み、他の多くの指標を提唱した。Lennon は、4名の

ドイツ語を母語とする英語学習者の6か月にわたる英国留学の前後の2回、絵の描写 (6コマの連続する絵) の口頭テストを実施し、学習者の口頭流暢性を主観的および客観的指標を用いて評価した。その結果、両方の評価において、学習者の流暢性に伸びがみられた。このことから、Lennon は、客観的指標は、主観的評価と合わせて用いることにより、学習者の伸びをみる手助けになるのではないかと指摘している。

　その後、口頭流暢性の客観的評価と主観的評価の結果を比べた比較研究が多くなされるようになり、Speech Rate や Mean Length of Run の指標と主観的評価との間に正の相関関係が認められている (Freed 1995, Ginther et al. 2010, Iwashita et al. 2008, Towell, Hawkins, and Bazergui 1996)。

2.2.　客観的指標算出上の問題点

　現状において、この研究分野では客観的指標を用いた口頭能力の評価が徐々になされるようになってきたが、その普及を阻む問題点がある。De Jong and Wempe (2008, 2009) が開発した Syllable Nuclei というツールを用いると Speech Rate やポーズの数などいくつかの客観的指標を自動的に算出することがある程度可能である。しかしながら、日本語のモーラの認識が正確でない、ごく限られた指標しか算出されないなどの問題が残る。手作業に頼って正確な数値を算出しようとすれば、多大な時間と労力を要することになる。さらに日本語教師や研究者がこのような一連の作業を行うためは、時間と労力だけでなく、音響音声学やコンピュータ処理の専門知識もある程度必要になる。

　このような現状に鑑み、筆者らは、音響音声学やコンピュータの専門知識をもたない教師や研究者でも、学習者の言語産出データを視覚的なツールで処理して、比較的簡便に客観的指標を算出するツールと手順を開発した。

3.　客観的指標

　現行バージョン (v. 1.0.9) の Fluency Calculator が算出する指標は43あるが、ここでは次節の研究事例で用いた指標を含む、本研究で使用する3つのみ紹

介する。すべての指標のリストは、以下のFluency Calculatorの公式Webサイト（http://tell.cla.purdue.edu/fluency-calculator/）を参照されたい。公式Webサイトでは、音声ファイルの編集から指標の算出までのプロセスを詳細にわたってビデオを交えて解説している。Fluency Calculatorは公式Webサイトで無料で配布しているが、ソースコードの配布はしていない。随時アップデートするため、公式Webサイトを確認されたい。

①Speech rate（発話率）：（総モーラ数）／（レスポンス時間）×60
②Mean length of run（ポーズ間の音節の平均値）：総モーラ数／ポーズ間に起こった発話数
③Silent pause ratio（無音ポーズ率）：（無声ポーズ時間）／（レスポンス時間）×100

　Speech rate（発話率）は1分当たりに産出するモーラ数を出すためのもので、総モーラ数をスピーチ全体の秒数で割り、60をかけて計算したものである。Mean length of run（ポーズ間の音節の平均値）は総モーラ数をポーズ間に起こった発話数で割り、ポーズ間の一息の発話に含まれるモーラ数の平均を示したものである。最後に、Silent pause ratio（無音ポーズ率）は、ポーズの合計秒数をスピーチ全体の長さで割り、100をかけてパーセントに換算したものである。

4.　研究事例

　以下では、Fluency Calculatorを用いるとどのような研究が可能になるのかを研究事例を挙げてみてみることにする。

4.1.　研究課題

　この研究では以下の2つの課題を検討した。

①初級の日本語学習者の発話の流暢性の変遷にはどのような傾向があるのか。
②具体的にどの指標にどのような変化があったのか。

4.2. データ

　被験者は初級コースを受講している学習者19名（中国語母語話者15名と英語母語話者4名）であった。タスクは自己紹介をするもの（タスク1）と、平日の過ごし方を説明するタスク（タスク2）を使用した（図1と図2参照）。

　どちらのタスクもチャプターテストの一部として行われたモノローグタスクである。このタスクはSpeak Everywhere（Fukada 2013）を使用し、教室外で行われた。データ収集の期間は1.5学期にわたり、それぞれ2〜3ヶ月弱の間隔をあけて、3回収集した。

JPNS 101　　　　　　　Nakama Chapter 2	JPNS 101　　　　　　　Nakama Chapter 3
Introduce yourself	**Your typical school day**
Imagine that you are visiting a student organization meeting in Japan and has just been asked to introduce yourself in front of the group. Introduce yourself, making sure that you include your name, where you come from, the name of your university, year in college, and major.	You are probably living on your own away from home for the first time. Suppose your parents called wondering how you are doing. Tell them about your typical school day using a variety of words and expressions you've learned in the chapter.
When you are ready, click "Record" to start.	When you are ready, click "Record" to start.

[図1] タスク1：自己紹介　　　　　　　　[図2] タスク2：平日の過ごし方

4.3. 分析方法

　Praat上で、Syllable Nuclei を援用しながらアノテーションを付加してデータファイル（Textgridファイル）を作成し、その後Fluency Calculatorで指標値を算出した。この研究では先行研究（例 Lennon 1990, Ju 2010, Riazantseva 2001）でよく使わ

れる Speech Rate、Mean Length of Run、Silent Pause Ratio を分析した。そして、研究課題を調査するために各流暢性の客観指標の値を従属変数とし、計測時期を独立変数として分散分析を用いて各指標の変遷を分析した。その際、球面性の仮定が基準に満たない場合は Greenhouse-Geisser のイプシロンを使用した。また、統計的に有意差がみられた場合、ボンフェローニ法で多重比較を行った。

4.4. 結果

タスク1（自己紹介タスク）では、表1より Speech Rate が 261 モーラから 281 モーラに伸びていることがわかる。Mean Length of Run では、どの回でも 10 モーラ程度の発話が計測された。Silent Pause Ratio は収集時期にかかわらず、25% 前後で、1回目から3回目に大きな変化が出なかった。

[表1] タスク別3指標の測定値

指標	回	タスク1平均（標準誤差）	タスク2平均（標準誤差）
Speech Rate	1	261.00 (10.18)	223.98 (8.59)
	2	274.97 (9.86)	244.58 (10.22)
	3	281.11 (8.93)	244.45 (10.01)
Mean Length of Run	1	9.52 (0.41)	9.20 (0.62)
	2	10.85 (0.55)	11.20 (0.84)
	3	10.54 (0.61)	11.31 (0.83)
Silent Pause Ratio	1	24.31 (1.39)	27.17 (2.21)
	2	24.84 (1.84)	25.43 (2.17)
	3	25.44 (1.85)	24.50 (1.99)

タスク2では Speech Rate は 223 から 240 前後という結果で、1回目と2回目に大幅な伸びがみられるが、2回目から3回目では伸びがみられなかった。Mean Length of Run においても同様で、1回目と2回目に大きな伸びがみられたが、それ以降の伸びは無かった。Silent Pause Ratio は3回目にかけて割合が

減っていることがわかった。

　タスク 1（自己紹介）では、分散分析の結果、Mean Length of Run で3回の計測値の間に有意差がみられた（$F(1.5, 27.03) = 4.35, p < .05$）。また、タスク 2（平日の過ごし方）でも、Mean Length of Run で有意差がみられた（$F(2, 36) = 4.57, p < .05$）。Mean Length of Run はどちらのタスクにおいても有意差が出たことになる。

　また、有意差が出たものに関して多重比較を行ったところ、統計的有意差があったのは、タスク 1（図1）では Mean Length of Run の1回目と2回目の間であることが明らかになった（$p < .05$）。

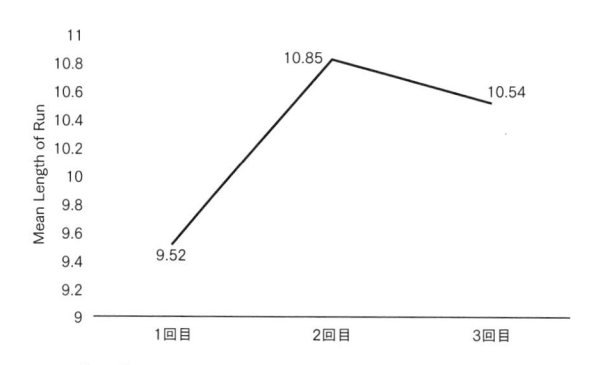

［図3］ タスク1における Mean Length of Run の変遷

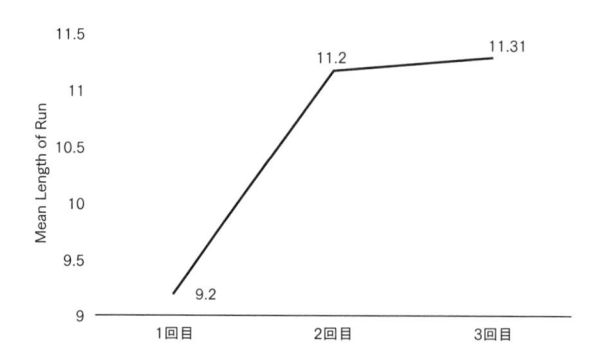

［図4］ タスク2における Mean Length of Run の変遷

次にタスク2（図2）のMean Length of Runは、これもタスク1と同様に1回目と2回目の間に有意差が見られた（$p < .01$）。

4.5.　まとめと考察

　以上の結果から、初級学習者の初期の段階では全体的に流暢さが伸びていることがわかる。具体的には、1分間に250から280モーラ程度の速さで話すことができることが、指標値から読み取れた。またMean Length of Runに関しては、一息で10モーラ程度が初級話者の発話の特徴であることがわかった。2つのタスクを通して、Mean Length of Runは10モーラ程度の結果が出ていることにより、Mean Length of Runはタスクの影響を受けず、学習者の流暢性の伸びがみやすい指標だといえるのかもしれない。

　今回の研究では、1回目から2回目までの伸びが大きく、2回目から3回目への有意な伸びは観察されなかった。しかも、タスク1のMean Length of Runに関しては、2回目と3回目の間の数値が少し減っている。Du（2013）でも同様の結果が出ているので紹介しておく。Du（2013）の研究では、29人の英語母語話者である大学生を対象に中国留学中に4回インタビューをして、その4回の発話データを流暢性の指標を使って比較した。その結果、1回目と2回目の間でのみ著しく流暢性の伸びがみられた。Du（2013）はAnderson（1983）のアクトモデルを基に被験者が中国の生活を始め、中国語を多く話す機会を通し、文法などに関する宣言的知識が繰り返し使われることで、その知識が手続き的知識となったのではないかと説明している。それを踏まえ、今回の研究を考えてみると、初級の学習者はゼロから出発し、最初に2〜3ヶ月で定型文など基本的な文を作って発話することを繰り返すことで発話することに慣れたため、1回目から2回目の飛躍的な伸びにつながったのではないかと考えられる。しかし、その後、学期が進むにつれ、文法・語彙などの学習項目が急速に増えてくると、それを完全に消化して身に付けるのが困難になり、2回目から3回目にかけては、宣言的知識が手続き的知識とならない状況を反映しているのかもしれない。今後、指標を使って定期的に測定を繰り返し、どのような推移をしていくのかを研究する必要があると思われる。

　その他の研究の可能性としては、客観指標を用いて様々なレベルの学習者

同士や母語話者との比較をすることにより、流暢性をはじめとする口頭運用能力の変遷や、各レベルにおける特徴などをつかむことが可能になるのではないかと思われる。例えば、先行研究では、第二言語学習者が言い直しやポーズが少なくなることで、母語話者はその産出をより理解しやすいものと捉えることが指摘されているが (野原・高村 2010)、主観的評価とともに、Fluency Calculatorを使って客観的指標を用いて量的に分析することによって、この傾向を統計で表すこともできよう。このように、客観的指標を主観的評価に絡めて流暢性を分析することが可能となり、Fluency Calculatorで産出できる様々な客観的指標を使用することで、人間の評価者がよい発話だと判断する発話の物理的特性を調査することもできるのではないだろうか。

5. おわりに

以上のようにFluency calculatorを活用することで、従来の主観的評価に加えて、学習者の口頭能力をより公平に細かく測定することが可能となる。また、客観的指標を用いれば学習者の流暢性の評価の一助になるだけでなく、流暢性の発達を縦断的に観察することもでき、様々な教授法を試した場合に口頭産出がどう変化するかを色々な角度から細かく比較検討することもできる。上記の研究事例にみられるように、Fluency Calculatorは、学習者の流暢性の客観的な評価を容易にすることにより、この研究分野の発展に貢献できるのではないかと考える。

●関連図書・関連論文の紹介

De Jong, Navja. H. and Wempe, Ton. (2009) Praat script to detect syllable nuclei and measure speech rate automatically. *Behavior Research Methods*, 41 (2): pp. 385–390.
　　Praat上で、Syllable Nucleiをどのように使えるかを紹介している。

●参考文献

Anderson, John. R. (1983) *Architecture of cognition. Cambridge*, MA: Harvard University Press.

Boersma, Paul. and Weenink, David. (2015) Praat: doing phonetics by computer [Computer program]. Version 5.4.08, retrieved 24 March 2015 from http://www.praat.org/

De Jong, Nivja, H. and Wempe, Ton. (2008) *Praat Script Syllable Nuclei v2.* [Computer program]. https://

sites.google.com/site/speechrate/Home/praat-script-syllable-nuclei-v2

De Jong, Navja. H. and Wempe, Ton. (2009) Praat script to detect syllable nuclei and measure speech rate automatically. *Behavior Research Methods*, 41 (2): pp. 385–390.

Du, Hang. (2013) The development of Chinese fluency during study abroad in China. *The Modern Language Journal*, 97 (1): pp. 131–143.

Freed, Barbara. (1995) What makes us think that students who study abroad become fluent? In: B. Freed (ed.), *Second language acquisition in a study α broad context*, pp.123–148. Amsterdam: John Benjamins.

Fukada, Atsushi. (2013) *An Online Oral Practice/ Assessment Platform: Speak Everywhere. The IALLT Journal*, 43 (1): pp. 64–77.

Ginther, April, Dimova, Slobodanka, and Yang, Rui. (2010) Conceptual and empirical relationships between temporal measures of fluency and oral English proficiency with implications for automated scoring. *Language Testing*, 27: pp. 379–399.

Iwashita, Noriko, Brown, Annie, McNamara, Tim, and O'Hagan, Sally. (2008) Assessed levels of second language speaking proficiency: How distinct? *Applied Linguistics*, 29: pp. 24–49.

Lennon, Paul. (1990) Investigating fluency in EFL: A quantitative approach. *Language Learning*, 3: pp.387–417.

Möhle, Dorothea. (1984) A comparison of the second language speech production of different native speakers. In Hans-Wilhelm Dechert, Dorothea Möhle, and Manfred. Raupach (eds). *Second language productions*, pp. 26–49. Tübingen, FRG: Narr.

野原ゆかり・高村めぐみ（2011）「日本語学習者の発話における非流暢性に関する考察―言い直しとポーズに注目して」『人間文化創成科学論叢』13: pp. 117–125．お茶の水女子大学大学院人間文化創成科学研究科

Riazantseva, Anastasia. (2001) Second language proficiency and pausing: A study of Russian speakers of English. *Studies in Second Language Acquisition*, 23: 497–526.

Towell, Richard, Hawkins, Roger and Bazergui, Nives. (1996) The development of fluency in advanced learners of French. *Applied Linguistics*, 17: pp. 84–119.

索引

―――――
執筆者紹介

（名前、現職、主な著書・論文・教材など　★＝監修者　☆＝編者）

第1部　研究編
1　　ネットワーク時代の言語教育・言語学習

當作靖彦★　　カリフォルニア大学サンディエゴ校グローバル政策・戦略大学院教授
（とうさく やすひこ）　『外国語学習のめやす―高等学校の中国語と韓国語教育からの提言』（国際文
　　　　　　　　化フォーラム、2013、共監修）、『NIPPON 3.0の処方箋』（講談社、2013）

2　　　日本語文法認知診断Webテスト

島田めぐみ　　日本大学大学院総合社会情報研究科教授
（しまだ めぐみ）　「第9章 日本語語彙認知診断テスト」『日本語教育のための言語テストガイド
　　　　　　　　ブック』（くろしお出版、2015、共著）、『日本語教育のためのはじめての統計
　　　　　　　　分析』（ひつじ書房、2017、共著）

孫媛　　　　　国立情報学研究所情報社会相関研究系准教授
（そん えん）　「日本語学習支援のための認知診断テストの開発」『第二言語としての日本語
　　　　　　　　の習得研究』18（第二言語習得研究会、2015、共著）、Improved Algorithms
　　　　　　　　for Exact and Approximate Boolean Matrix Decomposition, *International Journal of
　　　　　　　　Data Science and Analytics (JDSA)* 1（3）(Springer, 2016, 共著)

谷部弘子　　　東京学芸大学留学生センター特任教授
（やべ ひろこ）　「日本語学習支援のための認知診断テストの開発」『第二言語としての日本語
　　　　　　　　の習得研究』18（第二言語習得研究会、2015、共著）、「第9章 日常談話にみ
　　　　　　　　る確認表現「ジャナイ」「ジャン」の実相」『談話資料　日常生活のことば』（ひ
　　　　　　　　つじ書房、2016）

豊田哲也　　　青山学院大学理工学部助教
（とよた てつや）　「eラーニング上の日本語学習者の学習プロファイル構築」『東アジア日本語教
　　　　　　　　育・日本文化研究』21（東アジア日本語教育・日本文化研究学会、2018、共
　　　　　　　　著）、「社会ネットワークにおける影響最大化問題を解く並列分散アルゴリズ
　　　　　　　　ムの提案」『日本データベース学会和文論文誌』16（3）（日本データベース学
　　　　　　　　会、2018、共著）

3　学習者作文の習熟度に関する自動判定とWebシステムの開発について

李在鎬☆
（り じぇほ）
早稲田大学大学院日本語教育研究科教授
『文章を科学する』（ひつじ書房、2017、編）、『新・日本語教育のためのコーパス調査入門』（くろしお出版、2018、共著）

長谷部陽一郎
（はせべ よういちろう）
同志社大学グローバル・コミュニケーション学部准教授
「第7章 文章解析を目的とするウェブ基盤システム」『文章を科学する』（ひつじ書房、2017、共著）、「第7章 コーパスを利用することで認知言語学にとって何がわかるだろうか？」『認知言語学とは何か—あの先生に聞いてみよう』（くろしお出版、2018）

村田裕美子
（むらた ゆみこ）
ミュンヘン大学日本センター講師
「ドイツ語を母語とする日本語学習者の作文に見られる言語的特徴—習熟度の差は産出にどう現れるのか」『第二言語としての日本語の習得研究』21（第二言語習得研究会、2018）、「社会につながる日本語教育—ナチスの歴史を題材にした内容言語統合型学習の一例」『ヨーロッパ日本語教育』22（ヨーロッパ日本語教師会、2018）

4　CEFR読解指標に基づく日本語例文分類手法

宮崎佳典
（みやざき よしのり）
静岡大学学術院情報学領域教授
「英単語並べ替え問題における機械学習による学習者の迷い検出の試み」『コンピュータ＆エデュケーション』45（CIEC、2018、共著）、STEM Learning Environment from Math Experience in Japan, Proceedings of International Conference on Creativity, STEAM and Maker Education (ICCSM2018) (keynote speech) (2018)

平川遼汰
（ひらかわ りょうた）
静岡大学情報学部卒業生
「日本語例文自動分類によるCEFR読解指標の推定支援」平成29年度電気・電子・情報関係学会東海支部連合大会（2017、共同発表）、「日本語例文自動分類によるCEFR読解指標推定支援Webアプリケーションの開発」情報処理学会第80回全国大会（2018、共同発表）

高田宏輝
（たかだ ひろき）
静岡大学総合科学技術研究科（修士課程）情報学専攻修了生
「CEFR読解指標に基づく日本語例文分類手法の検討」第15回情報科学技術フォーラム（FIT）講演論文集（2016、共同発表）、「韓国人日本語学習者のためのCEFR読解指標に基づく例文分類」韓國日本學會第94回國際學術大會（2017、共同発表）

谷誠司
（たに せいじ）
常葉大学外国語学部グローバルコミュニケーション学科教授
「ラッシュモデルによるCEFR（Common European Framework of Reference for Languages）読解Can-do statements の分析—韓国人日本語学習者を対象にした自己評価調査を基に」『常葉大学外国語学部紀要』33（常葉大学外国語学部、2017、共著）、Participatory game design as education for sustainability: Lessons from a Japanese university campus, *Set: Research Information for Teachers*, 2018: No.3 (New Zealand Council for Educational Research, 2018, 共著)

半沢千絵美
（はんざわ ちえみ）

横浜国立大学国際戦略推進機構准教授
「日本語学習者の聞き手としての行動を評価する―相づちと頷きの不自然さに着目して」『Journal CAJLE』17（カナダ日本語教育振興会、2016）、「留学生支援の場としての日本語スピーチ大会―留学生と日本人学生の異文化間教育の試み」『ときわの杜論叢』5（横浜国立大学国際戦略推進機構、2018）

矢部まゆみ
（やべ まゆみ）

横浜国立大学国際戦略推進機構非常勤講師、横浜市立大学非常勤講師ほか
「対話教育としての日本語教育についての考察―〈声〉を発し、響き合わせるために」『リテラシーズ1 ことば・文化・社会の日本語教育へ』（くろしお出版、2005）、「第4章 日本語学習者はどのように「第三の場所」を実現するか―「声」を発し響き合わせる「対話」の中で」『日本語教育のフロンティア―学習者主体と協働』（くろしお出版、2007）

樋口万喜子
（ひぐち まきこ）

横浜国立大学国際戦略推進機構非常勤講師、神奈川県立川崎高等学校非常勤講師
『JSL中学高校生のための教科につなげる学習語彙・漢字ドリル　英語版』（ココ出版、2015、共著）、「日本生まれ・育ちのJSLの子どもの日本語力―和語動詞の産出におけるモノリンガルとの差異」『日本語教育』160（日本語教育学会、2015、共著）

加藤真帆子
（かとう まほこ）

横浜市立横浜総合高等学校非常勤講師
「日本語を母語としない年少者に対する絵本を用いた日本語教育―日本語イマージョン教育でのケーススタディ」『横浜国大国語研究』20（横浜国立大学国語・日本語教育学会、2002）、「帰国生徒に対する日本語学習としてのデジタル・ストーリーテリング活動の実践」『言語教育実践　イマ×ココ』6（ココ出版、2018、共著）

池田恵子
（いけだ けいこ）

特定非営利活動法人教育活動総合サポートセンター教育活動・特別支援サポーター
「ともに学ぶ日本語学習支援事業」「「生活者としての外国人」のための日本語教育事業　地域日本語教育実践プログラム（B）実施内容報告書」（文化庁、2014--2018）、「帰国生徒に対する日本語学習としてのデジタル・ストーリーテリング活動の実践」『言語教育実践 イマ×ココ』6（ココ出版、2018、共著）

須摩修一
（すま しゅういち）

デジタル・ストーリーテリング研究所研究員

10 To combine knowledge and the real world—拡張現実を利用した日本語学習の試み

米本和弘
（よねもと かずひろ）
東京医科歯科大学統合国際機構助教
「高等教育における日本語学習再考—言語学習と学習者のアイデンティティ」
『Journal CAJLE』16（カナダ日本語教育振興会、2015）、「留学生と小学生の
交流活動—表層的な文化紹介を乗り越えることを目指した試み」『言語教育実
践 イマ×ココ』4（ココ出版、2016）

第3部　ツール・コンテンツ編
11　行動中心アプローチにもとづいたヨーロッパにおける日本語オンラインテストの開発

東伴子
（ひがし ともこ）
グルノーブル・アルプ大学外国語学部日本語学科准教授
Parlons Japonais A1 (Presses Universitaires de Grenoble, 2016, 共著)、「学習者の
作文における恩恵表現「〜てくれる」の使用をめぐって—日仏対照の観点か
ら」『フランス語を母語とする日本語学習者の誤用から考える』（ひつじ書房、
2018）

代田智恵子
（しろた ちえこ）
グルノーブル・アルプ大学イノヴァラング・プロジェクト博士研究員
「日本語の複文の構造と句切れ—結合関係とポーズ」『日本語の教育から研究
へ』（くろしお出版、2006）、「日本語教育とイントネーション—効果的な指導
と自律学習」『日本語学』33（7）（明治書院、2014）

12　漢字力診断テストによる日本語力の評価

加納千恵子
（かのう ちえこ）
筑波大学名誉教授（人文社会系）
「第2章第5節 文字・語彙の評価」『日本語教育叢書「つくる」テストを作る』
（スリーエーネットワーク、2013）、『新版BASIC KANJI BOOK—基本漢字
500』VOL.1&2（凡人社、2015、共著）

魏娜
（ぎ な）
国際交流基金関西国際センター日本語教育専門員
「中国語系学習者による日本語の漢字語彙の音声情報の利用について—上級・
中級・初級の比較」『国際日本研究』7（筑波大学人文社会科学研究科国際日本
研究専攻、2015）、「日中2字漢字語彙の音韻的類似度について—中国語を母
語とする日本語学習者の場合」『筑波大学地域研究』38（筑波大学人文社会科
学研究科国際地域研究専攻、2017）

13　メール作成タスクを用いた作文支援システム

金庭久美子
（かねにわ くみこ）

立教大学日本語教育センター特任准教授
『日本語教育のためのタスク別書き言葉コーパス』（ひつじ書房、2014、共著）、『生きた会話を学ぶ中級から上級への日本語なりきりリスニング』（ジャパンタイムズ、2016、共著）

川村よし子
（かわむら よしこ）

東京国際大学言語コミュニケーション学部教授
『チュウ太の虎の巻―日本語教育のためのインターネット活用術』（くろしお出版、2009）、「日本語教師の集合知を活用したやさしい日本語書き換えシステムの構築」『ヨーロッパ日本語教育』19（ヨーロッパ日本語教師会、2015）

橋本直幸
（はしもと なおゆき）

福岡女子大学国際文理学部准教授
『実践日本語教育スタンダード』（ひつじ書房、2013、共著）、「語彙習得を促す「話題別読解」の提案」『語から始まる教材作り』（くろしお出版、2018）

小林秀和
（こばやし ひでかず）

クックパッド株式会社
『サーバサイド JavaScript Node.js 入門』（アスキ・メディアワークス、2014、共著）

14　継続的オーラルアセスメントの開発―「話せる」を実感する評価法をめざして

宮本真有
（みやもと まゆう）

パデュー大学言語文化学科大学院生（博士課程後期）
「スピーキングを重視したオンライン日本語コースの設計・開発・運用」Proceedings of the 22nd Princeton Japanese Pedagogy Forum（2015、共著）

深田淳
（ふかだ あつし）

パデュー大学言語文化学科教授
「Speak Everywhere を統合したスピーキング重視のコース設計と実践」『日本語教育』152（日本語教育学会、2012、共著）、Effects of Oral Repetition on Learners' Japanese Word Accentuation, *The IALLT Journal*, 44 (1), (International Association for Language Learning Technology, 2014, 共著)

15　漢越語データベースを活用した音声認識による漢語学習アプリの開発

クロス尚美
（クロス なおみ）

姫路獨協大学人間社会学群教授
「姫路地域に暮らす外国人のための日本語教材開発を目指した基礎研究」『姫路獨協大学外国語学部紀要』30（姫路獨協大学外国語学部、2017、共著）、「音声認識フレームワーク SPEECH API の日本語学習アプリ開発への応用」『姫路獨協大学外国語学部紀要』31（姫路獨協大学外国語学部、2018）

山崎恵
（やまさき めぐみ）

姫路獨協大学人間社会学群教授
「姫路地域に暮らす外国人のための日本語教材開発を目指した基礎研究」『姫路獨協大学外国語学部紀要』30（姫路獨協大学外国語学部、2017、共著）、「二字漢語（漢日語）と漢越語との対照―『漢字語彙集 ベトナム語版』をもとに」『姫路獨協大学外国語学部紀要』31（姫路獨協大学外国語学部、2018）

16　継続的な学習につなげる日本語学習サイト—「ひろがる もっといろんな日本と日本語」

伊藤秀明 （いとう ひであき）	筑波大学人文社会系助教、元国際交流基金関西国際センター日本語教育専門員 「専門日本語教育における自己主導型学習の可能性—学習者による'私の'専門語彙の抽出とリスト化」『専門日本語教育研究』16（専門日本語教育学会、2014）、「拡張・精緻化のための読字能力の能力記述文試案作成—CEFR／JFSの言語構造的能力を参考に」『日本語教育』168（日本語教育学会、2017）
石井容子 （いしい ようこ）	国際交流基金関西国際センター日本語教育専門員 「インドネシア人介護福祉士候補者を対象とする就労開始前日本語研修における口頭能力評価の試み」『専門日本語教育研究』12（専門日本語教育学会、2010、共著）、「日本語教師のためのウェブサイト「KCクリップ」」—関西国際センター出版教材・開発サイトのサポートページ作成による教師支援」『国際交流基金日本語教育紀要』11（国際交流基金、2015、共著）
前田純子 （まえだ すみこ）	グラフィックデザイナー／イラストレーター（office purechild）、国際交流基金関西国際センター非常勤講師

17　まるごと日本語オンラインコースの開発と運用—自学自習を継続させるための工夫とは

武田素子 （たけだ もとこ）	国際交流基金関西国際センター日本語教育専門員 「日本語学習者のネット利用状況と学習サイトへの期待—海外11拠点の調査結果から」『国際交流基金日本語教育紀要』12（国際交流基金、2016、共著）、「「まるごと（A1）日本語オンラインコース」サイトの開発」『国際交流基金日本語教育紀要』13（国際交流基金、2017、共著）
熊野七絵 （くまの ななえ）	国際交流基金関西国際センター日本語教育専門員主任 「アニメ・マンガの日本語」Webサイト（http://anime-manga.jp、日本語学習Webサイト）（国際交流基金関西国際センター、2010、共著）、「HIRAGANA Memory Hint、KATAKANA Memory Hint、KANJI Memory Hint1,2,3」（iOS、Android用日本語学習アプリ）（国際交流基金関西国際センター、2015–2018、共著）
千葉朋美 （ちば ともみ）	国際交流基金関西国際センター日本語教育専門員 「「まるごと（A1）教師サポート付きコース」の運用と成果—オンラインコースにおける学習者支援」『国際交流基金日本語教育紀要』14（国際交流基金、2018、共著）、「『JFにほんごeラーニング　みなと』における日本語オンラインコースの開発と運用—eラーニングでの自学自習を継続するために」『ヨーロッパ日本語教育』21（ヨーロッパ日本語教師会、2018、共著）
檜山治樹 （ひやま はるき）	株式会社ブレイン

18　気持ちを伝える音声のWeb教材―「つたえるはつおん」

木下直子
（きのした なおこ）

早稲田大学日本語教育研究センター准教授
『コミュニケーション・スキルの学び―グローバル社会を生きるためのレッスン』(実教出版、2015、共著)、『ひとりでも学べる日本語の発音―OJADで調べてPraatで確かめよう』(ひつじ書房、2019、共著)

中川千恵子
（なかがわ ちえこ）

國學院大學大学院文学研究科兼任講師
『伝わる発音が身につく！ にほんご話し方トレーニング―中・上級レベル』(アスク出版、2015、共著)、『ひとりでも学べる日本語の発音―OJADで調べてPraatで確かめよう』(ひつじ書房、2019、共著)

19　Fluency Calculatorによる口頭流暢性客観指標の算出とそれを用いた流暢性の縦断的研究

松本一美
（まつもと かずみ）

ボールステイト大学外国語学部日本語科准教授
Kanji Recognition by Second Language Learners: Exploring Effects of First Language Writing Systems and Second Language Exposure, *The Modern Language Journal*, 97 (1) (Wiley, 2013), The Validity of General L2 Proficiency Tests as Oral Proficiency Measures: A Japanese Learner Corpus Based Study, *Journal of Japanese Language and Literature* 51 (2) (American Association of Teachers of Japanese, 2017, 共著)

広谷真紀
（ひろたに まき）

ローズハルマン工科大学人文科学部日本語科教授
Synchronous Versus Asynchronous CMC and Transfer to Japanese Oral Performance, *CALICO Journal*, 26 (2) (Equinox publishing, 2009), The Development of L2 Japanese Self–Introductions in an Asynchronous Computer–Mediated Language Exchange, *Foreign Language Annals*, 46 (3), (American Council on the Teaching of Foreign Languages, 2013, 共著)

深田淳
（ふかだ あつし）

第14章参照

（執筆者の情報は、初版刊行時のものです。）

ICT × 日本語教育
——情報通信技術を利用した日本語教育の理論と実践

ICT × Japanese Language Education: Theory and Practice
Supervised by TOHSAKU, Yasu-Hiko
Edited by LEE, Jae-ho

発行	2019年3月29日　初版1刷
	2020年8月5日　　2刷
定価	3000円＋税
監修者	當作靖彦
編者	李在鎬
発行者	松本功
ブックデザイン	大崎善治
印刷・製本所	株式会社シナノ
発行所	株式会社ひつじ書房
	〒112-0011 東京都文京区千石2-1-2 大和ビル2F
	Tel 03-5319-4916　Fax 03-5319-4917
	郵便振替 00120-8-142852
	toiawase@hituzi.co.jp　http://www.hituzi.co.jp/

ISBN978-4-89476-944-1

[刊行書籍のご案内]

認知言語学研究の方法　内省・コーパス・実験

辻幸夫監修　中本敬子・李在鎬編　　定価 2,800 円＋税

認知言語学の代表的研究法として、作例と内省による研究、コーパス研究、心理実験・調査を紹介した入門書。各研究方法の特色や、実際の研究の進め方を具体的に解説している。また、最先端の研究を例に、実際の研究がどのように行われたかを紹介している。卒論、修論で初めて認知言語学研究を行う学生の他、研究法の幅を広げたいと考える研究者のニーズにも応える内容である。

フランス語を母語とする日本語学習者の誤用から考える

大島弘子編　　定価 4,200 円＋税

本書は、日仏研究者交流という形で、フランスの大学で日本語を教える日本語研究者、日本の日本語教育研究者・日仏対照研究者の論文をまとめたものである。フランス語を母語とする日本語学習者の出会う問題点、困難点という観点から分析を行い、その成果を教育へ還元することを目的とする。

執筆者：秋廣尚恵、岩内佳代子、牛山和子、大島弘子、神山剛樹、黒沢晶子、砂川有里子、竹村亜紀子、中尾雪江、中島晶子、中村デロワ弥生、野田尚史、ジャン・バザンテ、東伴子

[刊行書籍のご案内]

日本語教育のためのはじめての統計分析

島田めぐみ・野口裕之著　　　定価 1,600 円＋税

統計的方法は日本語教育に関する重要な知見を得るために必要不可欠な道具の一つである。本書では、日本語教育を専攻する学生や研究者を対象として、統計的方法の基礎的な部分を分かりやすく解説。統計的な記述や推測の方法について、その論理構成の説明のほか、分析ソフト（SPSS）の使い方と、実際の研究に用いられた例を示した。何よりも読者に「考え方」を身に着けてもらえるように配慮した、これからの日本語教育のための一冊。

ひとりでも学べる日本語の発音　　OJAD で調べて Praat で確かめよう

木下直子・中川千恵子著　　　定価 1,600 円＋税

日本語初級後半以降の学習者を対象とした発音の自律学習教材。自分に合った持続可能な発音の学習方法が見つかるよう様々な方法を紹介する。例えば、基礎練習では OJAD で発音のルールを調べ、発音練習をしたあと、音声分析ソフト Praat で目標が達成できたかを学習者自身が確認する。発音の基礎だけでなくバリエーションも扱い、これまでの教材では取り上げられてこなかった喜怒哀楽などの感情をもりこむことで、楽しみながら学習ができるよう工夫した。★音源はネットで提供。

[刊行書籍のご案内]

文章を科学する

李在鎬編　　定価 2,600 円＋税

言語教育への応用を目論んだ文章の実証的研究。「文章とはなにか」という根本的な疑問から始まり、文章の計量的分析ツール「KH Coder」の作成者自身による実践を交えた解説ほか、文章研究の理論と技術を紹介。日本語学、日本語教育、英語教育、社会学、計算言語学、認知言語学、計量国語学の専門家がそれぞれの知見から、文章研究の新たな地平を拓く。

執筆者：李在鎬、石黒圭、伊集院郁子、河原大輔、久保圭、小林雄一郎、長谷部陽一郎、樋口耕一